MARTIN SCHRÖDER, geboren 1981, ist Professor für Soziologie
an der Philipps-Universität Marburg. Einer breiten Öffentlichkeit
wurde er durch Auftritte in den Tagesthemen, Stern TV
oder RTL News bekannt. Er schreibt regelmäßig für
Der Spiegel und FAZ.
2018 erschien sein Buch *Warum es uns noch nie so gut ging und
wir trotzdem ständig von Krisen reden.*

Martin Schröder

Wann sind wir wirklich zufrieden?

Überraschende Erkenntnisse zu Arbeit, Liebe, Kindern, Geld

PENGUIN VERLAG

Penguin Random House Verlagsgruppe FSC® N001967

1. Auflage 2021
Copyright © 2021 Penguin Verlag, München
Copyright © 2020 C. Bertelsmann Verlag
in der Penguin Random House Verlagsgruppe GmbH,
Neumarkter Straße 28, 81673 München
Grafiken: Stefan Dangl
Umschlaggestaltung: Büro Jorge Schmidt, München
Umschlagabbildung: © More Images / shutterstock
Satz: Uhl + Massopust, Aalen
Druck und Bindung: GGP Media GmbH
Printed in Germany
ISBN 978-3-328-10807-8
www.penguin-verlag.de

Inhalt

1 Warum sind manche Menschen zufriedener?

1.1 Fragen Sie 700 000-mal nach!

Soll ich den besser bezahlten Job annehmen, obwohl ich dann pendeln muss? Soll ich Kinder kriegen? Aber was ist der richtige Zeitpunkt? Und sollte ich dann arbeiten? Sollte ich überhaupt arbeiten? Sollte ich in meiner Beziehung bleiben? Brauche ich mehr Freunde? Eine größere Wohnung? Mehr Sport? Oder eine Pause von diesen Fragen, um einfach länger zu schlafen?

Hinter all diesen Fragen steckt dieselbe Megafrage: Was macht mich zufrieden? Auf Zufriedenheit als erstrebenswertes Ziel können wir uns alle einigen. Schließlich werden Sie bei allen Unterschieden zwischen Menschen niemanden finden, der *nicht* zufrieden sein will. Doch wie finden wir heraus, was uns zufrieden macht?

Pausenlos reden wir in Kneipen, Cafés und Wohnzimmern mit Freunden, Verwandten und Unbekannten darüber, wie es ihnen geht, nachdem sie ihren Traumjob, das lang ersehnte Kind oder ihren Partner gefunden haben. Doch erfahren wir dadurch wirklich, wann es Menschen gut geht? Wenn Ihr bester Freund sich nicht besser fühlt, nachdem er seinen Traumjob gefunden hat, wird er das ungern an die große Glocke hängen. Möglicherweise gibt er es nicht einmal vor sich selbst zu. Wenn Ihre beste Freundin ihr ersehntes Kind endlich hat, danach aber unzufriedener ist als vorher, wird sie vielleicht auch nicht herausposaunen wollen, was für eine Fehlentscheidung das doch war. Und wenn Ihr Cousin in seiner neuen Partnerschaft unzufrieden ist, obwohl er vorher monatelang von seiner Angebeteten schwärmte, so wird sein Mitteilungsbedürfnis jetzt, nun ja, nicht mehr ganz so hoch sein. Menschen erzählen nicht alles. Und wenn doch, wissen sie oft selbst nicht, warum sie zufrieden oder unzufrieden sind. Wären Ihre Bekannten auch die offensten und reflektiertesten Menschen der Welt, es bliebe immer noch ein Problem. Sie wüssten nicht, ob deren Erfahrungen überhaupt verallgemeinerbar sind. Es scheint deswegen, als ob wir nie herausfinden können, wann Menschen zufrieden sind.

Tatsächlich wissen wir nicht, was uns zufrieden macht. Der Harvard-Psychologe Daniel Gilbert zeigt in dem Buch *Ins Glück stolpern*, wie Menschen völlig falsch einschätzen, was sie zufrieden macht.[1] Aber was ist mit Ratgebern? Sie versprechen Abhilfe, indem sie Zufriedenheit durch Meditation, Diät, Sport, Freundschaft, Erfolg oder Schönheitsoperationen propagieren. Doch jeder Ratgeber empfiehlt etwas anderes und basiert nur auf der subjektiven Überzeugung seines Autors. Es scheint hoffnungslos: Um die wichtigste Frage von allen zu beantworten, müssten wir Tausende jahrzehntelang anonym zu ihrer Zufriedenheit befragen und gleichzeitig alles andere über sie wissen. Aber das geht ja nicht.

Geht eben doch. Es wurde sogar schon für uns erledigt! In Berlin steht in der Mohrenstraße 58 das Deutsche Institut für Wirtschaftsforschung, auch DIW genannt. Das DIW hat als Mitglied der Leibniz-Gemeinschaft einen exzellenten Ruf, es ist vom Bund und Berlin finanziert, um das Sozio-oekonomische Panel (SOEP) zur Verfügung zu stellen. Dafür hat es seit 1984 insgesamt 98 290 Menschen 705 619-mal befragt, wie zufrieden sie mit ihrem Leben sind. Durch das SOEP wissen wir nicht nur, wie zufrieden Menschen sind, sondern auch fast alles andere, denn den Befragten wurden Hunderte weiterer Fragen gestellt. Diese Datenbasis ist erstens aussagekräftig für alle Deutschen, denn die Forscher achten darauf, dass alle gesellschaftlichen Gruppen so vorkommen, wie es ihrer Verteilung in der Bevölkerung entspricht. Weil zudem dieselben Personen immer wieder befragt wurden, erlauben die Daten zweitens nicht nur zu berechnen, ob manche Menschen zufriedener sind als andere, sondern auch, wie viel zufriedener oder unzufriedener dieselbe Person nach bestimmten Lebensveränderungen wird.

Es ist übrigens purer Zufall, dass Deutschland mit dem SOEP die weltweit beste Befragung hat, um zu berechnen, wann Menschen zufrieden sind. Es liegt einfach daran, dass ein paar Wissenschaftler Ende der 1970er Jahre die verrückte Idee hatten, dieselben Menschen immer wieder zu befragen, obwohl ihnen klar war, dass das erst Jahrzehnte später wirklich etwas bringen würde. Die Forscher gingen damit eine dreifach riskante Wette ein. Sie wetteten, dass Menschen jahrzehntelang jedes Jahr dieselben Fragen beantworten würden. Sie wetteten, für die Befragung über mehrere Jahrzehnte Geld zu bekommen. Und sie wetteten, dass es Jahrzehnte später Computer geben würde, die die Datenmassen überhaupt auswerten könnten. Jetzt ist es Jahrzehnte später, und die Wette ist aufgegangen. Obwohl die Berechnungen auch auf den modernsten Computern teils mehrere Stunden dauern, ist es nun tatsächlich möglich, mit dem SOEP das Schicksal von Menschen über mehr als 30 Jahre zu verfolgen. Und die sich daraus entwickelnde Lebenszufriedenheitsforschung ist eine boomende Wissenschaftsdisziplin geworden.

Dass wir mit diesen Daten ausrechnen können, wer wann zufrieden ist, hat eine Menge Vorteile: Stellen Sie sich vor, Ihr bester Freund bekommt eine Gehaltserhöhung. Dann zieht er in eine schönere Wohnung und ist zufriedener. Er kann Ihnen jedoch wahrscheinlich nicht sagen, ob seine höhere Zufriedenheit mit der schöneren Wohnung oder der vorherigen Gehaltserhöhung zusammenhängt. Die SOEP-Daten können das voneinander trennen, schließlich finden sich in den Daten auch Leute, die ohne Gehaltserhöhung in eine schönere Wohnung gezogen sind, und andere, die mit Gehaltserhöhung in derselben Wohnung geblieben sind. Durch diese Unterschiede der beiden Gruppen kann man berechnen, ob wirklich die schönere Wohnung die Lebenszufriedenheit erhöht oder ob diejenigen, die eine schönere Wohnung haben, zufriedener sind, weil sie meist mehr verdienen. Doch obwohl Deutschland mit dem SOEP die weltweit beste Datenbasis hat, um die wichtigste Frage von allen zu beantworten, hat sich bisher niemand die Mühe gemacht zu berechnen, wann Menschen wirklich zufrieden sind.

Das wiederum ist mein Job. Viele, die mich kennen, würden sogar sagen: Es ist das Einzige, was ich wirklich kann. Ich stehe oft verwirrt im Keller, weil ich vergessen habe, was ich dort holen wollte. Alle paar Wochen vergesse ich meinen Koffer im Zug, weil ich über Statistiken nachgedacht habe. Während ich diesen Satz schreibe, will die Deutsche Bahn beispielsweise, dass ich einen Drucker aus Frankfurt abhole, den ich letzte Woche im Zug vergessen habe (ich glaube, ich lasse ihn einfach liegen). Es ist also keine Überraschung, dass ich Soziologieprofessor bin. Und wenn Sie jetzt vermuten, dass ich nur begrenzt lebensfähig bin, dann haben Sie recht. Ich bin allerdings immer zufrieden, wenn ich an meinem Computer mit gigantischen Datenmengen berechnen kann, was Lebenszufriedenheit beeinflusst. Deswegen habe ich dazu etliche Artikel in einigen der besten soziologischen Fachzeitschriften veröffentlicht. Doch dabei wurmte mich immer, warum nur Fachleute erfahren sollen, wann Menschen zufrieden sind. Also habe ich dieses Buch geschrieben. Es hat denselben wissenschaftlichen Anspruch, wie meine bisherigen Publikationen in anerkannten Fachzeitschriften. So sind alle Dateien, mit denen ich die Ergebnisse dieses Buches berechnet habe, im Internet hochgeladen.[2] Jeder Wissenschaftler, der mein Vorgehen nachprüfen will, kann dadurch alle meine Analyseschritte nachrechnen und kontrollieren, ob ich Fehler gemacht habe. Doch dieses Buch richtet sich nicht nur an Wissenschaftler, sondern auch an ganz normale Leser, die sich für unsere Gesellschaft interessieren. Denn es ist das einzige Buch, das wissenschaftliche Daten so verpackt, dass man sofort sieht, was Menschen zufrieden macht. Und eines kann ich Ihnen versprechen: Sie werden von den Ergebnissen überrascht sein.

Aber treffen diese statistischen Effekte überhaupt auf Sie zu? Schließlich personifizieren Sie nicht den Durchschnittswert. Vielleicht sind Geld, Familie oder Freunde Ihnen wichtiger als anderen? Das ist kein Problem. Denn wenn die Daten etwa zeigen, dass Menschen ab circa 2000 Euro netto mit zunehmenden Einkommen kaum noch zufriedener werden, dann sollten Sie sich durchaus überlegen, ob das auch auf Sie zutrifft. Wenn Ihnen nämlich Geld besonders wichtig ist, liegt die Zahl für Sie möglicherweise etwas höher. Doch ab wann Menschen generell mit mehr Geld nicht mehr zufriedener werden, ist trotzdem gut zu wissen, auch wenn es bei Ihnen persönlich etwas mehr oder weniger sein kann. Außerdem zeige ich Ihnen nicht nur, was die Lebenszufriedenheit wie stark beeinflusst, sondern auch das sogenannte Konfidenzintervall darum herum. Dieses Konfidenzintervall zeigt die Genauigkeit der statistischen Berechnung. Es zeigt also, wie viel Vertrauen Sie haben können, dass ein Ergebnis nicht nur Zufall ist, sondern immer wieder auftreten würde und entsprechend auch bei Ihnen selbst.[3] Und ja, Sie haben recht, so ein Wort wie »Konfidenzintervall« können sich wirklich nur Wissenschaftler ausdenken. Grafik 2 auf Seite 27 zeigt beispielsweise nicht nur, wie viel zufriedener dieselbe Person ist, wenn sie mehr Geld hat, sondern auch, wie viel Schwankung es um diesen durchschnittlichen Effekt gibt, wie stark der Effekt sich also von einer Person zur nächsten unterscheidet. Ich zeige Ihnen somit nicht nur, was die Lebenszufriedenheit von Menschen beeinflusst, sondern auch, ob dieser Effekt auf fast alle oder nur wenige zutrifft. Und wenn ein Effekt nur auf wenige zutrifft, zeige ich meistens auch auf wen.

Ein weiterer, etwas gespenstischer Grund, weswegen das Big Data des SOEP so viel über Lebenszufriedenheit verrät, ist, dass diese Daten uns möglicherweise besser kennen als wir uns selbst. Klingt unglaublich? Dann ist hier ein reales Beispiel: Deutsche Männer sagen typischerweise, dass sie beruflich kürzertreten möchten, wenn sie Kinder haben. Doch wenn man deren tatsächliche Lebenszufriedenheit in Relation zu ihrer Arbeitszeit setzt, zeigt sich, dass Väter am zufriedensten sind, wenn sie sehr lange arbeiten, länger noch als kinderlose Männer. Frauen sagen dahingegen typischerweise, dass Väter sich um ihre Kinder kümmern sollten. Doch in Wirklichkeit sind Mütter umso zufriedener, je länger die Väter ihrer Kinder aus dem Haus sind. Das ist nicht, was die meisten vermuten. Es ist auch nicht das, was die meisten gerne hören wollen, und es widerspricht sogar dem, was wir für moralisch richtig halten. Doch wovon wir wollen, dass es uns zufrieden macht, deckt sich eben nicht immer mit dem, was uns tatsächlich zufrieden macht. Als Wissenschaftler will ich Ihnen die Welt jedoch zeigen, wie sie wirklich ist, und nicht, wie wir sie gerne hätten. Ansonsten würde unser Handeln auf einer nur herbeigewünschten Realität fußen. Das zu berücksichtigen ist besonders wichtig, weil Menschen oft eben nicht so handeln, dass sie dadurch zufrieden werden, und sich insofern selbst keinen Gefallen tun.

Fast jeder vermutet beispielsweise, zufriedener zu sein, wenn er mehr Geld hätte. Doch tatsächlich zeigen die Daten, dass Menschen eine Gehaltserhöhung von 100 Euro innerhalb eines Jahres vorkommt, als wäre sie nur noch 60 Euro. Warum? Weil wir – ohne es zu merken – unseren Lebensstil anpassen. Wer mehr Geld hat, geht beispielsweise öfter essen und vergisst, dass das früher etwas Besonderes war. Diese Gewöhnung an Geld geschieht so schnell, dass mehr Einkommen innerhalb eines Jahres unsere Zufriedenheit nur noch etwa halb so stark beeinflusst wie direkt nach einer Gehaltserhöhung. Der positive Effekt zusätzlichen Einkommens zerrinnt uns also zwischen den Fingern, weil wir uns – ohne es zu merken – so schnell an mehr Geld gewöhnen. Wir denken immer, nur noch etwas mehr zu brauchen, als wir gerade haben. So laufen wir ein Leben lang mehr Geld hinterher, das uns langfristig nichts bringt. Oft zeigen die Daten insofern, dass uns etwas anderes zufrieden macht, als wir denken, weil wir uns nicht so sehen, wie wir wirklich sind. Wer macht sich schon klar, dass er mit jeder Gehaltserhöhung nur noch mehr Unsinn kauft? Welcher Vater gesteht sich ein, umso zufriedener zu sein, je länger er aus dem Haus ist?

Erst die SOEP-Daten bieten einen schonungslosen Blick darauf, wann Menschen wirklich zufriedener sind. Und das ist gut für Sie. Denn dann müssen Sie nicht auf irgendwelche Philosophen oder Ratgeber hören, sondern können sich direkt die Daten anschauen, über die so lange Zeit gerätselt wurde. Zum ersten Mal müssen wir nicht mehr spekulieren, wann Menschen zufrieden sind, sondern können es einfach berechnen.

1.2 Vergessen Sie Glück, wichtig ist Zufriedenheit

Doch warum Zufriedenheit statt Glück berechnen? Dafür gibt es gute Gründe: Glück hängt von Emotionen ab und schwankt deswegen wild, oft ohne erkennbare Muster. Ob wir zufrieden sind, folgt hingegen einer einfachen Regel: Zufrieden sind wir, wenn unser Leben unseren Vorstellungen und Wünschen entspricht. Wenn Menschen hingegen unzufrieden sind, befinden sie sich nicht in einer Situation, die zu dem passt, was sie brauchen. Indem wir berechnen, wann Menschen zufrieden sind, können wir also berechnen, welche Lebensbedingungen gut für Menschen sind. Statt endlos zu philosophieren, was das richtige Leben ist, kann man es erstmals mit Daten berechnen.[4] Würden wir stattdessen berechnen wollen, was Glück beeinflusst, würde das kaum gehen, denn Glück kommt und geht und ist letztlich auch egal. Warum? Weil Sie mal glücklicher und mal unglücklicher sind. Doch solange Sie dabei keine ernsthaften emotionalen Probleme entwickeln, pendelt sich ihr Glück immer wieder in der Mitte ein. Unser Glücksempfinden hat sozusagen ein eingebautes Thermostat. Wenn wir immer wieder extremes Glück empfinden, beispielsweise durch Sex, Drogen oder Einkäufe, löst dieselbe Erfahrung einen immer geringeren Kick aus. Jede Liebe kennt das. Wer von seinem Partner nach fünf Jahren dieselben Emotionen wie am Anfang erwartet, dem steht ein Desaster ins Haus. Zufriedenheit ist anders: stabiler, rationaler und schlussendlich auch wichtiger. Denn dass Glück vergeht, ist so lange egal, wie Sie weiterhin zufrieden sind. Die SOEP-Zufriedenheitsdaten zeigen somit, wann das Leben von Menschen ihren Vorstellungen von einem guten Leben entspricht, unabhängig von Gefühlsschwankungen. Dass die Daten nicht nur die derzeitige Laune wiedergeben, sondern wirklich zeigen, wie zufrieden Menschen mit ihrem Leben sind, sieht man beispielsweise daran, dass die Zufriedenheit nicht mit dem Monat schwankt. Könnten Menschen ihr Leben nicht bewerten, sondern nur ihre derzeitige Stimmung, müssten sie in den grauen Monaten unzufriedener sein als im Sommer. Doch genau das zeigt sich nicht. Auch sprechen Forschungsergebnisse, die ich Ihnen gleich vorstellen werde, dafür, dass Menschen wirklich akkurat angeben können, wie zufrieden sie mit ihrem Leben sind.

Doch obwohl deswegen Zufriedenheit ein besserer Maßstab als Glück ist, kann ich schon einmal verraten: Wer zufrieden ist, ist im Durchschnitt auch glücklich. Aber das sehen

Sie später noch anhand der Daten. Zufriedenheit ist zwar sinnvoller zu messen als Glück. Doch weil es zu monoton wäre, immer nur von Zufriedenheit zu sprechen, benutze ich zur Abwechslung manchmal auch den Begriff Glück. Was ich damit jedoch meine, und das wissen Sie ja jetzt, ist ein Gefühlszustand, der Menschen insgesamt mit ihrem Leben zufrieden sein lässt, nicht die kurzfristigen Glückswallungen, die kommen und gehen.

1.3 Wie zufrieden sind die Deutschen?

Aber wie zufrieden sind die Deutschen denn nun? Um das zu erfahren, hat das SOEP in über 700 000 Interviews dieselbe Frage gestellt:

> »Zum Schluss möchten wir Sie noch nach Ihrer Zufriedenheit mit Ihrem Leben insgesamt fragen. Antworten Sie bitte wieder anhand der folgenden Skala, bei der 0 ganz und gar unzufrieden, 10 ganz und gar zufrieden bedeutet: Wie zufrieden sind Sie gegenwärtig, alles in allem, mit Ihrem Leben?«

Das Schöne an dieser Frage ist, dass jeder sich selbst überlegen kann, ob er mit seinem Leben zufrieden ist. Die Frage gibt also nicht vor, wann Menschen zufrieden sein sollten, sondern überlässt jedem selbst, wie er antwortet. Es geht insofern um ein radikal subjektives Verständnis von Zufriedenheit: Zufrieden ist, wer meint, zufrieden zu sein. Anfangs gab es Zweifel, was die Antworten auf diese Frage überhaupt messen. Doch die Forschung zeigte, dass Antworten damit einhergehen, ob Menschen sich das Leben nehmen, von ihren Freunden und Verwandten für zufrieden gehalten werden und viel lächeln. Deswegen zweifelt heute kaum noch jemand, dass man mit dieser einfachen Frage messen kann, wie zufrieden Menschen sind.[5]

Doch was bedeutet ein Wert von beispielsweise 8 statt 4 überhaupt? Jeder Statistikstudent lernt, dass man mit einer Lebenszufriedenheit von 8 nicht doppelt so zufrieden ist wie mit einer Lebenszufriedenheit von 4. Schließlich sind 40 Grad Celsius auch nicht doppelt so heiß wie 20 Grad. Doch praktisch zeigen Untersuchungen, dass man die Daten so interpretieren kann.[6] Ich multipliziere zudem alle Werte mit 10, so dass daraus eine Skala von 0 bis 100 wird. Dann kann man sich jeden Wert als Anteil der maximal erreichbaren Zufriedenheit vorstellen. Wer also einen Wert von 70 angibt, erreicht 70 Prozent der maximal möglichen Zufriedenheit. Sehen Sie selbst, welcher Anteil aller Deutschen welche der elf Antwortmöglichkeiten auf der Skala von 0 bis 100 gewählt hat. Während ich ansonsten alle vorhandenen Daten von 1984 bis 2019 nutze, bilde ich hier nur Daten für das letzte Jahr 2019 ab. Aber eines noch: Bevor Sie sich die Daten anschauen, überlegen Sie doch einmal, welchen Wert Sie sich selbst geben würden.

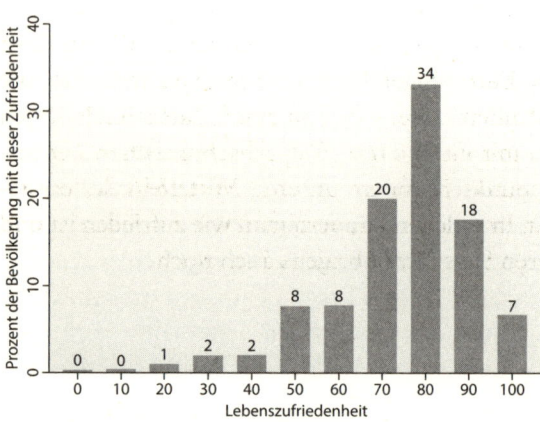

Grafik 1: Zufriedenheit der Deutschen

Überrascht? Es gibt genug Vermutungen, dass Menschen nicht besonders zufrieden sind. In dem Buch *Hectors Reise oder die Suche nach dem Glück* kommt Hector zu dem Schluss, dass die Frage nach dem eigenen Glück Männern höchstens ein müdes Lachen abringt und Frauen sogar in Tränen ausbrechen lässt.[7] Doch das stimmt überhaupt nicht. Denn tatsächlich zeigt sich, dass die meisten ganz zufrieden sind. Ganze 59 Prozent der Deutschen gab sich zuletzt 2019 sogar 80 oder noch mehr von 100 möglichen Punkten! Dahingegen verortete sich zuletzt weniger als jeder Sechste zwischen 0 und 5 Punkten. Und weniger als einer von einhundert gibt sich den niedrigsten oder zweitniedrigsten Zufriedenheitswert.

Das ist nicht überall so. Eine durchschnittliche Person in Simbabwe bewertet ihre Lebenszufriedenheit mit nur 40 von 100 Punkten. Menschen in armen Ländern Afrikas und Osteuropas sind generell ziemlich unzufrieden. Es gibt allerdings ein paar Ausnahmen. Südamerikaner sind beispielsweise recht zufrieden, obwohl sie arm sind. Kolumbianer und Guatemalteken (tatsächlich der Name für die Bevölkerung Guatemalas) sind mit durchschnittlich mehr als 80 von 100 Punkten noch zufriedener als Deutsche. Doch während Armut keine Garantie für Unzufriedenheit ist, garantiert Reichtum Zufriedenheit. Kein einziges Land mit einer Kaufkraft pro Kopf von über 2000 Euro (ungefähr das Niveau Spaniens) hat eine Lebenszufriedenheit unter 65 Punkten.[8] Tatsächlich liegen die Deutschen mit ihren circa 70 durchschnittlichen Lebenszufriedenheitspunkten nur im unteren Mittelfeld der entwickelten Länder. In welchen Ländern man wie zufrieden ist und warum, erfahren Sie später übrigens auch noch.

1.4 Ist Zufriedenheit genetisch festgelegt?

Sie wissen jetzt also, wie zufrieden Menschen durchschnittlich sind. Doch wie stabil ist dieser Durchschnitt? Ist eine Person, die letztes Jahr zufrieden war, meist auch nächstes Jahr zufrieden? Die erfreuliche Antwort lautet: Die meisten Menschen sind stabil zufrieden. Wenn man dieselben Menschen immer wieder fragt, berichten über 90 Prozent von mehr Momenten, in denen es ihnen gut geht. Selbst wer nicht genug zu essen hat, angegriffen wurde, kein Dach über dem Kopf oder eine geliebte Person verloren hat, beschreibt sich öfter als zufrieden denn als unzufrieden. Wie kann das sein? Eine Theorie lautet, dass Menschen meistens zufrieden sind, weil sie es damit eher schaffen, ihre Gene in die nächste Generation zu bringen. Wer derart depressiv ist, dass er es nicht einmal aus dem Bett schafft, wird kaum Kinder zeugen, geschweige denn sie lange genug am Leben halten, damit sie selbst Kinder kriegen.[9] Das spricht dafür, dass Zufriedenheit eine starke genetische Komponente hat, was auch Hunderte von Zwillingsstudien zeigen.[10]

Ein eindrucksvolles Beispiel dafür sind die eineiigen Zwillinge Daphne und Barbara, die von zwei unterschiedlichen Familien adoptiert wurden. Als sie sich im Alter von 40 Jahren erstmals trafen, hatten beide mit 14 die Schule verlassen, daraufhin in der kommunalen Verwaltung gearbeitet, ihre Ehemänner mit 16 bei lokalen Tanzveranstaltungen getroffen, im selben Alter Fehlgeburten gehabt und dann jeweils drei Kinder bekommen. Beide hatten Angst vor Höhe und Blut, liebten kalten Kaffee, kicherten auf die merkwürdige gleiche Weise und trugen fast dieselbe Kleidung.[11] Weil sich bei Hunderten von genetisch identischen Zwillingen solche unfassbaren Ähnlichkeiten fanden, die nicht an der Erziehung liegen konnten, vermuteten Forscher, dass Gene 50 bis 80 Prozent des langfristigen Zufriedenheitsniveaus erklären. Dieser Eindruck wurde erhärtet, als eine Untersuchung aufzeigte, wie selbst Lotteriegewinner und Querschnittsgelähmte sich in ihrer Zufriedenheit langfristig anscheinend kaum von einer Vergleichsgruppe unterscheiden.[12] Wissenschaftler kamen deswegen zu dem Schluss, der Versuch, zufriedener zu werden, sei ähnlich sinnlos wie der Versuch, größer zu werden.[13]

Diese deprimierende Einsicht ballte sich zur sogenannten Set-Point-Theorie, wonach jeder Mensch, egal, was ihm widerfährt, früher oder später zu seinem genetisch bedingten Zufriedenheitsniveau zurückkehrt. Zufriedenheit würde dann wie ein Auge funktionieren, das mehr Licht hereinlässt, wenn es dunkel wird, damit wir etwas sehen können, wohingegen es bei Helligkeit weniger Licht hereinlässt, damit wir nicht geblendet werden. Genauso würde unser Geist für Zufriedenheit empfänglicher, je schlimmer eine Situation ist, damit wir nicht durch eine Depression handlungsunfähig werden. Doch ebenso würde unser Geist gegenüber Zufriedenheit abstumpfen, damit wir nie lethargisch werden, weil wir wunschlos glücklich sind.[14] Die Set-Point-Theorie ist ein Meisterstück. Sie erklärt, warum Menschen sich in Konzentrationslagern nicht einfach das Leben nehmen, warum Deutsche oft grummeln, obwohl es ihnen viel besser geht als Menschen in Burundi, und warum man immer mehr will, egal, wie viel man schon hat. Niemand zweifelt heute daran, dass Menschen sich an die schlimmsten und besten Umstände gewöhnen. Trotzdem hat die Set-Point-Theorie nicht die allumfassende Erklärungskraft, die man ihr lange zugeschrieben hat. Denn Menschen können ihre Zufriedenheit eben doch verändern.

1.5 Menschen können ihre Zufriedenheit verändern

Gerade als immer mehr dafür sprach, dass manche Menschen genetisch dauerhaft zufriedener sind, zeigten sich erste Risse in der Set-Point-Theorie. Und wer war schuld? Das deutsche SOEP. Denn es war die erste Datenquelle, die Lebenszufriedenheit über lange Zeiträume zu messen ermöglichte. Dabei zeigte sich, dass manche Menschen viel länger über oder unter ihrer durchschnittlichen Zufriedenheit sind, als die Theorie vermutet.[15] Und manche kommen, anders als von der Theorie vorausgesagt, überhaupt nicht mehr bei einem durchschnittlichen Zufriedenheitsniveau an. So hat mehr als jeder zehnte Deutsche ein langfristig ansteigendes und ebenfalls mehr als jeder zehnte ein langfristig fallendes Zufriedenheitsniveau.[16] Man gewöhnt sich eben nicht an alles. Außerdem zeigte sich, dass Gewöhnung oft langsamer ist als gedacht. Das entwertete die Theorie ebenfalls. Denn was hilft es zu wissen, dass man sich nach sieben Jahren erholt, wenn einem heute etwas Schlimmes passiert?[17] Weitere Messungen zeigten, dass die Zufriedenheit vieler Menschen stark schwankt. Ihr Leben ist eher eine Achterbahnfahrt als das leichte Pendeln um einen Mittelwert, welches die Theorie vermutet. Selbst die Zufriedenheit einer typischen Person variiert von Jahr zu Jahr um 12 Punkte und damit fast so stark wie zwischen zwei Personen. Diese Irregularitäten waren der Todesstoß für eine strenge Interpretation der Set-Point-Theorie; zeigten sie doch, dass Menschen langfristig nicht auf demselben Zufriedenheitsniveau verweilen. Und das ist auch gut so, denn deswegen sind wir nicht in unserer Lebenszufriedenheit gefangen, sondern können unser Schicksal selbst gestalten.

Daraus entwickelte der Psychologe Martin Seligman 2002 die Positive Psychologie. Denn als er 1998 Präsident der American Psychological Association wurde, fand er die damalige Psychologie miserabel. Psychologen konnten zwar Depressiven, Schizophrenen oder Phobikern helfen. Doch sie konnten kaum sagen, wie man ein zufriedenes Leben führt. Das wollte Seligman ändern. Seine neue Herangehensweise bezweifelt zwar nicht, dass jeder eine mehr oder weniger hohe – und im Wesentlichen genetisch festgelegte – Zufriedenheit hat. Doch dann müsste es die Aufgabe von Psychologen sein, Menschen ein Leben am oberen Ende ihrer genetischen Möglichkeiten zu ermöglichen. Die Set-Point-Theorie hatte klargemacht, dass nicht jeder immer vollkommen zufrieden sein kann. Aber ihre Schwäche eröffnete die Hoffnung, dass jeder zumindest so zufrieden werden kann, wie seine Gene erlauben.[18]

Weil diese Herangehensweise der Positiven Psychologie funktionierte und Zufriedenheit somit weniger statisch ist, als man befürchtete, war auch der Versuch, zufriedener zu werden, doch nicht so sinnlos wie der Versuch, größer zu werden. Mittlerweile hatten Forscher sogar gezeigt, dass die Lebenszufriedenheit von Menschen nicht nur weniger stabil ist als ihre Körpergröße, sondern auch weniger stabil als beispielsweise ihr Blutdruck oder ihr Körpergewicht. Und nur weil manche einen genetisch hohen Blutdruck haben, ist es ja nicht weniger sinnvoll, diesen zu reduzieren. Genauso sinnvoll und insgesamt sogar etwas einfacher ist es, seine Lebenszufriedenheit zu verändern, obschon es tatsächlich stabile Zufriedenheitsunterschiede zwischen Menschen gibt.[19]

Dafür gebe ich Ihnen alle Informationen. Denn so wie Ärzte zeigen können, was im Lebensverlauf mit einem hohen Blutdruck oder Übergewicht einhergeht, kann ich Ihnen zeigen, was mit einer niedrigen oder hohen Lebenszufriedenheit verbunden ist. Insofern kann ich zwar nie genau wissen, was Sie individuell machen müssen, damit Ihre Zufriedenheit steigt. Doch ich gebe Ihnen die Informationen, mit denen Sie dies selbst entscheiden können. Wäre ich ein Arzt, würde ich Ihnen also nicht direkt raten, was Sie selbst machen sollten, um gesünder zu sein. Aber ich kann Ihnen zeigen, was bei anderen

Menschen nach einer bestimmten Lebensveränderung passiert. Ob das auf Sie ebenfalls zutrifft, müssen Sie selbst überlegen. Insofern ist das hier nicht in erster Hinsicht ein Ratgeber, sondern ein Buch, das aufklären will. Ob Sie die damit verbundenen Informationen als Ratschlag ansehen wollen, müssen Sie jeweils selbst entscheiden.

Doch nehmen wir mal an, Sie stellen Ihr Leben auf das um, was Menschen in der Regel zufrieden macht, und die Effekte wirken bei Ihnen so positiv wie bei anderen. Wie viel schreiben Ihre Gene Ihnen dann trotzdem vor? Die neuere Forschung sagt, dass Sie kurzfristig ein Drittel und langfristig zwei Drittel Ihrer Lebenszufriedenheit selbst in der Hand haben. Denn ein Drittel Ihrer Zufriedenheit ist durch Lebensumstände bestimmt, die Sie langfristig ändern können, beispielsweise die eigene Bildung. Ein zweites Drittel ist durch schnell veränderbare Umstände beeinflussbar, die allerdings meist auch nur kurz wirken, beispielsweise eine Gehaltserhöhung oder ein Umzug.[20] Um gute Lebensentscheidungen zu treffen, sollte man deswegen wissen, was Menschen langfristig zufriedener macht; und um immer wieder einen Zufriedenheitsschub zu bekommen, sollte man wissen, was kurzfristig hilft. Das letzte Drittel der mehr oder weniger hohen Lebenszufriedenheit, da hat die Set-Point-Theorie recht, kann man wirklich nicht ändern.

Dabei ist erstens interessant, ob manche Menschen zufriedener sind als andere, beispielsweise, ob Reiche zufriedener als Arme sind. Doch nur weil es solche Unterschiede zwischen Gruppen gibt, müssen wir nicht automatisch selbst zufriedener werden, wenn wir eine entsprechende Veränderung durchmachen. Deswegen nutze ich zweitens sogenannte Fixed-Effects-Regressionen. Hört sich wie eine Krankheit an, ist aber eine großartige Revolution in der empirischen Sozialforschung und nicht einmal kompliziert zu verstehen. Denn eine Fixed-Effects-Regression zeigt einfach, ob dieselbe Person zufriedener ist, nachdem ihr etwas Bestimmtes passiert ist, beispielsweise eine Lohnerhöhung. Dadurch kann man beispielsweise nicht nur sehen, ob Reiche zufriedener als Arme sind, sondern auch, ob dieselbe Person zufriedener ist, nachdem sie reich geworden ist.

Trotzdem sind Bevölkerungsunterschiede manchmal wichtig, und dann zeige ich sie auch. Beispielsweise kann es lustig sein zu sehen, ob Landbewohner, Singles oder Menschen mit bestimmten Charaktereigenschaften zufriedener sind. Doch immer zeige ich ebenfalls, ob man auch zufriedener wird, wenn man selber Landbewohner, Single oder Mensch mit bestimmten Charaktereigenschaften wird. Bevor ich Ihnen das lang und breit theoretisch darlege, erkläre ich es allerdings lieber weiter unten an konkreten Beispielen. Es ist wie beim Skifahren: Man kann drüber reden, aber am besten versteht man es, wenn man es macht.

Schauen wir uns also für die wichtigsten Themen im Leben an, was zufrieden macht und was nicht. Ich kann Ihnen schon mal sagen: Dabei kommen ziemlich merkwürdige Ergebnisse raus. Oft nicht das, was Sie erwarten, und oft auch nicht das, was Sie gut finden werden. Aber es geht eben darum, unter welch merkwürdigen Umständen Menschen tatsächlich zufrieden sind, und nicht, was wir für richtig halten oder gerne hätten. Fangen wir damit an, welches Familienleben mit einer hohen Zufriedenheit einhergeht, und gleich mit einer der wichtigsten Fragen: Ist man mit Kindern zufriedener?

2 Familie

2.1 Kinder machen nicht zufriedener, weil sie ärmer machen

Daniel und Jan sind eigentlich meine besten Freunde.[21] Jedes Jahr machen wir Urlaub auf einer Insel in Europa, die wir alle noch nicht kennen. Doch über ein Thema streiten die beiden regelmäßig: Kinder oder nicht? Daniel findet sein Leben super, wie es ist. Er versteht nicht, warum er es mit Mikroplagegeistern anreichern soll, die Windeln vollscheißen, selbst im besten Fall alles vollkrümeln und die Wohnung zuverlässig ins Chaos stürzen. Unrecht hat er damit nicht.

Für Jan geht dahingegen die Sonne auf, wenn er Kinder sieht. Er hat auch gute Argumente: Sollte man nicht etwas hinterlassen auf der Welt? Ist es nicht schön, sich in seinen Kindern noch mal aufwachsen zu sehen? Und hat man bei aller Freude über die nächste Beförderung, Kneipenrunde und Romanze nicht eigentlich schon längst gemerkt, dass alles sich nur noch wiederholt? Die Menschheit eine Generation weiterzubringen, Werte mitgeben, das ist doch wichtiger als mehr Geld, mehr Bier und mehr Dates, oder?

Ich bin in dieser Angelegenheit der typisch stoffelige Mann. Ich habe zwar nichts dagegen, mal Kinder zu haben, aber ich verzehre mich auch nicht gerade danach. Ich lebe da ganz nach dem kölschen Lebensmotto »Ett kütt, wie ett kütt.« Aber hat einer meiner beiden Freunde eher recht, wenn man sich die Lebenszufriedenheitsdaten anschaut? Sind Eltern zufriedener? Denken Sie an den Unterschied, den wir oben gemacht haben:

Eltern als Gruppe mit der Gruppe der Kinderlosen zu vergleichen bringt wenig. Denn zufriedenere Menschen könnten eher
Kinder kriegen. Dann gibt es zwar einen Zusammenhang. Doch
der sagt nichts über den Effekt von Kindern auf das Leben einer
Person aus, sondern darüber, wer überhaupt Kinder kriegt.

Aufschlussreicher ist deswegen, ob dieselbe Person in den
Jahren zufriedener ist, in denen sie Kinder hat. Ob das so ist,
sehen Sie in der folgenden Grafik. Sie zeigt, wie zufrieden derselbe Mensch in den Jahren ist, in denen er mit ein, zwei, drei,
vier oder gar fünf Kindern im Haushalt lebt, verglichen mit
den Jahren ohne Kinder. Hinter der Grafik stehen die Fixed-
Effects-Regressionen, die ich oben angesprochen habe. Wichtig daran sind aber nur die grafisch dargestellten Effekte, die
ich Ihnen gleich erkläre.

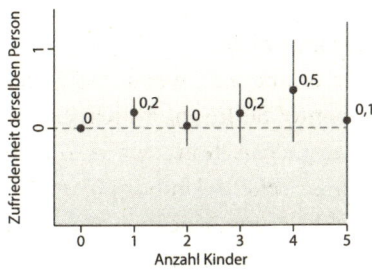

Grafik 2: Kinder im Haushalt

Das ist eine ziemliche Überraschung für alle, die durch Kinder zufriedener werden wollen. Denn die schwarze Linie zeigt,
dass man in Jahren, in denen man mit Kindern zusammen-
lebt, kaum zufriedener ist als in Jahren ohne. Zwar ist beispielsweise eine Person mit einem Kind 0,2 Punkte zufriedener, als sie es war, während sie noch keine Kinder hatte. Doch
0,2 Punkte Zufriedenheitszuwachs bei 100 möglichen Punkten sind ein sehr schwacher Effekt.

Woher aber wissen wir, dass ein Effekt von 0,2 schwach ist? Sie werden mehr und mehr ein Gefühl für die Stärke von Effekten bekommen. Damit das passiert, benutze ich im ganzen Buch dieselbe Sprache zum Beschreiben von Effekten. Jeden Einfluss von weniger als einem Punkt auf der Hunderterskala bezeichne ich als »schwach«. Alle Effekte zwischen 1 und 2 Punkten nenne ich »mittelschwach«, zwischen 2 und 3 Punkten »mittelstark«, zwischen 3 und 4 Punkten »stark«, zwischen 4 und 5 Punkten »sehr stark«, zwischen 5 und 10 Punkten »extrem stark« und Effekte von mehr als 10 Punkten nenne ich »gigantisch«. Dadurch, dass ich für alle Effekte dieselbe genormte Sprache benutze, können Sie beispielsweise den Effekt eines Kindes auf die Lebenszufriedenheit mit, sagen wir, dem Effekt eines Balkons vergleichen.

Und was bedeutet der Strich um jeden Effekt? Dieses sogenannte Konfidenzintervall zeigt, wie Effekte von Person zu Person variieren. Denn einige Menschen sind mit Kindern eben doch zufriedener, wohingegen andere sogar unzufriedener werden. Liegt die graue Einfärbung auf der Nulllinie, spricht man davon, dass ein Effekt statistisch nicht signifikant ist. In diesem Fall kann man beispielsweise nicht sagen, dass ein eindeutig positiver oder negativer Effekt von Kindern auf die Zufriedenheit auszumachen ist, obwohl wir Lebenszufriedenheitsdaten von 96 105 Menschen haben, die 698 523-mal befragt wurden. Es gibt also immer eine Effektstärke und eine Schwankung um diese Effektstärke. Diese beiden Informationen sind alles, was Sie für dieses Buch von Statistik verstehen müssen.

In diesem Fall zeigt beides, dass derselbe Mensch in Jahren, in denen er mit Kindern im Haushalt lebt, nicht nennenswert zufriedener ist als ohne Kinder. Die Forschungsliteratur unterstützt diese Ergebnisse. Sie vermutet sogar, sie könnten der Grund sein, warum Frauen seltener Kinder kriegen: eben weil es ihre Zufriedenheit nicht erhöht.[22] Doch Erhebungen zeigen, dass nur 35 Prozent aller Paare sich vorstellen können, ohne Kind glücklich zu sein.[23] Das bedeutet, die restlichen 65 Prozent irren sich, wenn sie meinen, Kinder seien wichtig für ihre Zufriedenheit. Doch warum irren sich fast alle? Warum tragen Kinder so viel weniger zu unserer Lebenszufriedenheit bei, als wir vermuten?

Ein paar Gründe kann man ausschließen. Man könnte vermuten, dass Lebensjahre, in denen Menschen Kinder haben, mehr oder weniger zufällig auch Zeiten sind, in denen sich etwas anderes negativ verändert. Menschen könnten beispielsweise mit zunehmendem Alter unzufriedener werden. Dann würden sie in Jahren, in denen sie Kinder haben, unzufriedener erscheinen, allerdings nicht aufgrund der Kinder, sondern weil sie älter sind. Das berücksichtige ich hier und in allen weiteren Berechnungen, indem ich Effekte immer für Menschen desselben Alters berechne. Statistisch sagt man, ich halte das Alter »konstant«, so dass alle Effekte fortschreitenden Alters das Ergebnis nicht beeinflussen. Auch könnte es sein, dass Menschen sich nicht trauen zuzugeben, dass sie unzufrieden sind, wenn sie zum ersten, zweiten oder dritten Mal befragt wurden – schließlich ist das peinlich. Möglicherweise spielt zudem die Art der Befragung eine Rolle. Denn vielleicht trauen sich manche nicht, ihre Unzufriedenheit zuzugeben, wenn sie den Fragebogen nicht am Computer ausfüllen, sondern mit einem realen Interviewer. Doch auch all das rechne ich hier und in allen weiteren Berechnungen heraus.

Abgesehen von diesen Alters- und Befragungseffekten, die ich als Störfaktor immer rausrechne, berücksichtige ich speziell für diese Berechnung noch ein paar weitere Variablen. Vielleicht sind Menschen mit Kindern eher verheiratet und deswegen unzufriedener? Das halte ich »konstant«, indem ich alle Effekte für Menschen mit gleichem Beziehungsstatus berechne. Ebenso wenig liegen die Effekte nennenswert daran, dass Menschen mit Kindern weniger Schlaf bekommen oder eine andere Bildung haben. Denkbar ist auch, dass man nur auf dem Land oder in der Stadt mit Kindern zufriedener ist. Doch auch das beeinflusst die Effekte nicht. Die Message der Daten ist also recht eindeutig: Unabhängig vom Alter, der Befragungshäufigkeit und -art, dem Beziehungsstatus, auch dem Schlaf, den man bekommt, der Bildung und dem Wohnort, sind Menschen in Jahren, in denen sie Kinder haben, einfach nicht zufriedener. Selbst unter denjenigen, die sagen, dass Kinder Ihnen im Leben sehr wichtig sind, findet sich kein positiver Effekt. Das heißt, Kinder machen selbst dann nicht glücklich, wenn man unbedingt welche will.

Was man allerdings sagen kann, ist, dass der Effekt, dass Kinder nicht zufrieden machen, teils aus den Beobachtungen der 1980er Jahre kommt. Menschen, die nach dem Jahr 2010 Kinder bekommen haben, haben durchaus eine etwas höhere Lebenszufriedenheit, wahrscheinlich, weil es heute trotz aller Beschwerden angenehmer ist, Kinder zu haben als früher. Generell könnte man das übrigens als Argument gegen viele der im Buch gezeigten Effekte einwenden. Da ein Teil der Daten aus den 1980er und 1990er Jahren stammt, weiß man nicht, ob die Effekte heute immer noch aktuell sind. Doch dafür gibt es einen Trick. Ich habe alle Effekte noch einmal mit der zweiten Hälfte der Daten ausgerechnet. Grob die Hälfte der Daten liegt vor dem Jahr 2005, die andere Hälfte der Daten wurde danach erhoben. Sollten sich Effekte nach dem Jahr 2005 stark von den vorherigen unterscheiden, weise ich Sie darauf hin. Mache ich das nicht, dann weil sich kaum verändert hat, was Menschen zufrieden macht.

Doch zurück zu den Kindern. Von denen könnte man annehmen, dass sie unterschiedlich zufrieden machen, je nachdem, welches Geschlecht die Eltern haben und wie alt sie sind. Schauen wir uns das mal an.

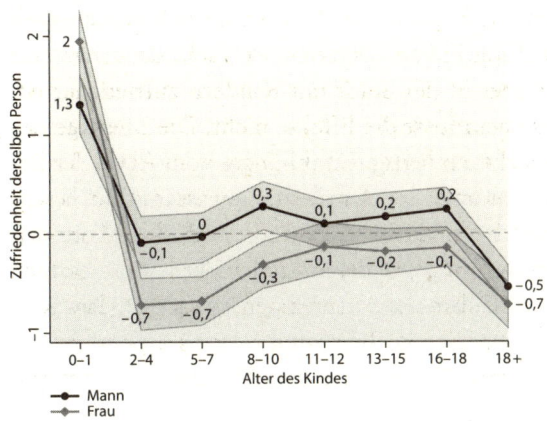

Grafik 3: Zufriedenheit mit Kind

Sie sehen hier, wie eine typische Frau durchaus 2 Punkte zufriedener ist, wenn sie ein Kind unter einem Jahr hat. Auch ein
typischer Mann ist nach der Geburt eines Kindes 1,3 Punkte
zufriedener. Doch sobald das Kind zwei Jahre alt ist, nimmt
die Zufriedenheit wieder ab. Eine Frau mit einem Kind über
zwei Jahre ist sogar unzufriedener, als sie ohne Kind war.

Diesen Effekt zeigt auch die bisherige Forschung immer
wieder: Ein Neugeborenes erhöht die Lebenszufriedenheit.
Doch sobald es zwei ist, geht die Lebenszufriedenheit zurück,
noch stärker für Frauen als für Männer, wohl weil sie die positiven und negativen Aspekte eines Kindes stärker mitbekom-
men. Zwar steigt die Zufriedenheit von Frauen nach der Geburt etwas mehr, wenn ihre Männer sie stärker unterstützen.
Doch selbst in diesen sehr guten Beziehungen steigt weder
die Zufriedenheit der Frau noch die des Mannes dauerhaft
mit einem Kind.[24] Und selbst wenn die Kinder aus dem Haus
sind, ist man als Elternteil nicht zufriedener, als Kinderlose es
sind.[25]

Daniel hat also traurigerweise eher recht als Jan: Kinder
machen nicht zufriedener. Wenn Jan sich vom Kinderkrie-

gen mehr Lebenszufriedenheit verspricht, wird er wohl enttäuscht. Es hilft auch nichts, dann ein zweites Kind zu bekommen. Denn egal, wie viele Kinder man hat, man wird nicht zufriedener, als man ohne Kinder war. Immerhin, anders als Bücher wie *Regretting Motherhood*[26] es uns einreden, senken Kinder die Lebenszufriedenheit auch nicht nennenswert, und heute ist der Effekt positiver als früher. Das Ergebnis ist deswegen die merkwürdigste Nachricht von allen: Kinder scheinen für die eigene Lebenszufriedenheit einfach keine große Rolle zu spielen. Es ist egal, ob man Kinder kriegt.

Woran liegt das? Warum machen Kinder nicht zufrieden? Es liegt nicht an vollen Windeln, nicht am Schreien und auch nicht an der falschen Erziehung. Ein Grund ist viel banaler: Kinder kosten Geld. Wer Kinder hat, muss sein Geld unter mehr Haushaltsmitgliedern aufteilen und hat entsprechend weniger für sich. Das macht unzufrieden. Hier sehen Sie, wie Kinder die Lebenszufriedenheit all derer beeinflussen, die nicht weniger Geld pro Haushaltsmitglied haben als ohne Kinder:

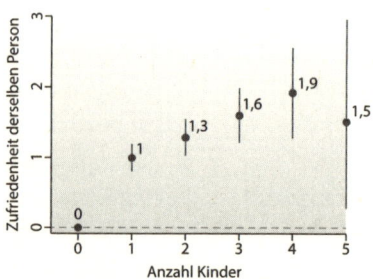

Grafik 4: Kinder im Haushalt bei gleichbleibendem Einkommen

Wer trotz Kindern pro Haushaltsmitglied genau so viel Geld hat wie vorher, den machen Kinder durchaus zufriedener, übrigens sowohl Männer als auch Frauen und auch unter all den Bedingungen, die wir oben besprochen haben. Doch weil die meisten mit Kindern weniger Geld für sich haben, ist man mit Kindern auch nicht zufriedener als vorher.

Noch etwas Verrücktes: Kinder machen nicht nur all jene besonders zufrieden, die danach pro Haushaltsmitglied so viel Geld haben wie vorher. Sie machen auch all jene besonders zufrieden, die *nicht* arbeiten. Wie kann man das interpretieren? Möglicherweise machen Kinder eher zufrieden, wenn sie keinen Verlust bringen. Wer nicht arbeitet, dem kann das Kinderkriegen seine Arbeit nicht wegnehmen. Dafür spricht, dass gerade vollzeitbeschäftigte Frauen durch Kinder sehr viel unzufriedener werden. Denn gerade wenn Sie als voll im Beruf stehende Frau viel verdienen, verlieren Sie mehr, wenn Sie Kinder kriegen, als wenn Ihre Kinder Sie an nichts hindern. Wenn Sie da hingegen wenig verdienen, verlieren Sie zwar durch Kinder auch weniger. Doch das wenige verlorene Geld brauchen Sie dafür umso dringender. Dass Kinder nicht zufrieden machen, weil sie Geld kosten, zeigt sich deswegen bei Menschen mit hohem wie mit niedrigem Einkommen und besonders bei hoher Bildung.[27] Denn wer eine hohe Bildung hat, dem stehen interessantere Berufe offen. Er oder sie hat mit Kindern entsprechend mehr zu verlieren. Kinder scheinen insofern in dem Maße zufriedener zu machen, wie man keine anderen interessanten Möglichkeiten im Leben hat. Dabei leiden Reichere, weil sie durch Kinder mehr verlieren, während Ärmere leiden, weil ihnen der Einkommensverlust stärker wehtut.

Sind Kosten der einzige Grund, weswegen Kinder nicht zufrieden machen? Wahrscheinlich nicht. Der Psychologe Thomas Hansen hat die verschiedenen Volksweisheiten, wonach Kinder zufrieden machen, dem Forschungsstand gegenübergestellt. Vereinfacht zeigt sich, dass vor allem Menschen in ärmeren Ländern finden, dass Kinder glücklich machen. Menschen in reicheren Ländern teilen – ebenso wie Gebildetere und Jüngere – diese Sichtweise weniger. Je erfolgreicher Menschen sind und je besser es ihnen geht, desto mehr glauben sie also, dass Kinder unwichtig sind. Ungeachtet des trotzdem weitverbreiteten Glaubens, Eltern seien zufriedener, zeigt sich weltweit eher das Gegenteil. Eltern sind unzufriedener, nicht nur unzufriedener als Kinderlose, sondern auch unzufriedener, als sie vor der Geburt ihrer Kinder waren. Ein Teil davon lässt sich damit erklären, dass vor allem Alleinerziehende unzufriedener sind und damit den Durchschnitt runterziehen, wohingegen bei Verheirateten der Einfluss zumindest nicht negativ ist. Ein weiterer Grund, warum Kinder nicht zufrieden machen, ist entgegen anderslautender Vorurteile, dass Kinderlose ein ziemlich gutes Leben haben. Sie sind mit ihrer finanziellen Situation und Ehe zufriedener, machen weniger Hausarbeit, mehr Sport, gehen mehr aus und können mehr für Restaurantbesuche und Unterhaltung ausgeben, außerdem haben sie mehr Kontakt zu ihren Freunden und ihrer erweiterten Familie.

Besonders verstörend ist, dass die meisten Eltern zwar sagen, dass sie es gut finden, Kinder zu haben, jedoch die mit ihren Kindern tatsächlich verbrachte Zeit in Wirklichkeit kaum schätzen. Der Psychologe und Nobelpreisträger Daniel Kahneman hat Leute gebeten, immer wieder anzugeben, was sie vor Kurzem gemacht und wie sie sich dabei gefühlt haben. Mit den eigenen Kindern verbrachte Zeit landete auf dem elften Rang von fünfzehn Aktivitäten, abgeschlagen hinter Freunde treffen, essen gehen oder Sport, alles Aktivitäten, für die Kinderlose mehr Zeit haben. Auf dem ersten Platz rangierte übrigens, vielleicht wenig überraschend: Sex.[28] Insofern betrügen Eltern sich selbst. Die mit ihren Kindern verbrachte Zeit gefällt ihnen kaum, doch anderen und sich selbst erzählen sie, dass ihre Kinder ihr Leben bereichern. Man nennt das kognitive Dissonanz. Man möchte nicht zugeben, dass etwas, in das man so viel Geld, Zeit und Mühe investiert hat, einen nicht zufrieden macht. Also sagt man, froh über seine Kinder zu sein – zumal sozialer Druck herrscht, das zu sagen.[29] Erst wenn man Eltern fragt, ob sie auch mit ihrem Leben zufriedener sind, zeigt sich: Sie sind es nicht oder zumindest nicht besonders. Eine offene Frage ist allerdings, ob Zufriedenheit der richtige Maßstab ist. Vielleicht sind Eltern nicht zufriedener mit ihrem Leben, doch dafür ist ihr Leben erfüllter? Das kann sein. Doch so oder so finde ich es beunruhigend, dass all das Kinderkriegen, das uns schließlich erst in die Welt gebracht hat, nichts mit Zufriedenheit zu tun hat. Wenn man sich den Stress schon antut, sollte man doch von der Natur wenigstens eine Zufriedenheitsbelohnung bekommen.

Bevor Sie mich jetzt hassen, weil ich Ihnen diese Nachricht überbringe, denken Sie bitte daran: Ich kann nichts dafür, was ich in den Daten finde. Ich kann nichts dagegen tun, die Daten und Befunde so präsentieren zu müssen, wie sie sind, auch wenn das in diesem Fall nicht kinderfreundlich ist. Für Sie bedeutet das, und das ist jetzt eine Interpretation statt eine reine Schilderung der Daten: Wenn es Sie nicht stört, weniger Geld zu haben, wenn es keine große Leidenschaft gibt, von der Kinder Sie abhalten, wenn Sie in einer sicheren Beziehung und etwas älter sind (dazu gleich mehr), dann können Sie erwarten, dass Kinder Ihnen ein zufriedeneres oder zumindest nicht unzufriedeneres Leben bescheren. Doch während Kinder an sich durchaus zufriedener machen, macht der mit ihnen verbundene Einkommensverlust unzufriedener. Da sich beides aufhebt, sind Menschen nicht zufriedener oder unzufriedener, nachdem sie Kinder gekriegt haben.[30] Angesichts dessen, wie viel wir über das Für und Wider des Kinderkriegens diskutieren, ist das vielleicht die überraschendste Nachricht: Entspannen Sie sich. Es gibt hier kein Richtig oder Falsch. Es ist egal, ob man Kinder bekommt, denn die Vor- und Nachteile von Kindern heben sich gegenseitig auf. Kriegen Sie Kinder, lassen Sie es bleiben – für Ihre Lebenszufriedenheit macht das kaum einen Unterschied.

2.2 Warum Männer anscheinend wenig Lust auf Kinder haben

Die merkwürdigste Trennung in meinem Freundeskreis ging so: Georg liebt seinen Vollzeitjob. Er betreut die Kunstauswahl eines Museums und will keinesfalls kürzertreten. Seine Freundin Antje hat einen Halbtagsjob. Den findet sie zwar okay, aber sie brennt auch nicht dafür. Sie wollte ein Kind mit Georg. Doch als sie es hatten, war sie enttäuscht. Denn Georg wollte unter der Woche höchstens eine Stunde täglich mit dem Kind verbringen, weil er immer so viel zu tun hatte. Schlussendlich trennte Antje sich von Georg, weil sie das Gefühl hatte, nicht genug Unterstützung zu bekommen. Ich fand das nicht schlau, denn jetzt ist ihr Leben als Alleinerziehende noch mühsamer. Aber ich konnte ihre Enttäuschung über Georg auch verstehen, schließlich entspricht er nicht den Ansprüchen, die wir an moderne Väter stellen.

Früher konnten Männer sich damit rausreden, Kinder seien Frauensache. Weniger zu arbeiten, um mehr Zeit mit seinen Kindern zu verbringen, war in den 1950er Jahren für Männer eine absurde Vorstellung. Doch heute ist das anders, und das ist auch logisch: Wenn die Frau genauso lange arbeitet wie der Mann, warum sollte sich der Mann dann nicht genauso um die Kinder kümmern? In den oft ideologischen Diskussionen darüber können die SOEP-Daten vermitteln. Denn sie zeigen, ob Männer tatsächlich unzufriedener sind, wenn sie sich um Kinder kümmern, und ob vielleicht auch die Lebenszufriedenheit von Frauen sinkt, wenn sie mehr Zeit mit ihren Kindern verbringen. In der folgenden Grafik sehen Sie, welchen Effekt es auf die Lebenszufriedenheit eines Mannes und einer Frau hat, wenn sie unter der Woche mehr oder weniger Zeit mit Kindern verbringen:

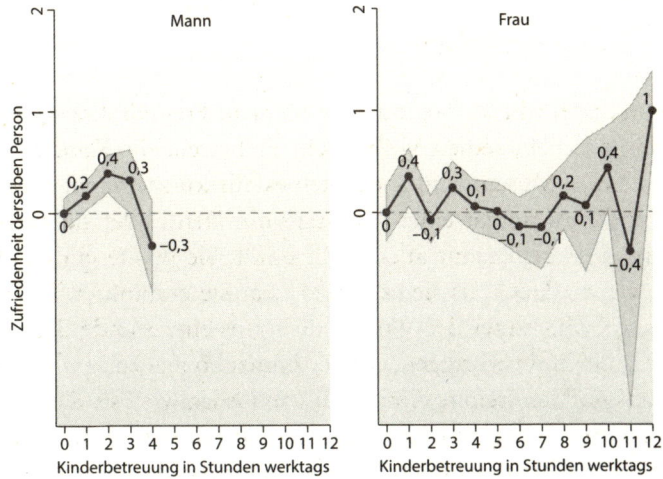

Grafik 5: Zeit mit Kindern wochentags

Tatsächlich scheinen die Daten zu zeigen, dass ein Mann durchschnittlich in den Jahren etwas zufriedener ist, in denen er bis zu zwei Stunden pro Werktag mit seinen Kindern verbringt, statt überhaupt keine Zeit für sie zu haben. Doch ab dann scheint die Zufriedenheit eines Mannes zurückzugehen, wenn er seinen Kindern noch mehr Zeit widmet. Was passiert, wenn Männer mehr als vier Stunden täglich unter der Woche bei ihren Kindern sind, kann ich nicht zeigen. Denn trotz des gigantischen Datensatzes bleiben mir nicht genug Männer, um diese Effekte auszurechnen, weil 95 Prozent von ihnen unter der Woche weniger als fünf Stunden täglich mit ihren Kindern verbringen.

Das ist bei Frauen anders. Ihre Lebenszufriedenheit ist etwas höher, wenn sie jeden Wochentag eine Stunde mit ihren Kindern verbringen. Bei noch mehr Zeit ist ihre Lebenszufriedenheit weder systematisch höher noch niedriger. Wenn Sie genau hinschauen, sehen Sie, wie alle Effekte ziemlich klein und oft nicht signifikant sind, denn das graue Konfidenzintervall

37

liegt meist auf der Nulllinie. Menschen sind also unabhängig davon, wie viel Zeit sie ihren Kindern widmen, kaum systematisch zufriedener oder unzufriedener. Auch Mütter sind höchstens einen Punkt zufriedener, wenn sie zwölf Stunden täglich mit ihren Kindern verbringen, statt überhaupt keine Zeit für sie zu haben. Bei Zufriedenheitswerten, die von 0 bis 100 reichen, sind das durchweg schwache Effekte (nicht über einer Stärke von 1).

Meinen Sie jetzt trotzdem, dass Männer und Frauen anders sind, zumindest ein bisschen? Dann denken Sie noch mal nach. Worin könnte der kleine Unterschied zwischen Männern und Frauen liegen? Die Antwort lautet: Fast alle Väter arbeiten Vollzeit. Mütter dahingegen arbeiten manchmal Vollzeit, manchmal Teilzeit und manchmal gar nicht. Und die Daten zeigen: Wer sowieso schon Vollzeit arbeitet, egal, ob Mann oder Frau, ist auch eher unzufrieden, wenn die restliche Zeit dann noch mit Kindern verbracht wird. Es kann also wirken, als ob Väter im Durchschnitt etwas unzufriedener sind, wenn sie mehr Zeit mit ihren Kindern verbringen. Aber das liegt vor allem daran, dass sie fast immer Vollzeit arbeiten. Den wenigen Müttern, die Vollzeit arbeiten, geht es nämlich genauso. Es gibt nur nicht so viele.

Dass der geringe männliche Enthusiasmus für Kinder nicht daran liegt, dass Männer Kinder hassen, sondern ihre Jobs lieben, sieht man auch daran, dass Männer durchaus etwas zufriedener sind, wenn sie am Wochenende mehr Zeit mit ihren Kindern verbringen, wie Sie in Grafik 6 selbst sehen können.

Männer und Frauen sind gleichermaßen zufriedener in Jahren, in denen sie am Wochenende zumindest eine Stunde täglich mit ihren Kindern verbringen. Dies ist sowohl bei Verheirateten als auch bei Alleinerziehenden festzustellen. Es ist allerdings wieder ein eher schwacher Effekt. Die wissenschaftliche Literatur zeigt ebenfalls, dass Eltern höchstens etwas zufriedener sind, wenn sie mehr Zeit mit ihren Kindern

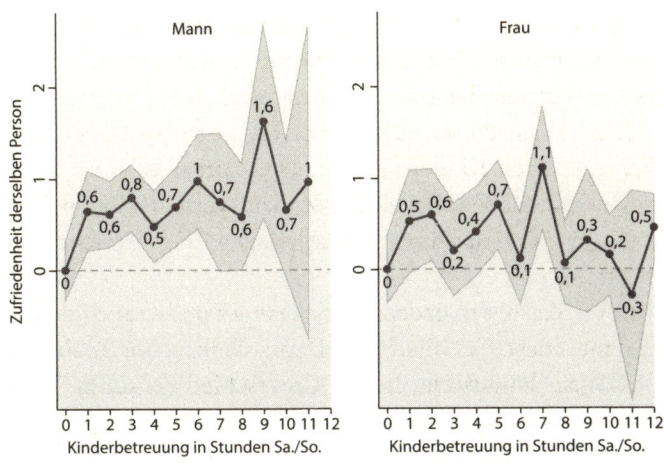

Grafik 6: Zeit mit Kindern wochenends

verbringen. Dass Männer am Wochenende anscheinend mehr von der Zeit mit ihren Kindern profitieren als Frauen, erklärt die Literatur übrigens damit, dass sie angenehmeren Aktivitäten mit ihnen nachgehen, nämlich im Wesentlichen spielen. Frauen machen stattdessen, was sowieso erledigt werden muss, beispielsweise Füttern, Anziehen und Wickeln.[31]

Für Antjes und Georgs Streit kann man also festhalten, dass es gar nicht so überraschend ist, wenn Georg unter der Woche wenig Zeit mit seinem Kind verbringen will. Vollzeitarbeitenden Frauen geht es genauso. Es gibt nur weniger von ihnen. Generell zeigt sich aber auch, dass alle Effekte sehr schwach sind. Dasselbe zeigt sich im Übrigen bei der Aufteilung der Kinderbetreuungszeiten. Weder sind Paare viel zufriedener, wenn die Frau, noch wenn der Mann sich mehr kümmert. Bei der Frage, wer sich wie viel den Kindern widmet, sollten wir uns also einfach lockerer machen. Denn vom klassischen Modell, bei dem die Frau fast alles macht, über das gleichberechtigte Modell, bei dem sich beide gleich kümmern, bis hin zum immer noch exotischen Modell, bei dem der Mann sich kümmert, sind Mann und Frau nicht wesentlich zufriedener. Bei anderen Effekten ist das anders, wie Sie jetzt sehen werden.

2.3 Männer sind unzufriedener, wenn sie mehr Hausarbeit machen, Frauen nicht

In dem Buch *The Second Shift* (in etwa: »Die zweite Schicht«) malt die Soziologin Arlie Hochschild ein trauriges Bild amerikanischen Familienlebens. Viele Frauen haben mittlerweile Vollzeitjobs. Doch zu Hause machen sie immer noch den Großteil der Hausarbeit. Deswegen sind sie ziemlich unglücklich. Beispielsweise erzählt Hochschild von Nancy und Evan. Die beiden haben ein Kind. Doch darum kümmert sich vor allem Nancy, genauso wie um die Hausarbeit. Sie hasst Evan, weil er nie Hausarbeit macht und bestraft ihn mit Sexentzug.[32] Befragungen scheinen Hochschild recht zu geben, dass eine gleichberechtigte Beziehung besser ist. Denn immer wieder geben Männer und Frauen zu Protokoll, dass ihnen eine egalitäre Aufteilung von Hausarbeit wichtig ist und es ihnen damit besser gehen würde.[33] Doch die SOEP-Daten zeigen, dass Frauen immer noch circa drei Viertel der Hausarbeit machen und sich daran seit Anfang der 90er Jahre nichts geändert hat. Aber sind Frauen deswegen so verbittert, wie Hochschild es ihnen nachsagt? Wenn das so ist, müssten Frauen unzufriedener sein, je mehr Hausarbeit sie machen. Doch sehen Sie in Grafik 7 selbst, wie zufrieden dieselbe Frau und derselbe Mann sind, wenn sie unter der Woche oder am Wochenende mehr oder weniger Hausarbeit machen.

Die Grafik zeigt: Ein Mann ist in den Jahren ein klein wenig unzufriedener, in denen er mehr Hausarbeit macht. Das ist auch nicht verwunderlich. Oder machen Sie gerne Hausarbeit? Doch dieselbe Frau ist tatsächlich in den Jahren zufrie-

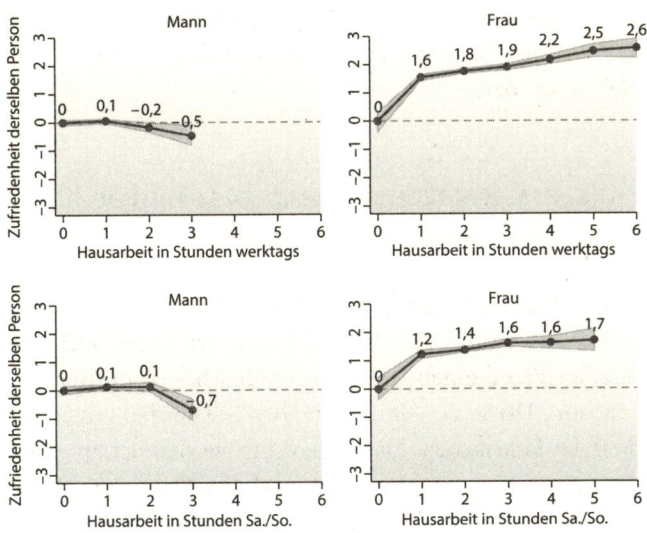

Grafik 7: Arbeit zu Hause

dener, in denen sie *mehr* Hausarbeit macht. Und diese positiven Effekte sind teils sogar mittelstark. Hochschild vermutet, dass Frauen unzufrieden mit Hausarbeit sind, weil diese neben ihrem Vollzeitjob zur zweiten Schicht wird. Doch selbst vollzeitarbeitende Frauen sind nicht unzufriedener, sondern etwas zufriedener, wenn sie mehr Hausarbeit machen. Das ist genau das Gegenteil von dem, was Arlie Hochschild vermutet! Auch ist es nicht so, dass Männer nur deswegen nicht unzufriedener sind, wenn sie weniger Hausarbeit machen, weil die Frau sowieso putzt. Denn selbst unter alleine wohnenden Männern zeigt sich kein Zusammenhang zwischen Hausarbeit und Zufriedenheit. Hingegen sind auch alleine wohnende Frauen leicht zufriedener, wenn sie etwas öfter putzen.

Woran zum Teufel kann das liegen? Es scheint, dass Männer sich in einem unreinlichen Haushalt nicht schlechter fühlen, wohingegen Frauen zufriedener sind, wenn auch mal geputzt wird. Doch vielleicht wird der Zusammenhang irgendwie verfälscht? Da Frauen traditionell für Hausarbeit zuständig sind, könnte es sein, dass sie vor allem dann weniger Hausarbeit machen, wenn es ihnen schlecht geht. Doch das habe ich berücksichtigt, indem ich alle Effekte von Hausarbeit auf Zufriedenheit bei konstanter Gesundheit berechnet habe. Vielleicht machen Frauen auch mehr Hausarbeit, wenn sie Kinder haben, und sind dann aufgrund der Kinder, nicht jedoch aufgrund der Hausarbeit zufriedener? Das scheint im Lichte des vorigen Kapitels fragwürdig, und tatsächlich: alle Ergebnisse bei konstanter Kinderzahl und Beschäftigungsstatus zu berechnen, ändert nicht viel. Es bleibt also merkwürdig: Dieselbe Frau ist zufriedener, wenn sie mehr Hausarbeit macht, unabhängig von etlichen Faktoren, die diesen Zusammenhang verzerren könnten. Und es wird noch merkwürdiger. Hier sehen Sie, wie sich die Zufriedenheit desselben Mannes und derselben Frau verändert, wenn sie mehr oder weniger Hausarbeit als ihr Partner machen:

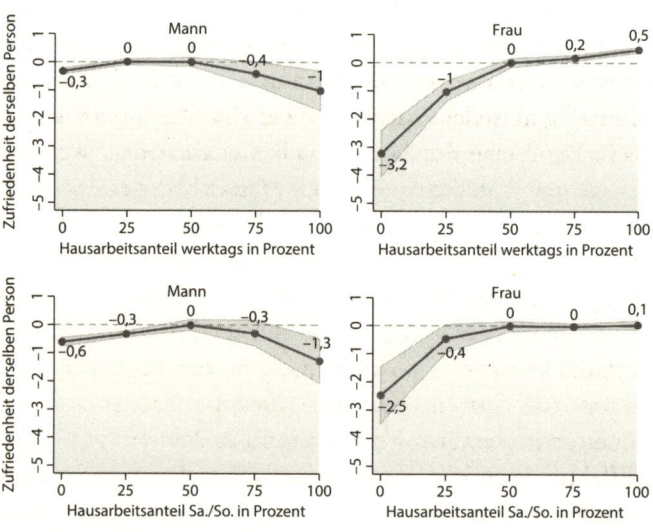

Grafik 8: Engagement im Haushalt

Macht ein Mann in seiner Partnerschaft die gesamte Hausarbeit, ist er unzufriedener. Das ist erst mal wenig erstaunlich. Ulrich Beck meint sogar, das männliche Engagement im Haushalt sei trotz aller verbalen Aufgeschlossenheit eine »Entscheidung von nur bedingter Freiwilligkeit«, mit der Männer lediglich »dem Wunsch oder der Forderung der *Partnerin* gefolgt« sind.[34] Zwar kommt seine Idee aus den 1980er Jahren. Doch falls Sie vermuten, der Effekt könnte daran liegen, dass auch ein Teil der Daten noch aus den 1980er oder 1990er Jahren stammt, so vergessen Sie nicht, dass ich hier – wie auch in allen anderen Berechnungen – alle Effekte noch einmal mit der zweiten Hälfte der Daten berechnet habe, nämlich ab dem Jahr 2005. Und auch dann zeigt sich fast dasselbe Ergebnis. Es spricht also bei den Ergebnissen – wie auch bei allen anderen, bei denen ich nicht gesondert darauf hinweise – wenig dafür, dass sie sich grundlegend mit der Zeit ändern.

Vielleicht ist kaum erstaunlich, dass Männer nicht besonders zufrieden sind, wenn sie viel Hausarbeit erledigen. Doch macht ein Mann überhaupt keine Hausarbeit, ist er auch minimal unzufriedener. Männern geht es insofern tatsächlich am besten, wenn sie sich die Hausarbeit mit ihrer Partnerin gleichmäßig aufteilen. Merkwürdiger sind die Ergebnisse für Frauen. Denn eine Frau ist besonders unzufrieden, wenn sie einen *kleinen* Anteil der gesamten Hausarbeit des Paares erledigt! Und diese negativen Effekte sind sogar mittelstark bis stark. Auch ist eine Frau etwas zufriedener, wenn sie unter der Woche die gesamte Hausarbeit erledigt, statt diese gleichmäßig mit ihrem Partner aufzuteilen. Da ich hier dasselbe konstant halte wie vorher, kann es nicht an der Beschäftigungssituation, der Anzahl oder dem Alter der Kinder oder der Gesundheit liegen. Sogar bei kinderlosen Paaren finden sich die Effekte. Auch kann es nicht sein, dass Frauen, die mehr Hausarbeit machen, per se ein sonnigeres Gemüt haben. Denn ich vergleiche ja die Lebenszufriedenheit derselben Person, die mal mehr und mal weniger Hausarbeit macht. Aber was zur Hölle kann erklären, dass Frauen *unzufriedener* sind, wenn sie *weniger* Hausarbeit als ihr Partner machen?

Die Identitätstheorie von George Akerlof und Rachel Kranton kann solch merkwürdige Effekte erklären.[35] Sie argumentiert, dass Menschen bestimmte Identitäten haben. Wir sehen uns beispielsweise als Mann oder Frau, Soldat, Punker oder Deutscher. Und die Effekte, die wir hier sehen, können sich möglicherweise durch Geschlechteridentität erklären. Allerdings nicht, die Menschen gerne hätten, sondern die sie tatsächlich haben. So können Männer und Frauen in Befragungen angeben, dass sie eine gleichmäßige Aufteilung von Hausarbeit wichtig finden. Denn das ist schließlich, was man in Befragungen sagen sollte, und vielleicht wollen die meisten Menschen sich auch so sehen. Dass Menschen mit einer gleichen Aufteilung von Hausarbeit zufrieden sind, zeigen die Daten ja auch durchaus. Doch wenn der Mann mehr Hausarbeit als die Frau macht, könnte das dem Bild widersprechen, das beide von einer normalen Beziehung haben. Ihnen könnte es insofern komisch vorkommen, wenn Männer die ganze Hausarbeit machen, auch wenn sie in Umfragen sagen, das gut zu finden. Denn was wir an unserem Partner in Wirklichkeit gut finden, ist oft nicht was wir vermuten, wenn wir gefragt werden. So zeigt eine Untersuchung aus den USA, dass Paare weniger und schlechteren Sex haben, wenn sie sich die Hausarbeit gleichmäßiger aufteilen. Die Argumentation der Autorinnen: Frauen finden es in aller Regel gut, wenn Männer sich wie Männer verhalten, und Männer stehen bei Frauen auf Weiblichkeit. Nur wenige Frauen finden es beispielsweise attraktiv, wenn Männer Röcke tragen, und wenige Männer wollen, dass Frauen eine tiefere Stimme haben als sie selbst. Wenn wir diese typischen Rollenerwartungen an unser Geschlecht nicht erfüllen, schwindet das sexuelle Interesse. Wir würden dann zwar etwas anderes bekunden, uns jedoch insgeheim einen Partner wünschen, der sich geschlechterstereotyp verhält. Krank, oder?

Allerdings passt es auch genau zu dem, was weitere Studien herausgefunden haben. Beispielsweise haben empirische Untersuchungen gezeigt, dass Frauen besonders viel Hausarbeit machen, sobald sie *mehr* verdienen als der Mann. Warum? Als Kompensation, um stereotype Geschlechterrollen wiederherzustellen, damit beide trotz des höheren Gehalts der Frau weiterhin das Gefühl haben können, typisch weiblich und typisch männlich zu sein.[36] Das ist ökonomisch gesehen vollkommen unlogisch. Schließlich sollte derjenige, der pro Stunde mehr verdient, länger arbeiten, damit ein Haushalt mit möglichst wenig Arbeitszeit sein Einkommen maximiert. Aber die Daten weisen darauf hin, dass Menschen nicht nur nach dieser ökonomischen Logik denken, sondern unglücklich sind, wenn sie stereotypen Geschlechterrollen nicht entsprechen, beispielsweise weil der Mann mehr Hausarbeit macht als die Frau. Das heißt allerdings auch, dass wir all diese Effekte nicht mehr sehen würden, wenn Menschen andere Geschlechteridentitäten hätten. Ich sage also nicht, dass Männer und Frauen »so sind« und beispielsweise in 50 Jahren auch noch sein werden. Dazu kann ich keine Aussage machen, ich bin ja nur ein empirisch forschender Soziologe. Ich kann mit den Daten lediglich zeigen, dass Frauen kurioserweise unzufriedener sind, wenn sie einen kleineren Teil der Hausarbeit erledigen.

Was bedeutet das für Sie? Ich will weder Männern eine Rechtfertigung geben, die Klobürste fallen zu lassen, noch Frauen empfehlen, die gesamte Hausarbeit selbst zu machen. Denn das geben die Effekte auch nicht her, und wie oben schon angesprochen, will ich auch nicht mit Empfehlungen um mich werfen, sondern Ihnen die Möglichkeit geben, sich anhand der Daten Ihre eigene Meinung zu bilden. Doch wenn Sie in Ihrer eigenen Beziehung beobachten, dass die Frau mehr

Hausarbeit macht als der Mann, dann hilft es vielleicht zu wissen, dass es Ihnen wie vielen anderen geht und die meisten damit paradoxerweise zufrieden sind. Halte ich es deswegen für richtig? Das tut nichts zur Sache, denn noch einmal: Ich will zeigen, wie die Welt ist, und nicht, wie wir sie gerne hätten. Welche Schlüsse Sie daraus ziehen, ob Sie es beispielsweise für gut oder schlecht halten oder für natürlich, ob Sie meinen, dass es in 50 Jahren noch so ist, all das kann ich Ihnen nicht sagen. Ich kann nur die Daten präsentieren, und die sind merkwürdig genug, gerade weil sie zeigen, dass Menschen anscheinend nicht zufrieden sind, wenn sie sich verhalten, wie viele von uns es für richtig halten.

2.4 Wer mit Anfang 30 Kinder kriegt, hat danach das zufriedenste Leben

Nichts scheint junge Männer und Frauen so zu beschäftigen, wie die perfekte Zeit zum Kinderkriegen. Und sie haben ja recht. Ist das Kind da, ist das Leben vorbei… zumindest das, das man kannte. An Ratschlägen herrscht kein Mangel. Doch die meisten haben mit Daten nichts zu tun, sondern sind persönliche Meinungen. Im *Spiegel* liest man: »Frauen können alles haben. Sie sollten nur viel früher Kinder bekommen«, am besten mit Anfang 20. *Die Welt* schreibt das Gegenteil: Ältere Mütter hätten einen Vorteil »in puncto Stabilität und Entspanntheit«.[37] Meinungen gibt es viele. Doch sie helfen wenig, solange wir nicht wissen, welche die richtige ist. Was ist also der beste Zeitpunkt? Die folgende Grafik zeigt, wie zufrieden Männer und Frauen den Rest ihres Lebens sind, je nachdem, wann sie ihr erstes Kind bekommen haben:

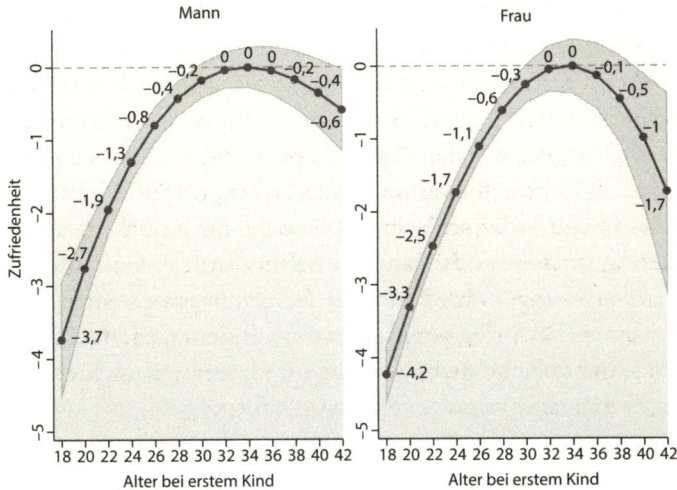

Grafik 9: Alter bei Geburt

Die Ergebnisse könnten kaum eindeutiger sein. Männer und Frauen, die ihr erstes Kind mit Mitte 30 bekommen haben, sind danach ein Leben lang viel zufriedener, als junge Eltern es sind. Hier kann ich nicht zeigen, wie sich die Zufriedenheit derselben Person verändert. Denn eine Person kann ihr erstes Kind nicht einmal später und einmal früher kriegen. Stattdessen kann man nur diejenigen, die früher Kinder bekommen haben, mit jenen vergleichen, die sie später bekommen haben. Doch jüngere Eltern könnten schon vor der Geburt ihres Kindes unzufriedener gewesen sein. Dann wäre es keine Überraschung, dass sie es auch danach sind. Der Zusammenhang würde dann jedoch nichts darüber aussagen, was der beste Zeitpunkt zum Kinderkriegen ist, sondern nur zeigen, dass sowieso schon unzufriedene Menschen früher Kinder kriegen. Auch könnten jüngere Eltern eine schlechtere Bildung oder ein niedrigeres Einkommen haben und deswegen unzufriedener sein. Doch all das rechne ich raus, indem ich nur Menschen mit gleichem Einkommen und gleicher Bildung vergleiche, die bis zur Geburt ihrer Kinder gleich zufrieden waren. Das heißt, unabhängig von ihrer Zufriedenheit vor der Geburt ihres ersten Kindes, unabhängig von ihrem Einkommen und unabhängig von ihrer Bildung sind diejenigen Menschen nach der Geburt eines Kindes ein Leben lang zufriedener, die ihr erstes Kind Mitte 30 bekommen haben. Andere Wissenschaftler kommen zu ähnlichen Ergebnissen. So haben mittelalte Eltern seltener eine Depression als sehr junge oder alte Eltern. Wichtig ist vor allem, dass man wartet, bis man eine stabile Beziehung hat (Überraschung!), eine abgeschlossene Ausbildung und einen festen Job. Das gilt noch mehr für Männer als für Frauen, die deswegen erst recht später Kinder kriegen sollten, wie die Literatur ebenfalls feststellt.[38]

Doch vielleicht sind früher geborene Kinder einfach öfter ungeplant und machen deswegen unzufrieden? Ausschließen kann man das nicht. Unter jenen Eltern, deren Kind geplant war, sind jedoch immer noch diejenigen zufriedener, die in ihren Dreißigern Eltern wurden statt früher oder später.[39] Und noch ein Indiz spricht dafür, dass früh Kinder zu kriegen wirklich unzufrieden macht: Männer unter 28 sind weder vor noch nach der Geburt ihres ersten Kindes viel zufriedener als ansonsten. Männern über 28 geht es hingegen zumindest kurzfristig viel besser, wenn ihr Kind geboren wird. Für Männer kann man den Effekt deswegen drastisch zusammenfassen: Kriegen sie früh Kinder, bereichern sie ihr Leben nicht.

Aber was ist mit den Kindern? Vielleicht geht es ihnen besser, wenn ihre Eltern jünger sind? Früher war das so. Bis Mitte des 20. Jahrhunderts waren Kinder jüngerer Eltern intelligenter. Doch heute ist es umgekehrt. Kinder älterer Eltern sind nicht nur intelligenter, sondern auch größer und gesünder. Denn früher hatten Kinder älterer Mütter viele Geschwister und kamen später in der Geburtsrangfolge. Deswegen mussten sie sich mehr Ressourcen teilen, was nicht gut für sie war. Heute haben später geborene Kinder jedoch meist Mütter mit einer besseren Ausbildung, so dass sie selbst intelligenter werden. Außerdem, und darauf würde man nicht direkt kommen, werden später geborene Kinder in eine bessere Welt geboren, mit mehr Bildung, Sicherheit und Wohlstand, so dass es ihnen entsprechend besser geht. Das hört sich zwar verrückt an, ist aber durch empirische Untersuchungen belegt.[40]

Doch vielleicht ist der richtige Zeitpunkt, um Kinder zu kriegen, gar nicht ein bestimmtes biologisches Alter, sondern bemisst sich relativ zum Berufseinstieg? Tatsächlich sind Frauen etwas zufriedener, wenn sie nach dem Berufseinstieg mit dem Kinderkriegen warten, idealerweise sechs Jahre. Bei Männern ist wichtig, dass sie ihr Kind nicht zum Berufseinstieg bekommen. Doch die Daten zeigen auch: Frauen sind *nicht* zufriedener, wenn sie ihr erstes Kind lange *vor* dem Berufseinstieg bekommen, einfach weil sie dann jünger und jüngere Eltern eben unzufriedener sind. Für Frauen spricht also alles dafür, Kinder erst zu kriegen, nachdem sie sich beruflich etabliert haben, weswegen das beste Alter für sie Mitte 30 ist. Was bedeutet das für Sie? Ganz einfach: Kriegen Sie Ihr Kind am besten zwischen 30 und 36, als Mann ruhig auch später. Kriegen Sie es aber vor allem nicht (zu) früh.

2.5 Wer früher heiratet, ist länger unzufrieden

Sie lernen jemanden kennen, verlieben sich, und schwuppdiwupp: Stehen Sie vor dem Traualtar. Viele halten das nicht für einen Unfall, sondern für erstrebenswert. Kein Wunder, Märchen, Disney und eine ganze Kulturindustrie haben diese romantische Idee in unseren Köpfen implantiert. Aber ist sie auch eine gute Idee? Die Antwort kennen Sie vielleicht schon intuitiv. Sie hat nichts mit Disney zu tun und lautet: Heiraten

Sie nicht, bevor Sie Anfang 30 sind! Warum? Hier sehen Sie, wie zufrieden Menschen den Rest ihres Lebens sind, je nachdem, wann sie geheiratet haben.

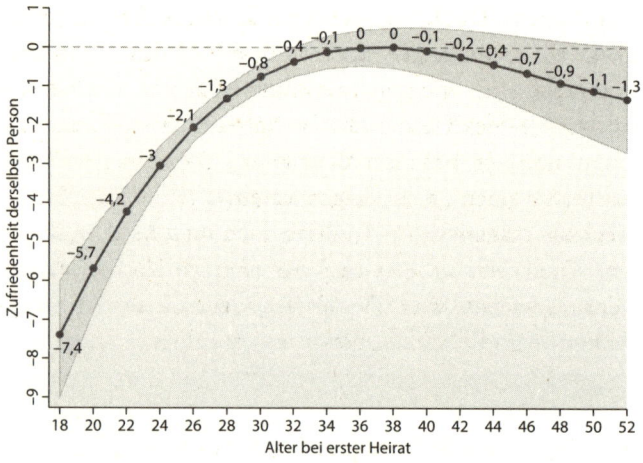

Grafik 10: Heiratsalter

Menschen sind also den Rest ihres Lebens am zufriedensten, wenn sie mit Mitte 30 oder später geheiratet haben. Frühverheiratete sind dahingegen den Rest ihres Lebens sehr viel unzufriedener. Doch vielleicht führt nicht die frühe Heirat zu Unzufriedenheit, sondern Unzufriedenheit zu einer frühen Heirat?[41] Diese Selbstselektion habe ich herausgerechnet, indem ich wieder nur Menschen vergleiche, die bis zu ihrer Heirat gleich zufrieden waren. Das heißt, egal, wie zufrieden Menschen waren, *bevor* sie geheiratet haben, nach ihrer Heirat sind sie desto unzufriedener, je früher sie geheiratet haben. Das zeigt sich bei Menschen mit und ohne Uniabschluss, bei Frauen wie Männern und auch bei Menschen mit wenig wie mit mehr Einkommen. Andere Forscher haben ebenfalls gezeigt, dass eine spätere Heirat das Risiko einer Depression verringert und Männer, die später heiraten, selbstsicherer sind. Insgesamt ist der Schluss empirischer Untersuchungen deswegen, dass besonders Männer spät heiraten sollten.[42]

Vielleicht sollten Sie trotzdem nicht ewig prüfen, bevor Sie sich binden, schließlich scheint Mitte 30 das optimale Heiratsalter erreicht. Doch angesichts der Zufriedenheit nach der Heirat spricht nichts dagegen, zumindest bis Mitte 30 zu warten, und zwar egal, wie gut Ihre Bildung ist, wie viel Sie verdienen und welches Geschlecht Sie haben. Ich weiß, ob und wann man heiratet, hat man nicht immer selbst in der Hand. Aber wenn Sie einen hartnäckigen Verehrer haben, der Ihr Jawort verlangt, sagen Sie doch einfach, ich sei schuld an Ihrem Zögern. Und lesen Sie erst mal das nächste Kapitel durch. Denn darin zeige ich, was Sie erwartet, wenn Sie einmal geheiratet haben … und ob Sie es gleich lassen sollten.

2.6 Heiraten, Single bleiben oder Single werden? Sie gewöhnen sich an alles

Keiner von uns dreien ahnte, dass es zu so einem Streit kommen würde. Ich hatte meine beiden Freunde Jan und Georg eingeladen. Eigentlich endeten diese Abende immer mit einer leeren Bierkiste und dem Versprechen, sich bald wiederzusehen. Doch Jan überbrachte eine eigentlich frohe Botschaft: Er wollte heiraten. Georg hielt das für einen riesigen Fehler. Er hatte sich gerade getrennt, weil seine Freundin meinte, er kümmere sich nicht genug um ihr gemeinsames Kind. Bei einer Scheidungsquote von fast 50 Prozent sei die Trennung doch fast vorprogrammiert, meinte er. Selbst Albert Einstein kann man dafür in den Zeugenstand berufen, denn ihm wird der Spruch zugeschrieben: »Heiraten ist ein unglückseliger Versuch, aus einem Ereignis einen Zustand zu machen.«

Georg wollte Jan sicher nur vor etwas bewahren, was aus

seiner Erfahrung ein Fehler war. Aber Jan verstand das – wenig überraschend – als Kritik an seinem Urteilsvermögen, seiner Freundin und letztlich seinem ganzen Lebensmodell. Er warf Georg vor, sich noch nie auf jemanden eingelassen zu haben, so dass er von ihm keinen Ratschlag brauche. Das stachelte Georg noch mehr an. Der Abend endete nicht schön. Ich konnte beide verstehen. Niemals hätte ich Jan geraten, seine Heiratspläne abzublasen. Woher sollte ich es auch besser wissen? Jan überlegte seine Entscheidungen immer gründlich. Ich fand auch seine Freundin nett. Aber Georg hatte nun mal recht, dass viele Ehen geschieden werden. Und selbst unter Paaren, die noch zusammen sind, erscheinen mir die wenigsten so richtig glücklich. Klar, Jan dachte, dass er eine Ausnahme ist. Aber das denkt wohl jeder, wenn er heiratet.

Was verraten die Daten? Auch hier bringt es wenig, Gruppen zu vergleichen, also Verheiratete mit Unverheirateten. Denn wer sich schon immer durchs Leben grummelte, dessen Chancen sind auch auf dem Heiratsmarkt schlecht.[43] Verheiratete können dadurch zufriedener wirken, doch sagt das nichts darüber aus, ob dieselbe Person durch eine Heirat zufriedener wird. Zum Glück waren viele Befragte des SOEP erst Single, hatten dann einen festen Partner, heirateten, einige wurden dann verwitwet, geschieden, und manche haben noch einmal geheiratet. Dadurch kann man berechnen, wie viel zufriedener oder unzufriedener dieselbe Person in verschiedenen Beziehungszuständen ist, relativ zu ihrer Zeit als Single. Das Ergebnis sehen Sie in Grafik 11.

Dieselbe Person ist 3,1 Punkte zufriedener, wenn sie verheiratet statt Single ist; auch eine feste Beziehung bringt noch 2,7 Punkte. Das sind mittelstarke bis starke positive Effekte. Ist dieselbe Person hingegen verwitwet oder geschieden, ist sie circa einen Punkt unzufriedener. Am schlimmsten ist es, in einer Partnerschaft zu sein und trotzdem dauerhaft getrennt zu leben; das kostet fast 3,6 Zufriedenheitspunkte. Dass Ver-

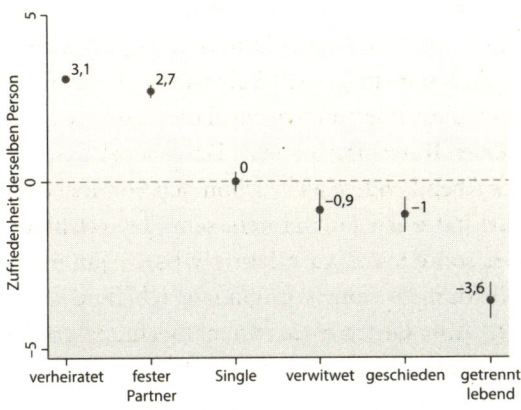

heiratete am zufriedensten sind, gefolgt von Menschen in einer Partnerschaft, Singles, Geschiedenen und Verwitweten, findet sich übrigens in verschiedenen Gesellschaften und wird auch von der Forschung bestätigt.[44]

Doch woran liegt es? Die Literatur zeigt, dass Frauen in vielen Partnerschaften soziale Kontakte für ihre Männer mitorganisieren. Sie verabredet das Abendessen mit Freunden; er trottet dankbar mit. Männer profitieren insofern von Beziehungen, weil sie dadurch mehr Kontakt mit anderen Menschen haben, und dieser Kontakt macht zufrieden (dazu später mehr). Deswegen kommen Männer mit dem Ende einer Beziehung schlechter klar. Ihre Wahrscheinlichkeit, sich danach umzubringen, ist ungefähr achtmal höher als die von Frauen.[45] Doch dass gerade Männer vom sozialen Kontakt einer Beziehung profitieren, erklärt die Effekte nicht. Denn selbst Männer, die schon als Singles viele Freunde hatten, werden noch zufriedener, wenn sie verheiratet sind.

Auch könnten Verheiratete mehr Geld haben, weil sie durch den gemeinsamen Haushalt sparen. Dieses zusätzliche Geld, nicht die Partnerschaft an sich, könnte sie zufriedener machen (auch dazu später mehr). Doch das erklärt den positiven Effekt einer Partnerschaft ebenso wenig. Denn selbst diejenigen, die in einer Partnerschaft genauso viel Geld haben wie als Single, sind in der Partnerschaft noch zufriedener. Liegen die Effekte vielleicht am Alter? Wer verwitwet ist, ist typischerweise älter und möglicherweise deswegen unzufriedener. Aber erinnern Sie sich: Solche Alterseffekte rechne ich immer raus, so dass ich nur Menschen gleichen Alters vergleiche. Ansonsten würde sich tatsächlich zeigen, dass Singles genau so glücklich sind wie Verheiratete. Kein Wunder, sind sie doch im Durchschnitt 29 Jahre alt, keine schlechte Zeit im Leben.

Insgesamt zeigt sich also, dass Verheiratete wirklich zufriedener sind. Man kann den Einfluss auch nicht durch Faktoren wie Einkommen, soziale Kontakte oder Alter erklären. Stattdessen scheinen feste Beziehungen Menschen tatsächlich gutzutun, sie haben einen Wert an sich. Allerdings zeigt die Forschungsliteratur auch, dass Menschen umso stärker von einer Heirat profitieren, je unzufriedener sie vorher waren. Wem es sowieso gut geht, dem bringt auch eine Heirat oder feste Beziehung nicht mehr so viel. Das ist logisch, denn je besser es Ihnen schon geht, desto weniger Positives kann eine Veränderung noch bringen.[46] Dass Verheiratete insgesamt zufriedener sind, wird zwar in der Literatur kaum bezweifelt. Doch eine Frage wurde verdrängt: wie lange?[47] Sehen Sie selbst, wie gut es derselben Person in den Jahren vor und nach dem Beginn einer Heirat und festen Partnerschaft geht (Grafik 12).

Schon vor einer Heirat steigt die Lebenszufriedenheit einer typischen Person. Das nennt man einen Erwartungseffekt. Denn ob man heiratet, weiß man meist ein bis zwei Jahre vorher, und Vorfreude ist die schönste Freude. Wobei das hier genau genommen gar nicht stimmt. Denn im Heiratsjahr ist man fast fünf Punkte zufriedener als sieben Jahre vor-

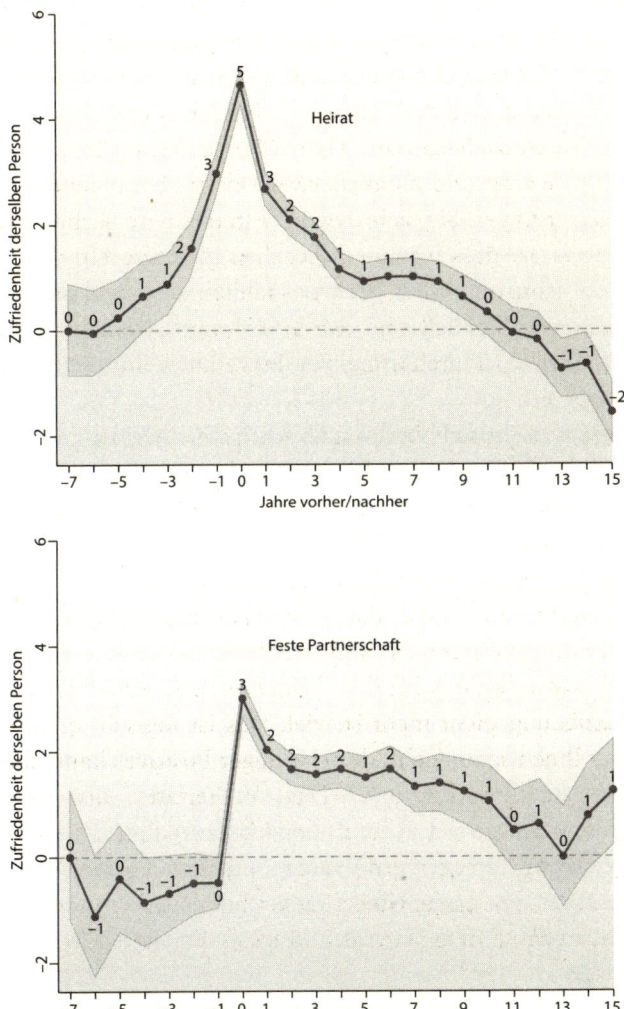

Grafik 12: Vor und nach Heirat/fester Partnerschaft

her. Albert Einstein hätte allerdings als Eheberater Karriere machen können. Denn er hat recht: Mit jedem Jahr nach der Heirat bewegen sich Menschen wieder in Richtung ihres typischen Zufriedenheitsniveaus, bis sie circa 11 Jahre nach der Heirat genauso zufrieden sind wie vorher und 15 Jahre später sogar 2 Punkte unzufriedener. Die durchschnittliche Ehedauer bis zur Scheidung beträgt übrigens 15 Jahre. Alle Schlussfolgerungen überlasse ich Ihnen. Die Forschungsliteratur zeigt im Wesentlichen dasselbe: Vor einer Heirat wird man zufriedener. Doch danach fällt die Zufriedenheit wieder. Jetzt fragen Sie vielleicht, ob Menschen nach der Heirat nur unzufriedener sind, weil sie sich trennen. Das erklärt die Ergebnisse kaum. Denn selbst Menschen, die nach ihrer Heirat zusammenbleiben, sind 15 Jahre später nicht glücklicher als vorher. Was allerdings stimmt, ist, dass bei ihnen die Zufriedenheit mit der Heirat stärker zunimmt und dann langsamer zurückgeht.

Eine langfristige Beziehung wirkt ähnlich. Anders als bei einer Heirat gibt es keinen Erwartungseffekt. Die Zufriedenheit steigt also nicht schon vor der Partnerschaft, da diese im Unterschied zu einer Hochzeit meist überraschend kommt und man entsprechend keine Vorfreude entwickeln kann. Die Forschungsliteratur argumentiert ebenfalls, dass eine feste Partnerschaft genauso viel für die eigene Zufriedenheit bringt wie eine Heirat.[48] In gewisser Weise ist eine feste Partnerschaft der Ehe sogar überlegen. Denn sie scheint langfristig zufriedener zu machen. Das hat auch einen schmutzigen kleinen Grund: Man kommt leichter aus ihr raus, so dass Menschen nur so lange darin verweilen, wie es ihnen gut damit geht, anders als bei einer Ehe, aus der man selbst dann nicht leicht rauskommt, wenn man nicht mehr will.[49]

Ich habe Ihnen versprochen, bei allen Effekten zu checken, ob sie sich über die Zeit verändern. Das scheint hier der Fall zu sein. Wenn ich nur Messungen nach dem Jahr 2005, also aus der zweiten Hälfte der Daten anschaue, so zeigt sich, dass zu diesen späteren Zeitpunkten eine Ehe dauerhafter zufrieden zu machen scheint. Meine Interpretation ist, dass Menschen sich heute zwar seltener binden, doch genau diese höhere Selektivität dazu führt, dass die verbleibenden Ehen besser für Menschen sind als die früher leichtfertiger geschlossenen.

Doch woran liegt es, dass ein Partner und sogar eine Heirat oft nur ein paar Jahre zufriedener machen? Martin Seligman argumentiert, dass die feste Bindung an eine Person evolutionär sinnvoll ist. Denn sie sorgt dafür, dass Kinder zwei Eltern haben und Gene damit eher in die nächste Generation kommen.[50] Doch folgt man dieser Erklärung bis zum Ende, wird auch klar, warum eine Partnerschaft nicht dauerhaft zufrieden macht. Denn nachdem Partnerbindung ihren Zweck erfüllt hat und die Kinder aus dem Gröbsten raus sind, wird es evolutionär sinnvoller, mit einem neuen Partner neue Kinder zu kriegen. Würde Partnerbindung tatsächlich nur so lange zufriedener machen, wie sie evolutionär sinnvoll ist, um Kinder durch ihre verletzlichste Phase durchzubekommen, würden Menschen erst einmal eine Zufriedenheitsbelohnung durch die Bindung kriegen. Und dann würde diese Belohnung schwächer und schwächer. Das ist genau, was die Daten zeigen.

Sie können deswegen jetzt einerseits sagen, dass eine Heirat nichts bringt, weil man sich daran gewöhnt. Aber das stimmt nicht. Schließlich erhöht eine Ehe die Zufriedenheit viele Jahre, nur eben nicht für immer. Wenn Jan also tickt wie die meisten Deutschen, wird er schon zufriedener sein. Er ist es jetzt schon, weil er weiß, dass er heiraten wird. Er wird im Jahr der Heirat viel zufriedener sein und auch einige Jahre danach. Doch Georg hat recht, dass Heiraten langfristig nicht zufriedener macht, als man sowieso ist. Nach etwa zehn Jahren wird sich Jans Lebenszufriedenheit auf dem für ihn typischen Niveau einpendeln. Vielleicht erklärt das auch, warum Disney-Filme aufhören, wenn der Prinz und die Prinzessin heiraten. Denn von da an geht es abwärts. Doch die Gewöhnung, die uns bei positiven Ereignissen ärgert, rettet uns bei negativen. Schauen Sie sich an, was passiert, wenn Ihr Partner stirbt oder Sie sich scheiden lassen:

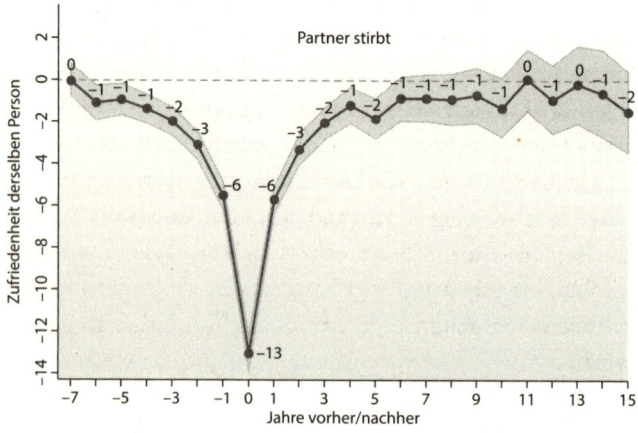

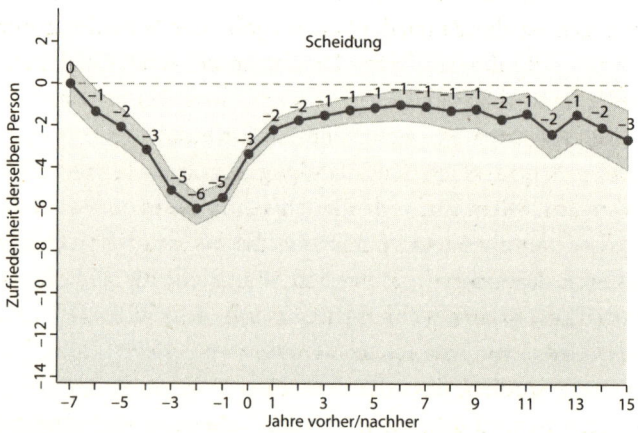

Grafik 13: Vor und nach Verlust des Partners/Scheidung

Schon vor dem Tod des Partners sinkt die Lebenszufriedenheit rapide. Denn meist ist das Ereignis absehbar, und das Sterben begleiten zu müssen ist eine Horrorvorstellung. Im Jahr des Verlustes ist man gigantische 13 Punkte unter seinem vorherigen Zufriedenheitsniveau. Das ist der stärkste Effekt, den wir bisher gesehen haben. Über die nächsten drei Jahre erholt sich die Zufriedenheit, da hat die Set-Point-Theorie recht. Doch man wird nie wieder ganz so zufrieden wie vor dem Tod des Partners. Wissenschaftler nennen das Narbeneffekte. Sie entstehen durch Ereignisse, die so traumatisch sind, dass sie ein Leben lang unzufriedener machen, und sie zeigen, wo die Set-Point-Theorie falschliegt: Man gewöhnt sich eben nicht restlos. Übrigens ist der Tod des Partners schlimmer und die Gewöhnung schwächer, wenn man älter ist. Wer beim Tod des eigenen Partners über 70 ist, erholt sich nie wieder so ganz davon. Wer hingegen unter 35 ist, hat zwar in dem betreffenden Jahr einen genauso großen Schock, erholt sich jedoch vollständig.

Bei einer Scheidung führt nicht das Ereignis selbst zur niedrigsten Lebenszufriedenheit. Um extreme 6 Punkte unzufriedener macht einen vielmehr die schlechte Beziehung vorher. Dahingegen ist die Zufriedenheit im Jahr der Scheidung nur noch etwa 3 Punkte niedriger. Das ist immer noch ein mittelstarker Effekt. Aber er bedeutet auch, dass das Schlimmste schon überstanden ist, wenn man sich trennt. Doch wieder bleibt eine Narbe: Nach der Scheidung ist man dauerhaft 1 bis 3 Punkte unter dem Zufriedenheitsniveau, das man vorher an sich selbst kannte. Metastudien, die die bisherige Forschung analysieren, kommen zu ähnlichen Schlüssen: Bis zur Heirat steigt die Lebenszufriedenheit, dann fällt sie – wie stark und schnell variiert von Untersuchung zu Untersuchung. Auch zeigen weitere Studien, dass man vor einer Scheidung am unzufriedensten ist und deswegen mit der Scheidung die Talsohle schon durchschritten hat.

Während man sich an den Verlust des Partners teilweise gewöhnt, zeigt die Literatur ebenfalls, dass Menschen diese Gewöhnungseffekte nicht klar sind. Sie vermuten, dass schöne und traurige Ereignisse ihre Zufriedenheit länger beeinflussen, als es tatsächlich der Fall ist.[51] Wenn Sie also noch mal hören: »Und sie lebten glücklich bis ans Ende ihrer Tage«, wissen Sie jetzt, dass damit nur das langfristige Zufriedenheitsniveau gemeint sein kann, welches der Prinz und die Prinzessin schon vorher hatten. Immerhin erholen sie sich, wenn sie sich wieder trennen.

2.7 Zusammenziehen, sich trennen, Kinder kriegen, Kinder und Eltern verlieren

Wir gewöhnen uns nicht nur an Partnerschaften und deren Ende, sondern an fast alles. Gerade deswegen war die Set-Point-Theorie lange so dominant. In Grafik 14 sehen Sie links oben beispielsweise, wie das Zusammenziehen mit einem festen Partner einen ähnlich positiven Effekt wie eine Heirat oder feste Partnerschaft hat. Selbst wenn ich rausrechne, dass Zusammenziehende auch öfter verheiratet sind, bleibt der Effekt ähnlich wie bei einer Heirat: Im Jahr des gemeinsamen Wohnungsbezugs ist man ganze 5 Punkte zufriedener, selbst drei Jahre später sind es noch 3 Punkte. Doch während wir oben gesehen haben, dass eine Scheidung unzufrieden macht, zeigt Grafik 14, dass auch eine gewöhnliche Trennung wehtut. Man verliert 5 Zufriedenheitspunkte und ist erst sieben Jahre später wieder so zufrieden wie vier Jahre vor der Trennung.

Die zweite Reihe zeigt erneut, dass Kinder nicht zufrieden machen, sondern langfristig sogar unzufrieden. Im Unterschied zu Kapitel 2.1 zeigt die Grafik nicht, ob das konkrete Zusammenleben mit einem Kind zufrieden macht, sondern ob Menschen nach der Geburt eines Kindes zufriedener sind. Und dabei zeigt sich: Zwar steigt schon vor der Geburt die Zufriedenheit um 2 Punkte, und auch im Jahr der Geburt ist man 3 Punkte zufriedener. Doch sobald das Kind drei ist, ist

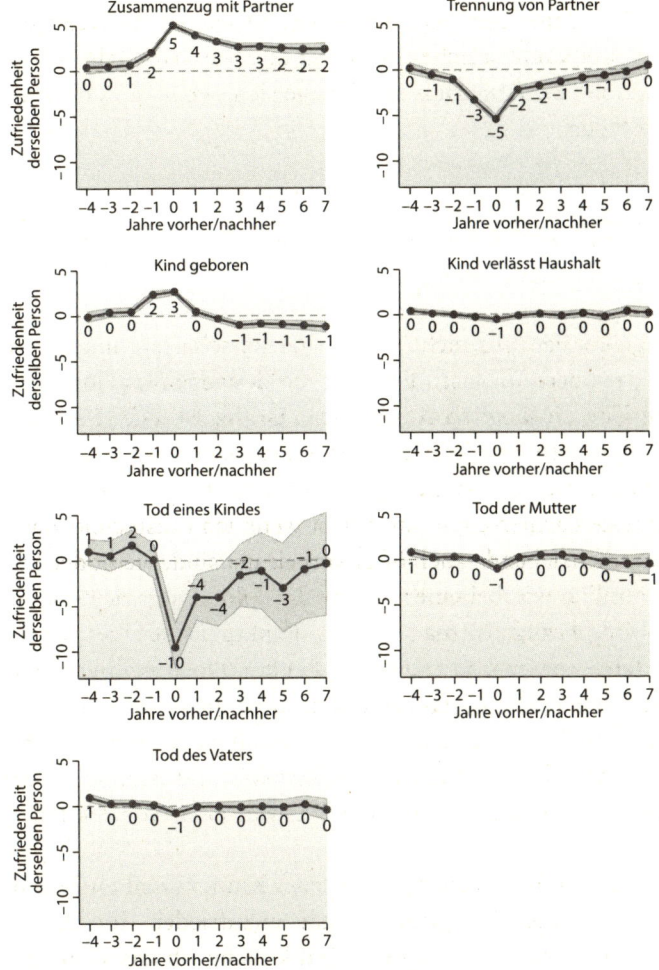

Grafik 14: Vor und nach unterschiedlichen Ereignissen

man einen Punkt unzufriedener, als man vier Jahre vor der Geburt war, und so niedrig bleibt die Zufriedenheit dann auch. Denken Sie jedoch daran, dass das kein starker Effekt ist. Auch bisherige Studien betonen, dass das Rätsel nicht ist, warum Kinder unglücklich machen, sondern warum sie nicht zufrieden machen.[52] Also noch mal: Wenn Sie Kinder wollen, lassen Sie sich nicht aufgrund solcher Ergebnisse davon abhalten, denn Kinder senken die Lebenszufriedenheit nur wenig. Erwarten Sie nur nicht, durch Kinder zufriedener zu werden. Entsprechend der generell schwachen Effekte von Kindern auf Lebenszufriedenheit sind Menschen auch nicht unzufriedener, wenn ein Kind den Haushalt verlassen hat.

Während der Auszug eines Kindes nicht schlimm ist, hat ein sterbendes Kind einen extrem negativen Effekt. Da glücklicherweise kaum Kinder sterben, ist das Konfidenzintervall ziemlich breit, also die Unsicherheit der Berechnung hoch. Wir können deswegen lediglich sicher sagen, dass Eltern in dem Jahr, in dem ihr Kind stirbt, 10 Punkte unzufriedener sind, wobei es krasse Geschlechterunterschiede gibt, die ich nicht extra zeige. Verliert ein Vater sein Kind, sinkt seine Lebenszufriedenheit nur um 6 Punkte und hat sich drei Jahre später vollständig erholt. Bei einer Mutter sinkt sie um gigantische 12 Punkte und erholt sich nie wieder ganz. Selbst sieben Jahre später ist sie noch 7 Punkte unzufriedener als vor dem Tod ihres Kindes. Väter schmerzt der Verlust eines Kindes also sehr viel weniger und kurzfristiger als Mütter – wieder eine harte Nachricht, die man eigentlich nicht glauben will, würde sie nicht so eindeutig aus den Daten hervorgehen.

Hingegen senkt der Tod der eigenen Eltern kaum die Lebenszufriedenheit. Die Literatur vermutet, dass dies so ist, weil es dem Skript eines normalen Lebens entspricht. Dazu passt, dass der Tod der Eltern durchaus schlimm ist, wenn man jung ist. Frauen unter 30 verlieren extreme 5 Zufriedenheitspunkte, wenn ihre Mutter stirbt, und 3 Zufriedenheitspunkte, wenn es der Vater ist. Frauen über 50 geht es indes nicht schlechter, wenn ihre Eltern sterben. Und wieder total verrückt: Weder junge noch alte Männer sind signifikant unzufriedener, wenn ihre Mutter oder ihr Vater sterben. Die Literatur meint, dass Frauen stärker unter Todesfällen leiden, weil sie in der Regel eine engere Beziehung zu ihren Eltern und besonders zu ihrer Mutter haben.[53]

Die weitere Forschungsliteratur bestätigt, dass man sich an fast alles gewöhnt.[54] Heiraten, Zusammenziehen, der Beginn einer festen Partnerschaft: All das macht zufriedener, aber meist nur eine Weile und übrigens meist Männer und Frauen ziemlich ähnlich. Der Tod eines Partners, eines Kindes, Scheidung, Trennung: All das senkt Ihre Lebenszufriedenheit empfindlich, doch einige Jahre später sind Sie wieder auf Ihrem typischen Zufriedenheitsniveau oder nur etwas darunter. Ob größte Freude oder größtes Drama, Sie gewöhnen sich insofern an fast alles. Das ist einerseits eine natürliche Barriere, wenn man zufriedener werden will. Doch erstens gewöhnt man sich nicht restlos. Und zweitens hilft einem genau diese Gewöhnung nach Schicksalsschlägen. Weil man sich meistens daran gewöhnt, dass Menschen sterben oder neu ins Leben kommen, macht auch Verwandtschaft nicht immer zufrieden, zumal – das werde ich Ihnen jetzt zeigen – man sich nicht immer mit ihr versteht.

2.8 Warum Kinder, Enkel und Großeltern kaum zur Lebenszufriedenheit beitragen

Sie sitzen an einem riesigen Esstisch. Riesig muss der Tisch sein, weil Ihre Kinder um ihn herumsitzen und Ihre Enkelkinder darunter spielen. Auch Ihre Eltern sind dabei. Und bei allen Unterschieden freuen sich alle zusammenzukommen. Doch möglicherweise sind Sie aufgrund der Daten schon skeptisch. Denn wer Kinder hat, ist schließlich nicht zufriedener. Gilt dasselbe für Enkelkinder? Für die eigenen Eltern?

Tatsächlich ist der Teil der Bevölkerung, der seine Verwandtschaft noch hat, teils etwas zufriedener. Doch dieselbe Person verliert kaum Zufriedenheit, wenn sie ihre Verwandtschaft verliert. Grafik 15 hält beide Effekte auseinander. Die schwarzen Effekte zeigen, wie viel zufriedener Menschen sind, die zu allen Befragungszeitpunkten bestimmte Verwandte hatten. Sie messen also, wie zufrieden der Teil der Bevölkerung ist, der beispielsweise schon immer eine Mutter hatte, gegenüber dem Teil der Bevölkerung, der noch nie eine Mutter hatte. Die grauen Effekte zeigen hingegen, ob *dieselbe* Person zufriedener ist, wenn sie Verwandtschaft hat, statt keine zu haben. Die schwarzen Effekte sind somit ein reiner Bevölkerungsvergleich. Sie zeigen hier und im Rest des Buches, ob bestimmte Teile der Bevölkerung zufriedener sind als andere. Die grauen Effekte zeigen hingegen, was passiert, wenn sich im Leben derselben Person etwas verändert. Während Ersteres interessant ist, um zu verstehen, wer in unserer Gesellschaft zufriedener ist, sagt Letzteres etwas darüber aus, ob sich Veränderungen im Leben auf die eigene Zufriedenheit auswirken.

Die schwarzen Effekte zeigen erst einmal, dass Menschen, die zu allen Messzeitpunkten einen Vater oder eine Mutter, einen Großvater und eine Großmutter, aber auch eine Tochter oder Sohn haben, circa einen Punkt zufriedener sind als der Teil der Bevölkerung, der die entsprechende Verwandtschaft nie hatte.[55] Erstaunlich ist auch, dass Enkelkinder überhaupt nicht zufriedener machen. Das scheint geradezu unglaublich. Doch die weitere Forschung zeigt ebenfalls, dass weder Kinder noch Enkel zu einem schöneren Lebensabend verhelfen.[56] Allerdings geht es bei den schwarzen Effekten ja auch nur um Bevölkerungsvergleiche. Sie zeigen also, ob der Teil der Bevölkerung mit Verwandtschaft zufriedener ist als der ohne.

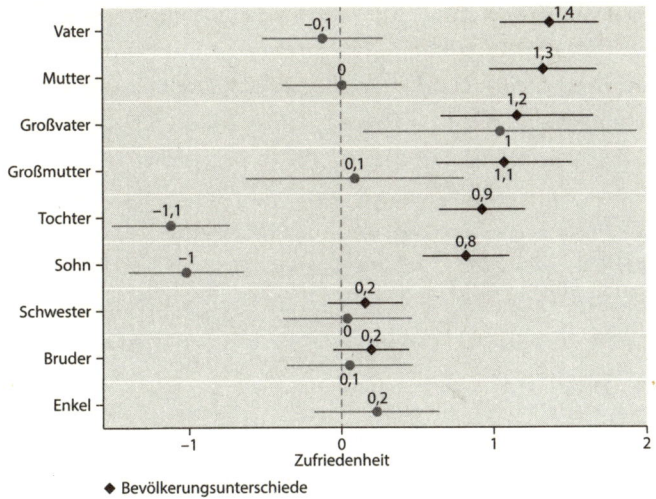

Grafik 15: Vorhandensein von Verwandtschaft

Die grauen Effekte sind dahingegen nie positiv, sondern meistens auf der Nulllinie. Das bedeutet, dieselbe Person ist nicht in den Jahren zufriedener, in denen sie noch Vater, Mutter, Großmutter, Schwester, Bruder oder Enkel hat. Immerhin ist dieselbe Person einen Punkt zufriedener in Jahren, in denen sie einen Großvater hat. Doch erschreckenderweise zeigt sich wieder, dass dieselbe Person sogar unzufriedener in Jahren ist, in denen sie eine Tochter oder einen Sohn hat. Das liegt übrigens nie am Alter oder der Gesundheit, denn Alter rechne ich überall raus und Gesundheit hier ebenfalls. Mit Ausnahme des Großvaters ist das Ergebnis also erschreckend: Man ist nicht zufriedener in den Lebensjahren, in denen man noch Verwandtschaft hat. In Jahren, in denen man Kinder hat, ist man sogar unzufriedener.

Woran zum Teufel kann das liegen? Menschen können doch nicht genauso zufrieden sein, wenn ihre gesamte Verwandtschaft weg ist. Oder doch? Ist unser Gehirn von Werbung für

Kuchenmischung vernebelt? Das trifft es schon ganz gut. Denn Verwandtschaft macht uns nicht zufriedener, weil wir beim Bild der großen Familie am Essenstisch vergessen, dass erst eine gute Beziehung zur Verwandtschaft zu Zufriedenheit führt. Und eine gute Beziehung ist alles andere als naturgegeben. Außerdem schließen wir von Bevölkerungsunterschieden, bei denen wir beobachten, dass Menschen mit einem engeren Verhältnis zu ihrer Verwandtschaft zufriedener sind, auf unser eigenes Leben, in dem wir vermuten, dass es auch uns besser geht, wenn wir (wieder) ein engeres Verhältnis zu unseren Eltern, Kindern oder Großeltern haben.

Die folgende Grafik zeigt erst einmal, wie das nicht der Fall ist, wie also dieselbe Person kaum zufriedener ist, wenn sie ein besseres Verhältnis zu ihrer Verwandtschaft hat. Im oberen Teil erkennt man beispielsweise, dass Menschen in den Jahren 2,4 Punkte zufriedener sind, in denen sie ein sehr enges Verhältnis zu ihrer Mutter haben, gegenüber Jahren, in denen sie gar keine Beziehung zu ihr haben. Die vertikale Linie zeigt wiederum, wie gut das Verhältnis von Menschen zu ihrer Mutter typischerweise ist. Im Durchschnitt haben Menschen eine enge, aber keine sehr enge Beziehung zu ihrer Mutter, und das ist ein Level an Nähe, das nur zu einem Zufriedenheitsgewinn von etwa 2 Punkten führt.

In der Grafik rechts sehen Sie das auch für die Beziehung zum eigenen Vater. In Jahren, in denen man ein sehr enges Verhältnis zu ihm hat, ist die eigene Zufriedenheit 1,3 Punkte höher als in Jahren, in denen man überhaupt kein Verhältnis zu ihm hat. Und wer beispielsweise nur eine flüchtige Beziehung zu seinem Vater unterhält, ist sogar unzufriedener als in Jahren ohne jede Beziehung zu ihm. Ähnliche Effekte zeigen sich bei fast allen Arten von Verwandten. In Jahren, in denen unsere Beziehung zu unserer Verwandtschaft besser ist, geht es uns also besser. Doch die Effekte sind nicht signifikant, wie Sie an dem breiten grauen Konfidenzintervall sehen, welches

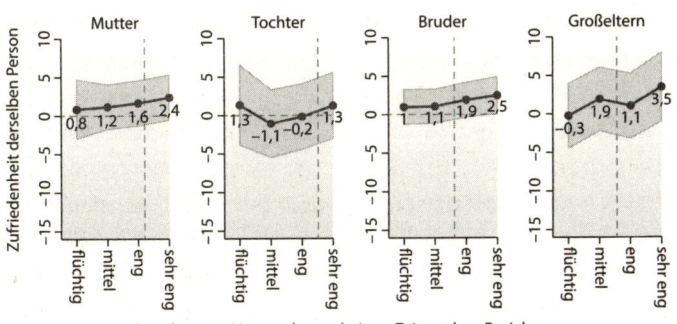

Beziehung zu Verwandten, relativ zu Zeiten ohne Beziehung

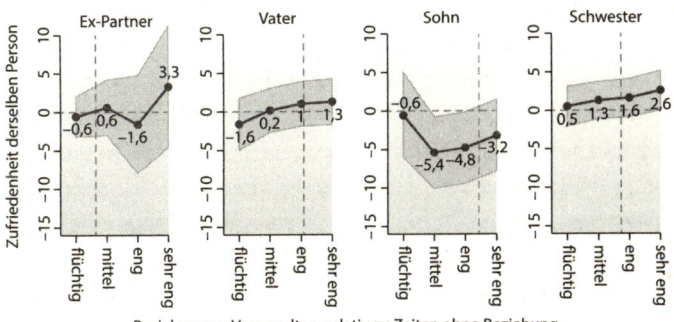

Beziehung zu Verwandten, relativ zu Zeiten ohne Beziehung

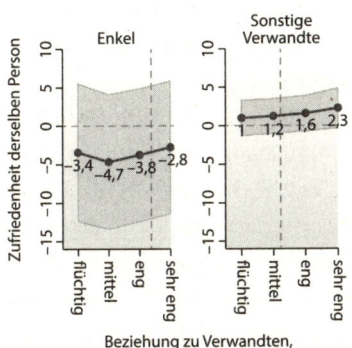

Beziehung zu Verwandten,
relativ zu Zeiten ohne Beziehung

Grafik 16: Beziehung zu Verwandten im Leben derselben Person

die Nulllinie umschließt. Das bedeutet, wie gut unser Verhältnis zu unseren Verwandten ist, sagt nur ungenau unsere derzeitige Zufriedenheit voraus.

Wir machen also einen Fehler, wenn wir uns vorstellen, zufriedener zu sein, sobald wir uns besser mit unserer Verwandtschaft verstehen. Warum denken wir trotzdem, dass Verwandtschaft essenziell für unsere Lebenszufriedenheit ist? Warum enden beispielsweise so viele Filme damit, dass Vater und Sohn wieder zusammenfinden? Tatsächlich ist genau das das Problem. Wir beobachten in Filmen und bei anderen Menschen, dass zufriedener ist, wer sich besser mit seiner Verwandtschaft versteht. Genau das zeigen auch die Daten. Grafik 17 verdeutlicht dies, indem sie Ihnen nicht wie bisher zeigt, ob dieselbe Person zufriedener ist, wenn sie eine enge statt flüchtige Beziehung zu ihren Verwandten hat, sondern ob der Bevölkerungsanteil, der schon immer ein enges Verhältnis zu seinen Verwandten hatte, zufriedener ist als jener Teil, dessen Beziehung zu seinen Verwandten schon immer flüchtiger war. Wir schauen uns also nicht an, was passiert, wenn dieselbe Person ihr Verhältnis zu ihrer Verwandtschaft verbessert, sondern wie viel zufriedener Teile der Bevölkerung sind, die schon immer ein besseres Verhältnis zu ihrer Verwandtschaft hatten.

Jetzt sieht man starke positive Effekte. Denn diese zeigen nicht mehr, wie zufrieden oder unzufrieden *dieselbe* Person je nach Nähe zu ihrer Verwandtschaft ist, sondern ob jener Teil der Bevölkerung zufriedener ist, der schon immer eine bessere Beziehung zu seiner Verwandtschaft hatte. So sind jene Menschen, die schon immer eine sehr enge Beziehung zu ihrer Mutter hatten, zu allen Zeitpunkten extreme 6,6 Punkte zufriedener als jene, die schon immer gar keine Beziehung zu ihrer Mutter hatten. Und selbst der Bevölkerungsteil, der zumindest schon immer ein flüchtiges Verhältnis zur Mutter hatte, ist 1,3 Punkte zufriedener als der Teil, der überhaupt

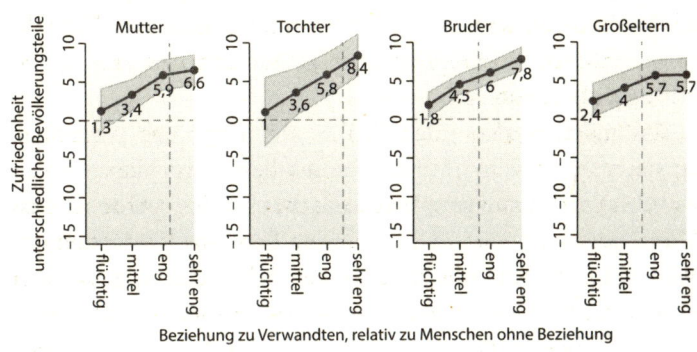

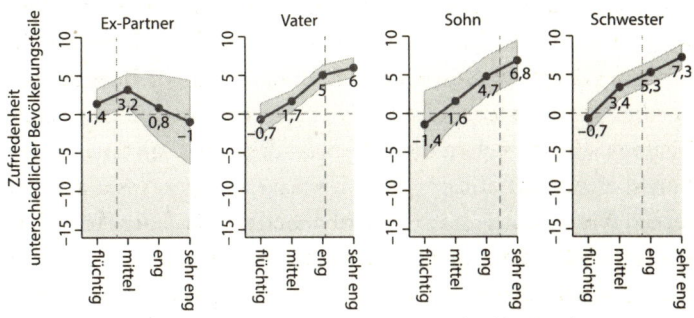

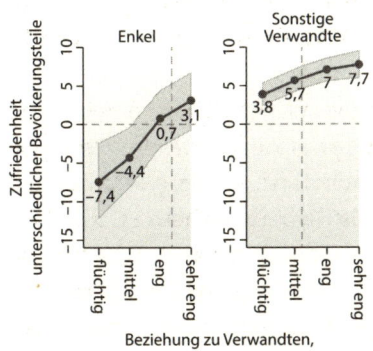

Grafik 17: Beziehung zu Verwandten im Vergleich unterschiedlicher Bevölkerungsteile

kein Verhältnis zur eigenen Mutter hatte. Immer wieder zeigt sich: Der Teil der Bevölkerung, der einen engeren Kontakt zu seinen Verwandten hat, ist viel zufriedener als der Teil, der immer nur einen flüchtigen Kontakt hat. Eine Ausnahme ist enger Kontakt zum Ex. Aber ich kann mir eigentlich gut vorstellen, warum es nicht besonders guttut, »sehr engen« Kontakt zum Ex zu haben. Auch die bisherige Forschung bestätigt, dass ein sehr gutes Verhältnis beispielsweise zu den eigenen Kindern die Zufriedenheit erhöht. Doch wir vergessen dabei den zweiten Teil, den die Forschung ebenso bestätigt: Ein schlechtes Verhältnis senkt die Zufriedenheit stark, so dass der gesamte Effekt von Verwandtschaft auf Zufriedenheit eingeebnet wird.[57]

Außerdem ist zwar tatsächlich der Teil der Bevölkerung, der mit seiner Verwandtschaft sehr eng ist, auch viel zufriedener. Wenn wir daraus jedoch folgern, engerer Kontakt zu unserer Verwandtschaft mache uns selbst zufriedener, dann schließen wir fälschlicherweise von Bevölkerungsunterschieden (zufriedenere Menschen = solche mit mehr Kontakt zu ihrer Verwandtschaft) auf Effekte innerhalb des Lebens derselben Person (ich werde zufriedener, wenn ich mehr Kontakt zu meiner Verwandtschaft habe).

Denn diejenigen, die schon immer ein besseres Verhältnis zu ihrer Verwandtschaft hatten, können aus vielen Gründen zufriedener sein, die nicht direkt etwas mit ihrer Verwandtschaft zu tun haben. Man nennt das einen Selektionseffekt. Beispielsweise könnten Menschen mit engem Kontakt zu ihrer Verwandtschaft besonders unkomplizierte, harmonische oder nicht depressive Menschen sein. Doch zufrieden sind sie deswegen, nicht aufgrund des engeren Verhältnisses zu ihrer Verwandtschaft, welches nur Nebeneffekt ihrer glücksfördernden Eigenschaften ist. Die Forschung bestätigt das und zeigt damit auch, dass dieselbe Person nicht zufriedener ist, wenn sie die Beziehung zu ihrer Verwandtschaft verbessert.[58]

Erst wenn man eine außergewöhnlich gute Beziehung zu seinen Verwandten hat, machen diese Verwandten also tatsächlich zufriedener, und das gilt übrigens umso mehr für Menschen mit hoher Bildung.[59] Forscher vermuten als Grund, dass Großeltern mit besserer Bildung eher eine schöne Zeit mit ihren Enkeln verbringen können, während unter weniger gebildeten Großeltern eine enge Beziehung öfter an der Not liegt, dass Eltern zu wenig Zeit haben.[60]

Bevor Sie beschließen, Ihre Verwandtschaft nie wieder anzurufen, noch eine Warnung: Für die Variablen, mit denen ich die Effekte ausgerechnet habe, gibt es nur Daten aus den Jahren 1991, 1996 und 2001. Wenige Messzeitpunkte machen es schwer, genaue Effekte auszurechnen, so dass statistische Unsicherheit eine größere Rolle spielt als ansonsten. Deswegen habe ich auch berechnet, ob Menschen zufriedener sind, wenn sie näher an ihren Verwandten wohnen. Wieder zeigen sich dabei kaum Effekte. Es scheint deswegen wirklich, dass mehr Kontakt mit Verwandten die Zufriedenheit kaum steigert. Doch die Datenlage ist weniger eindeutig als bei anderen Effekten. Lassen Sie sich also nicht davon abhalten, Ihren Großvater mal wieder zu kontaktieren. Und dann schauen Sie mal, was man tun kann, um zufriedene Kinder zu erziehen.

2.9 Welche Kinder sind später zufrieden?

Hatten Sie eine glückliche Kindheit?

Wieso bejahen wir diese Frage? Wenig Streit mit den Eltern? Topnoten? Vielleicht sogar Bewegung an der frischen Luft? Das SOEP hat Tausende gefragt, wie ihre Kindheit war. So kann man rekonstruieren, welche Kindheit damit einhergeht, dass Menschen später zufrieden sind. Vielleicht hilft dieses Wissen sogar, glücklichere Menschen zu erziehen. Schließlich fragen sich viele Eltern, ob Schulnoten wichtig sind, Kinder zum Sport sollten oder Streit einen Schatten auf deren Zukunft wirft. Beginnen wir damit, ob Erwachsene zufriedener sind, wenn sie in der Schule besser waren. Die folgende Abbildung zeigt, wie die letzte Schulnote in Deutsch, Mathe und der ersten Fremdsprache mit späterer Zufriedenheit einhergeht.

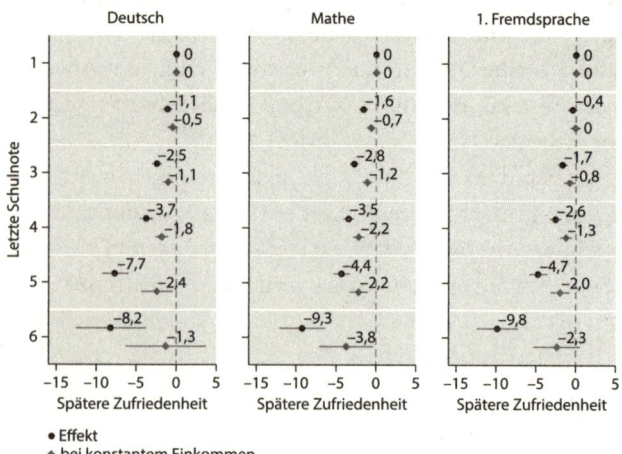

Grafik 18: Letzte Schulnote und Zufriedenheit über 30

Schulnoten sagen die spätere Zufriedenheit sehr gut voraus. In der linken Abbildung zeigen die schwarzen Effekte, dass Menschen über 30 extreme 7,7 Punkte unzufriedener sind, wenn sie in Deutsch zuletzt eine Fünf statt einer Eins hatten. Die letzte Mathe- und Fremdsprachennote sagen die spätere Zufriedenheit ebenfalls voraus, nur nicht ganz so stark.

Menschen mit besseren früheren Schulnoten könnten zufriedener sein, weil sie später mehr verdienen. Die grauen Balken zeigen, dass Menschen selbst dann zufriedener sind, wenn sie früher bessere Schulnoten hatten, ohne heute mehr zu verdienen. Diese Effekte sind allerdings schwächer. Das heißt, wer früher bessere Noten hatte, ist heute auch deswegen zufriedener, weil er mehr verdient. Doch dass die Effekte selbst bei gleichem Einkommen nicht ganz verschwinden, bedeutet, dass Menschen mit besseren Noten später selbst dann zufriedener sind, wenn sie die Noten nicht zu Geld machen. Vielleicht weil – wie wir später noch sehen werden – intelligentere Menschen zufriedener sind und Noten Intelligenz widerspiegeln; vielleicht aber auch weil Noten Anpassungsfähigkeit widerspiegeln, die auch später im Leben hilft.

Denken Sie allerdings daran: Es geht nur um Gruppenunterschiede. Wir können nicht wissen, ob dieselbe Person zufriedener wäre, wenn sie eine andere Kindheit mit besseren Schulnoten gehabt hätte. Es spricht jedoch einiges dafür, dass Leistung gut für die spätere Zufriedenheit ist. Denn auch Kinder, die früher von ihren Eltern zu besseren Leistungen angetrieben wurden, sind später zufriedener. Sehen Sie selbst:

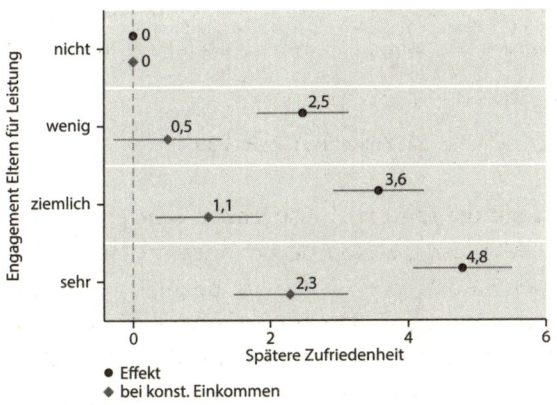

Grafik 19: Engagement der Eltern für schulische Leistung und Zufriedenheit über 30

Wer von sich sagt, die eigenen Eltern hätten sich sehr stark um die Leistung gekümmert, ist heute ganze 4,8 Punkte zufriedener als wer meint, seine Eltern hätten das überhaupt nicht ge-

73

macht. Die grauen Balken zeigen, dass wer früher von seinen Eltern zu mehr Leistung angetrieben wurde, heute selbst dann zufriedener ist, wenn er nicht mehr verdient.

Doch vergessen Sie nicht: Hier wurden Menschen im Nachhinein gefragt, wie ihre Kindheit war. Es kann auch sein, dass die Zufriedenen sich einfach besser daran erinnern können, dass ihre Eltern sich um ihre Leistung kümmerten. Es kommt aber auch nicht nur auf die Leistung an. Wichtig ist zudem, dass man sich mit seinen Eltern gut versteht. Die folgende Grafik zeigt, wie oft Menschen sich als 15-Jährige mit ihren Eltern gestritten haben und wie zufrieden sie mit über 30 sind. Die Referenz ist immer zu Menschen, die damals nie mit ihrem Vater oder ihrer Mutter stritten. Was wir also sehen, ist, ob man, relativ zu einer konfliktfreien Beziehung zu seinen Eltern, besser ganz ohne Eltern lebt oder mit Eltern, mit denen man sich mehr oder weniger streitet.

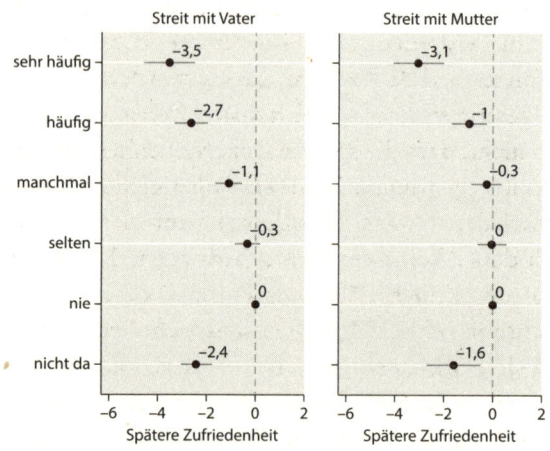

Grafik 20: Konflikte mit 15 und Zufriedenheit über 30

Wessen Vater während der eigenen Jugend nicht da war, der ist 2,4 Punkte unzufriedener als wer nie Streit mit seinem

Vater hatte. Wer jedoch sehr häufig mit seinem Vater gestritten hat, ist sogar 3,5 Punkte unzufriedener als wer sich nie mit seinem Vater gestritten hat. Gar keinen Vater zu haben ist also besser, als sich oft mit ihm gestritten zu haben. Verrückt, oder?

Merkwürdigerweise scheint die Beziehung zur eigenen Mutter etwas unwichtiger als die zum Vater. Wer sich sehr häufig mit seiner Mutter gestritten hat, ist 3,1 Punkte unzufriedener als wer sich nie gestritten hat. Aber wer ohne Mutter aufwächst, ist 1,6 Punkte unzufriedener als wer sich nie mit seiner Mutter gestritten hat. Es hört sich verrückt an, aber es scheint besser, überhaupt keine Eltern zu haben als Eltern, mit denen man sich sehr häufig streitet.

Auch hier muss man bedenken, dass möglicherweise kein kausaler Effekt vorliegt. Von einem solchen lässt sich immer sprechen, wenn man sicher sein kann, dass ein Effekt nicht nur mit einem anderen einhergeht, sondern ihn wirklich bedingt. Beobachten kann man nur gleichzeitige Veränderung. Dann muss man beurteilen, ob das auch Beeinflussung bedeutet. Hier können wir beobachten, dass wer sich früher mit seinen Eltern gestritten hat, später unzufriedener ist. Doch das heißt eben nicht, dass die spätere Unzufriedenheit an dem vorherigen Streit liegen muss. Man weiß also nicht, ob man ohne Streit zufriedener wäre. Stattdessen kann der Zusammenhang auch daher kommen, dass unzufriedene Menschen sich eher an Streit erinnern. Und der Einfluss kann auch in die andere Richtung gehen: Menschen sind nicht heute unzufriedener, weil sie früher mehr gestritten haben, sondern wer heute unzufrieden ist, war es damals schon und hat sich deswegen öfter gestritten. Das ändert nichts daran, dass der Zusammenhang besteht. Es bedeutet allerdings, dass wir nicht genau wissen, was wodurch bedingt ist. Wenn Sie beispielsweise jemanden kennenlernen und wissen wollen, ob diese Person zufrieden ist, können Sie fragen, ob sie früher gute

Noten hatte und sich mit den eigenen Eltern gut verstand. Die Antworten darauf sagen typischerweise etwas über die Zufriedenheit der Person, so oder so. Aber ob das daran liegt, dass vorheriger Streit und Noten direkt die spätere Zufriedenheit beeinflussen, oder ob der Zusammenhang aus anderen Gründen besteht, das können wir nicht genau sagen, müssen wir allerdings auch nicht, wenn wir uns erst einmal nur für den Zusammenhang interessieren.

Und was ist mit dem Rest, womit Eltern ihre Kinder triezen, beispielsweise Sport oder Musikunterricht? Hier zeigt sich kein Zusammenhang, zumindest keiner, der etwas aussagt. Denn zwar sind Erwachsene jeweils 1,8 Punkte zufriedener, wenn sie als Kinder musizierten oder Sport machten. Doch beide Zusammenhänge verschwinden, sobald man ihr späteres Einkommen kontrolliert. Kinder aus Familien, die zu mehr Sport oder Musik anleiten, sind also auch Kinder, die später mehr verdienen, und wer mehr verdient, ist zufriedener. Doch Musizieren oder Sport führt eher nicht zu höherem Verdienst und damit auch nicht indirekt zu höherer Zufriedenheit. Für eher möglich halte ich, dass ein »gutes Elternhaus« für beides sorgt: höheres späteres Einkommen sowie sportliche und musikalische Aktivität. Das würde erklären, warum ein vom Einkommen unabhängiger Effekt von frühem Sport oder Musik auf die spätere Lebenszufriedenheit nicht erkennbar ist.

Wenn Sie also wollen, dass es Ihren Kindern später gut geht, dann ist angesichts dieser Daten ein Umfeld mit wenig Konflikten hilfreich, ebenso gute Schulnoten und durchaus das Anstacheln zu Leistung. Doch was heute als »außerschulische« Aktivität bekannt ist, kann man seinen Kindern zwar zumuten, es gibt nur keine Anzeichen dafür, dass man ihnen damit auch das spätere Leben erleichtert.

3   Arbeiten und Geld verdienen

Bisher ging es darum, in welchen Familienkonstellationen Menschen am zufriedensten sind. Das zweite große Thema ist, wie man sein Geld verdient. Denn damit muss sich schließlich jeder auseinandersetzen. Hier erfahren Sie deswegen, bis zu welcher Grenze mehr Einkommen zufrieden macht, wann der beste Zeitpunkt für den Berufseinstieg ist, ob in Paarbeziehungen Männer oder Frauen mehr verdienen sollten, ob Vermögensaufbau lohnt, wie viele Arbeitsstunden am zufriedensten machen, ob Bildung und Sparen etwas bringen, wann man seinen Job verlassen sollte und ob Pendeln wirklich unzufrieden macht.

3.1   Geld wird nutzloser, je mehr Sie davon haben

Stellen Sie sich vor, eine Wohltäterin überweist Ihnen ab sofort lebenslang monatlich 1000 Euro. Das hätte einen enormen Einfluss auf Ihre Lebenszufriedenheit, oder? Wahrscheinlich keinen so großen, wie Sie vermuten. Denn zwei Prozesse arbeiten dagegen. Beide sind Ihnen vielleicht irgendwie klar, aber Sie machen sich deren Tragweite vermutlich nicht bewusst.

Erstens macht Geld weniger zufrieden als man vermutet, weil man sich unglaublich schnell daran gewöhnt. Als Student dachte ich, wenn ich später 1500 Euro netto verdiene, bin ich reich. Heute verdiene ich viel mehr. Doch springe ich vor Freude im Kreis? Leider nicht. Denn blöderweise brauche ich mittlerweile auch viel mehr Geld. Denn mit mehr Geld steigen die Ansprüche, so dass man sich fast nie wohlhabend fühlt. Diesen Effekt kann man sogar genau berechnen. Schließlich fragt das SOEP Menschen nicht nur, wie viel Geld sie haben, sondern auch, wie viel sie mindestens brauchen. Setzt man beides in Relation, zeigt sich, dass jede Lohnerhöhung um 1000 Euro sich innerhalb eines Jahres nur noch wie circa 600 Euro anfühlt. Warum? Weil Menschen so schnell ihren Lebensstil an ihr höheres Einkommen anpassen. Sie können es auch andersrum drehen: Wer 1000 Euro mehr verdient, gewöhnt sich innerhalb eines Jahres einen Lebensstil an, der 400 Euro mehr kostet. Man verliert also gefühlt 40 Prozent jedes Einkommenszuwachses innerhalb eines Jahres, weil man sich daran gewöhnt, mehr Geld zu haben. Ich gehe jetzt mittags beispielsweise essen, statt mir ein Brot mitzunehmen. Früher war Essengehen etwas Besonderes. Heute käme es mir komisch vor, ein Brot zur Arbeit mitzunehmen, zumal meine Arbeitskollegen das auch nicht mehr machen, anders als meine Studienfreunde früher. Ich gebe also mehr Geld aus, aber weil ich das für normal halte, macht mich der Restaurantbesuch nicht glücklicher als früher das Butterbrot.

Fast allen geht es so. Sie geben immer mehr Geld aus, ohne es zu merken, geschweige denn davon zu profitieren. Innerhalb kurzer Zeit können wir uns nach einer Gehaltserhöhung gar nicht mehr vorstellen, wie man mit weniger Geld auskommen soll, obwohl das ein paar Jahre vorher noch ganz normal für uns war. Oder können Sie sich vorstellen, heute mit den circa 700 Euro auszukommen, die Sie als Studentin vielleicht hatten? Heute haben Sie viel mehr. Trotzdem haben Sie nicht den Eindruck, ein extravagantes Leben zu führen. Das gilt nicht nur für Geld, sondern für fast alles, was Sie mit Geld kaufen können. Der Ökonom Richard Easterlin hat herausgefunden, dass Menschen Swimmingpools, Autos, Fernseher und Ferienhäuser für nichts Besonderes mehr halten, nachdem sie sie angeschafft haben. Das große Glück wirkt immer nur einen Einkauf entfernt. Doch sobald man es hat, ist es nichts Besonderes mehr. Immer wieder denkt man, für ein tolles Leben nur noch etwas mehr zu brauchen. Doch damit läuft man etwas Unerreichbarem hinterher, ohne zu merken, wie man dadurch eigentlich in einer Falle sitzt.[61] Und deswegen muss man sich diese Falle klarmachen: Es ist fast egal, was Sie kaufen, Sie gewöhnen sich daran.

Neben Gewöhnung gibt es noch einen zweiten Grund, warum Geld weniger zufrieden macht, als man vermutet. Ökonomen nennen diesen Grund abnehmenden Grenznutzen. Stellen Sie sich vor, Sie verdursten in der Wüste. Der erste Liter Wasser rettet Ihr Leben. Der zweite stillt noch Ihren Durst. Der dritte ist auch noch ganz nett. Doch jeder zusätzliche Liter Wasser bringt weniger als der vorherige. So ist es mit allem, was Geld kaufen kann: Wer nicht genug zu essen hat, braucht unbedingt Geld. Doch wer sich mit mehr Geld nur noch superteuren Hummer statt teures Filet kauft, dem bringt Geld kaum noch etwas. Wer kein Auto hat, ist vielleicht unzufrieden, weil er nicht gut zur Arbeit kommt oder seine Freunde nicht besuchen kann. Doch wer sich dasselbe Auto als Zweitwagen zulegt, wird dadurch schon viel weniger zufriedener. Je mehr Geld man hat, desto weniger kann man sich damit also noch kaufen, was man wirklich braucht. Und desto mehr kann man sich daran gewöhnen. Man gewöhnt sich nie daran, hungrig zu sein. Aber man gewöhnt sich an teure Autos und teures Essen.

Nur wo ist die Grenze? Ab wann erhöht also Geld die Lebenszufriedenheit nicht mehr, weil man sich daran gewöhnt und nur noch Unsinn kauft? Wieder macht es wenig Sinn zu vergleichen, ob Besserverdiener zufriedener sind. Denn von Natur aus grummelige Menschen kommen auch im Job schlecht an und verdienen deswegen schlecht. Darum zeigt die Kurve in Grafik 21 stattdessen, wie sich die Zufriedenheit derselben Person entwickelt, wenn sich ihr Einkommen verändert, während ihre Gesundheit, Jobsituation, Beziehung und Bildung gleich bleiben.

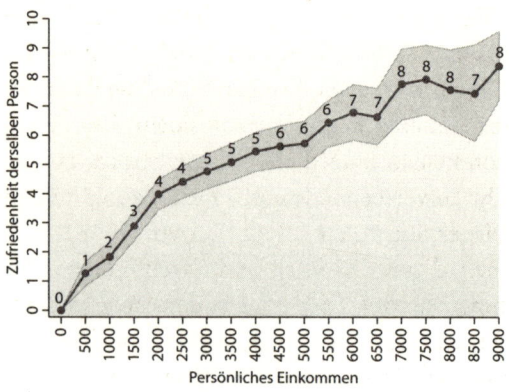

Grafik 21: Einkommen bei sonst konstanter Lebenssituation

Wer also mehr Geld verdient, ohne dass sich sonst viel ändert, wird zuerst tatsächlich mit steigendem Einkommen viel zufriedener. Mit den ersten 2000 Euro gewinnt man ganze 4 Lebenszufriedenheitspunkte. Doch schon mit den nächsten 2000 Euro bekommt man nur noch einen statt 4 Zufriedenheitspunkte. Ab circa 7000 Euro Nettoeinkommen pro Monat, zugegebenermaßen eine Menge Geld, schwindet jeder Zusammenhang zwischen Geld und Zufriedenheit.

Wenn man gerade *nicht* herausrechnet, dass eine Person typischerweise gesünder, besser gebildet und verheiratet ist, wenn sie mehr verdient, zeigt sich immer noch, dass die ersten 2000 Euro sehr viel bringen, nämlich 5 Punkte. Doch die nächsten 2000 Euro bringen nur noch 2 und noch mal 2000 Euro nur noch einen Punkt. Selbst wenn man also in Rechnung stellt, dass mehr Geld oft mit einem besseren Job, besserer Gesundheit und vielen Vorteilen einhergeht, macht Geld nur zufrieden, wenn man bisher wenig davon hatte.

Was würde also passieren, wenn Sie auf einmal monatlich 1000 Euro mehr hätten? Das habe ich noch einmal gesondert ausgerechnet und die Ergebnisse unterstützen, was wir bisher gesehen haben: Es würde darauf ankommen, wie viel

Sie bisher haben. Wenn Sie nur 1000 Euro haben, würde Ihre Zufriedenheit um solide 3 Punkte steigen. Doch wenn Sie sowieso schon 2000 Euro verdienen, bringen Ihnen die nächsten 1000 Euro nur noch einen Punkt. Wenn Sie sogar 3000 Euro haben, gibt es schon keinen signifikanten Zuwachs an Zufriedenheit mehr. Mehr zu verdienen bringt Ihnen also vor allem etwas, wenn Sie bisher noch nicht so viel hatten.

Was bringt Ihnen dieses Wissen? Nun, wenn Ihnen der nächste Unternehmensberater auf einer Party stolz erzählt, dass er jetzt 8000 statt 6000 Euro netto hat, können Sie ihm getrost sagen, dass das für seine Lebenszufriedenheit nichts bringt und insofern recht sinnlos ist. Doch vielleicht kommt es weniger darauf an, wie viel Geld man hat, als wofür man es ausgibt? Die Daten zeigen: nicht wirklich. Denn egal, ob man mehr Geld für Lebensmittel, Essengehen, Bekleidung, Kosmetik, Gesundheit, Kultur oder Hobbys ausgibt, die Zufriedenheit steigt dadurch nicht. Wenn Sie zufrieden sein wollen, scheint es stattdessen das Beste, Ihr Geld zu verschenken! Kein Witz, Forscher konnten zeigen, dass Menschen in repräsentativen Umfragen unabhängig von ihrem Einkommen zufriedener sind, wenn sie einen größeren Anteil davon verschenken. Auch konnten sie dieses Resultat in Experimenten replizieren. Dazu haben sie Menschen morgens gefragt, wie zufrieden sie waren. Dann haben sie ihnen 5 oder 20 Dollar gegeben, um sie nachmittags entweder für sich selbst oder für wen anders auszugeben. Ein paar Stunden später haben die Forscher noch einmal nachgefragt, wie gut es den Menschen geht. Dabei fühlten sich diejenigen besser, die das Geld für andere ausgaben. Ob man viel oder wenig bekam, spielte dabei kaum eine Rolle. Doch warum verschenken Menschen dann nicht mehr von ihrem Einkommen, sondern versuchen es zu erhöhen, obwohl ihnen das kaum weiterhilft? Die Antwort lautet: weil Menschen nicht wissen, was sie zufrieden macht. In dem Experiment dachten die Teilnehmer, es würde ihnen besser gehen, wenn sie mehr Geld bekommen und es für sich behalten. Mit beidem lagen sie falsch. In Wirklichkeit war es egal, wie viel Geld sie bekamen, doch es ging ihnen immer dann besser, wenn sie es verschenkten.[62]

Allerdings ist persönliches Einkommen kein perfekter Maßstab, um zu verstehen, ob Wohlstand zufrieden macht. Denn Einkommen zeigt zwar, ob man auf dem Arbeitsmarkt erfolgreich ist, jedoch misst es nicht immer den Lebensstandard. Warum nicht? Lernen Sie Achmed kennen. Achmed steht jeden Morgen um fünf Uhr auf und kehrt für den Mindestlohn von etwas über 9 Euro die Straße, 40 Stunden jede Woche. Dafür bekommt er monatlich ungefähr 1200 Euro netto. Achmed kennt Henrike nicht. Denn Henrike ist eine wohlhabende Chirurgengattin. Sie steht um zehn Uhr auf und liest dann gerne. Weil ihr Mann so viel verdient, muss sie nicht arbeiten. Doch weil ihr Mann nie da ist und sie nicht immer lesen kann, wird Henrike langweilig. Sie macht deswegen ihr Hobby zum Beruf und nimmt einen Minijob über 400 Euro monatlich in der Buchhandlung an. Auf dem Papier verdient Achmed dreimal so viel wie Henrike. Doch über den realen Lebensstandard der beiden sagt das kaum etwas aus.

Denn wer sich nur das persönliche Einkommen anschaut, vernachlässigt den Unterschied zwischen Achmed und Henrike, weil er das Haushaltseinkommen vergisst. Deswegen habe ich oben nur dieselbe Person verglichen, die mal mehr und mal weniger verdient, ohne dass sich ihr Beziehungsstatus oder Job verändert. Trotzdem zeigen die Effekte nur, ob Menschen zufriedener sind, wenn sie *persönlich* mehr verdienen. Sie zeigen allerdings nicht, was passiert, wenn ihr Haushalt wohlhabender oder ärmer ist, auch wenn das für ihren Lebensstandard viel wichtiger ist. Diesen Zusammenhang zwischen verfügbarem Haushaltseinkommen pro Haushaltsmitglied und Lebenszufriedenheit sehen Sie in Grafik 22. Das gibt einen besseren Überblick, bis zu welchem tatsächlichen Wohlstand mehr Geld zufriedener macht. Dabei zeige ich von Anfang an, wie viel zufriedener oder unzufriedener Menschen sind, wenn in ihrem Haushalt mehr oder weniger als 2000 Euro netto pro Person zur Verfügung stehen, denn das war bisher die Grenze, ab der Geld nicht mehr so viel zu bringen scheint.

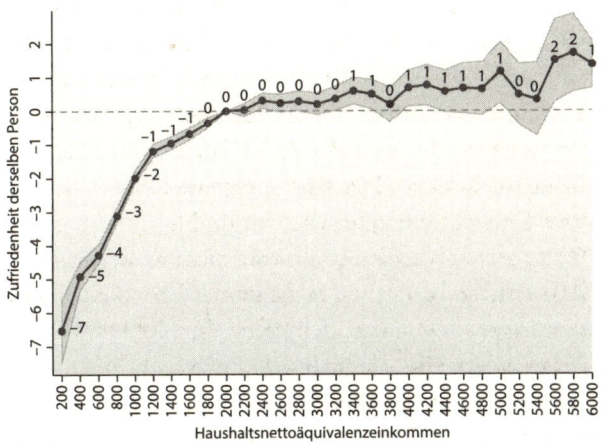

Grafik 22: Haushaltsnettoäquivalenzeinkommen

Stellen Sie sich diese Grafik erst mal so vor: Wer alleine lebt und kaum Geld hat, wird 7 Punkte unzufriedener, wenn er 200 statt 2000 Euro hat. Doch wenn diese Person 4000 statt 2000 Euro hat, wird sie dadurch höchstens 1 Punkt zufriedener. Wenn Sie sich das Ganze als Singlehaushalt vorstellen wollen, ist die Interpretation kaum anders als bei persönlichem Einkommen. Doch die Effekte lassen sich nun auch auf andere Haushaltsgrößen übertragen. Denn wenn man – wie international üblich – davon ausgeht, dass man zu zweit nicht zweimal so viel Geld braucht wie als Single, sondern nur 1,7-mal so viel, weil man beispielsweise Küche und Bad teilt, dann bedeutet das, dass ein Paar durch Geld kaum noch zufriedener wird, sobald es zusammen 1,7 x 2000 Euro = 3400 Euro sogenanntes bedarfsgewichtetes netto Pro-Kopf-Einkommen hat. Jede weitere Person schlägt dann mit Kosten von 0,5 zu Buche.[63] Das heißt, mit einem Kind braucht ein Paar nicht dreimal so viel Geld wie ein Single, sondern 1 + 0,7 + 0,5 = 2,2-mal so viel, also 4400 Euro, um mit mehr Geld kaum noch zufriedener zu werden. Für jedes weitere Kind kann man noch einmal 0,5 x 2000 = 1000 Euro addieren, so dass man als vierköpfige Familie beispielsweise 5400 Euro netto braucht, um durch zusätzliches Geld kaum zufriedener zu werden. Das ist nicht wenig. Aber es bedeutet auch, dass in einem Haushalt mit zwei Erwachsenen und zwei Kindern ein sehr gut oder zwei gut bezahlte Jobs ausreichen, um – zumindest was Geld angeht – so zufrieden wie möglich zu sein.

Wer schon über der Grenze liegt und trotzdem meint, noch mehr Geld zu brauchen, sitzt wahrscheinlich einem Trugschluss auf, weil er nicht merkt, wie er sich an immer größere Geldmengen gewöhnt, so dass sie wirkungslos verpuffen. Die Daten sind eindeutig: Die Bahamas-Reisen, dicken Autos oder großen Häuser, die Ihre Freunde möglicherweise auf sozialen Netzwerken posten, machen sie nicht zufriedener. Der Urlaub an der Ostsee mit dem in die Jahre gekommenen Kombi hat genau denselben Effekt. Aber verstehen Sie mich nicht falsch. Mehr Einkommen macht nur dann nicht zufriedener, sobald man genug Geld hat, als Single also etwa 2000, als Paar 3400, als kleine Familie 4400 und als vierköpfige Familie 5400 Euro. Zu diesen Ergebnissen kommt auch die Forschungsliteratur. Sie stellt fest, dass grob gerechnet jede Verdoppelung des Einkommens zu einem ähnlichen Zugewinn an Zufriedenheit führt. Sie brauchen also immer größere Geldsummen, um überhaupt noch einen Effekt auf Ihre Zufriedenheit zu bemerken.[64]

Vergessen Sie allerdings nicht, dass wenn Sie beispielsweise nach München ziehen, das Leben rund 40 Prozent teurer ist als im Rest Deutschlands, so dass Sie auf alle Werte 40 Prozent aufschlagen müssen. Ziehen Sie hingegen nach Magdeburg, können Sie aus demselben Grund 20 Prozent von allen Werten abziehen. Wenn Sie ticken wie die meisten Menschen, heißt das trotzdem, dass Sie viel weniger Geld brauchen, als Sie gedacht haben. Und früh damit anfangen, es zu verdienen, sollte man auch nicht, wie das nächste Kapitel zeigt.

3.2   Fangen Sie nicht zu früh an zu arbeiten!

Eltern scheinen bei der Finanzierung ihrer Kinder zwei unterschiedliche Herangehensweisen zu verfolgen. Bei einigen meiner Freunde war klar, dass Geld von Mama und Papa kommt, solange sie studieren oder eine Ausbildung machen, selbst wenn sie mit Anfang 30 immer noch nicht auf eigenen Füßen stehen. Die Eltern anderer Freunde wollten, dass ihre Kinder schon mit Anfang 20 für sich selbst sorgen. Meine Freunde hatten ähnlich gemischte Motivationen. Einige konnten es kaum erwarten, ihr Berufsleben zu beginnen, andere nutzten jede Möglichkeit, den Anfang noch hinauszuzögern. Ich habe zugegebenermaßen auch eine Doktorarbeit geschrieben, weil ich keine Lust auf das normale Arbeitsleben hatte. Andererseits fand ich die Vorstellung genauso abschreckend, Student im 30. Semester zu sein.

Doch gibt es einen perfekten Berufseinstieg, der mit der höchsten Lebenszufriedenheit einhergeht? Der durchschnittliche Berufseinstieg im SOEP-Datensatz liegt erstaunlicherweise bei nur 20 Jahren. In Grafik 23 auf der nächsten Seite sehen Sie, ob Menschen zufriedener oder unzufriedener sind, wenn sie ihren ersten Vollzeitjob vorher oder nachher hatten.

Die Grafik zeigt: Es gibt tatsächlich so etwas wie einen perfekten Zeitpunkt zum Berufseinstieg. Männer sind am zufriedensten, wenn sie zwischen 28 und 32 ihren ersten Vollzeitjob

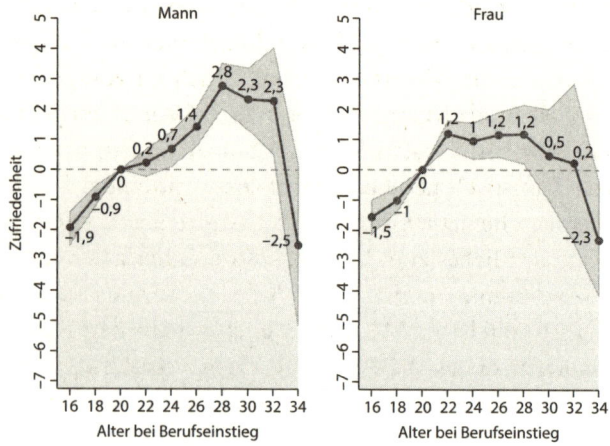

Grafik 23: Erster Vollzeitjob

anfangen, Frauen zwischen 22 und 28. Wer früher anfängt, ist umso unzufriedener, je jünger er oder sie beim Berufseinstieg war. Allerdings gibt es eben auch eine Obergrenze. Männer sollten bis 32 und Frauen bis 28 den Berufseinstieg geschafft haben. Wer erst mit 34 seinen ersten Job anfängt, ist mit seinem Leben unzufriedener.

Verfälscht Bildung die Effekte?[65] Ein wenig, denn unter studierten Männern sollte der Berufseinstieg zwar ebenfalls bis 32 stattfinden, doch unter studierten Frauen kann es auch später sein. Unter denen ohne Studium hängt der Zeitpunkt des Berufseinstiegs tatsächlich kaum mit der Lebenszufriedenheit zusammen. Auch habe ich mir angeschaut, wie die Zufriedenheit derselben Person sich direkt vor und nach dem Berufseinstieg entwickelt, je nachdem, wann der Berufseinstieg war. Auch hier zeigt sich: Wer mit weniger als 23 Jahren in den Beruf einsteigt, ist danach eher unzufriedener. Gerade Frauen profitieren, wenn sie erst in der zweiten Hälfte ihrer Zwanzigerjahre einsteigen.

Eltern können ihren Kindern also etwas Gutes tun, indem

sie ihnen genug Zeit geben, um ein Studium abzuschließen. Ist ein Studium sowieso nicht geplant, schadet auch ein früherer Berufseinstieg nicht. Wer studiert, sollte sich allerdings Zeit lassen, vor allem als Mann. Es gibt keinen Grund, vor Mitte oder Ende 20 seinen ersten Vollzeitjob anzufangen, ganz im Gegenteil: Statistisch gesehen gehört man mit einem frühen Berufseinstieg eher zur Gruppe der Unzufriedenen. Nutzen Sie die Zeit also lieber zum Lernen, statt möglichst schnell in den Beruf zu kommen. Und wenn Sie Geld verdienen, zeigt das nächste Kapitel, wie Männer möglichst mehr und Frauen möglichst weniger als ihr Partner verdienen sollten. Bizarr, aber wahr, wie wir jetzt sehen.

3.3 Zufrieden sind besser verdienende Männer und schlechter verdienende Frauen

Aufgrund der folgenden Ergebnisse, werden Sie mich erst einmal für einen merkwürdigen Kauz halten. Doch eins nach dem anderen. Neben Gewöhnung und abnehmendem Grenznutzen ist sich die Literatur über einen weiteren Grund einig, weswegen Einkommenszuwächse Menschen in reichen Ländern kaum zufriedener machen: Wir vergleichen unser Einkommen mit anderen. Besser fühlen wir uns, wenn wir mehr Geld haben als andere, nicht wenn unser absoluter Lebensstandard höher ist. Beispielsweise fühlte ich mich im Studium reich, als ich mit meinem Hiwi-Job und BAföG ungefähr 1000 Euro pro Monat hatte. Denn damit konnte ich mir alles leisten, was ich damals wollte. Doch als meine Freunde Georg und Jan anfingen, jeweils 2000 Euro zu verdienen, fühlte ich mich mit genau denselben 1000 Euro arm. Und diese Spirale, bei der man sich ärmer fühlt, wenn andere mehr verdienen, dreht sich ewig weiter. So verdient Georg jetzt immer noch circa 2000 Euro, doch Jan und ich verdienen mittlerweile mehr.

Deswegen beschwert sich Georg inzwischen, dass er zu wenig verdient, obwohl er vorher dieselben 2000 Euro super fand.

Wenn also morgen alle doppelt so viel Geld hätten, ginge es ihnen kaum besser, weil ihre Position sich relativ zu anderen nicht verbessert. Tatsächlich, und jetzt wird es völlig absurd, möchten viele Menschen sogar lieber in einer ärmeren Gesellschaft leben, solange sie dadurch mehr als andere haben. In einem Experiment wollte die Hälfte der Befragten lieber 50 000 Dollar haben, solange alle anderen nur halb so viel bekommen, statt 100 000 Dollar zu haben, wenn alle anderen doppelt so viel haben.[66] Viele wollen also lieber absolut ärmer sein, solange alle anderen dann noch ärmer sind. Umgekehrt fühlen Menschen sich in einer reicheren Gesellschaft selbst dann nicht wohler, wenn sie über mehr Geld verfügen, solange andere sich noch mehr leisten können. Das zeigen auch Umfragedaten. Mehr Einkommen zu haben beeinflusst die Zufriedenheit der Deutschen vor allem, insofern sie damit mehr als andere haben. Wie viel wir uns leisten können, ist uns somit eigentlich recht unwichtig. Wichtiger ist uns, dass es mehr als bei anderen ist. Um es noch perverser zu formulieren: Eine Verdoppelung unseres Gehalts macht uns genauso zufriedener wie eine Halbierung des Gehalts aller anderen.[67] Deswegen macht Wirtschaftswachstum Menschen in entwickelten Ländern nicht zufriedener, anders als in armen Ländern. Denn durch Wirtschaftswachstum steigt zwar der Lebensstandard, doch ebenso der aller anderen, so dass relativ niemand besser dasteht.[68]

Krank, oder? Aber auch logisch, denn ansonsten müsste jeder Hartz-IV-Empfänger sich freuen, dass er mehr hat als ein normaler Bürger Burkina Fasos. Tut er aber nicht, denn er leidet an sogenannter relativer Deprivation. Absolut geht es ihm besser als Menschen in Burkina Faso, selbst wenn man herausrechnet, dass das Leben in Deutschland teurer ist. Und de facto ist die Lebenszufriedenheit in Deutschland mit über 7 von 10 Punkten auch höher als in Burkina Faso mit weniger als 5 Punkten.[69] Doch trotzdem haben die wenigsten Deutschen 10 von 10 Lebenszufriedenheitspunkte, weil sie ihr Leben mit anderen Deutschen vergleichen – und relativ zu denen geht es dem durchschnittlichen Deutschen eben nur durchschnittlich und dem Hartz-IV-Empfänger sogar schlecht, Burkina Faso hin oder her.

Diese Theorie der relativen Deprivation zeigte sich zuerst an Soldaten, die unzufriedener waren in Kompanien mit *mehr* Beförderungen. Denn zwar stieg mit den Beförderungen auch ihre eigene Wahrscheinlichkeit, befördert zu werden. Doch zu sehen, dass viele andere noch öfter befördert wurden, machte die Soldaten eher unzufriedener, verglichen mit einer Kompanie, in der generell kaum jemand befördert wurde.[70] Entsprechend vermutet die Theorie relativer Deprivation, dass es Menschen egal ist, wie viel sie selbst haben, sie wollen stattdessen mehr als andere.

Um zu testen, ob Menschen wirklich mehr als andere haben wollen, habe ich nachgerechnet, ob es ihnen besser geht, wenn sie mehr als die Person haben, die ihnen am nächsten steht: ihr Partner. Die Grafik zeigt, wie zufrieden eine Person in einer Paarbeziehung ist, je nachdem, wie viel des gemeinsamen Einkommens sie beisteuert. Wenn also beispielsweise ein Paar 1000 Euro hat und der Mann 800 Euro verdient, während die Frau 200 Euro verdient, stände der Mann bei 80 Prozent und die Frau bei 20 Prozent. Grafik 24 zeigt also, wie zufrieden Männer und Frauen sind, je nachdem, wie viel des gesamten Paareinkommens sie beisteuern.

In einem Satz zusammengefasst: Relative Deprivation gilt nur für Männer. Sie sind zufriedener, wenn sie mehr als ihre Partnerin verdienen, aber sehr unzufrieden, wenn es weniger ist. Dass Männer unzufriedener sind, wenn sie weniger als ihre Partnerin verdienen, spricht zwar nicht dafür, dass sie gönnen können, doch angesichts der Theorie relativer Deprivation ist es logisch. Dass Männer sogar 5,7 Punkte unzufrie-

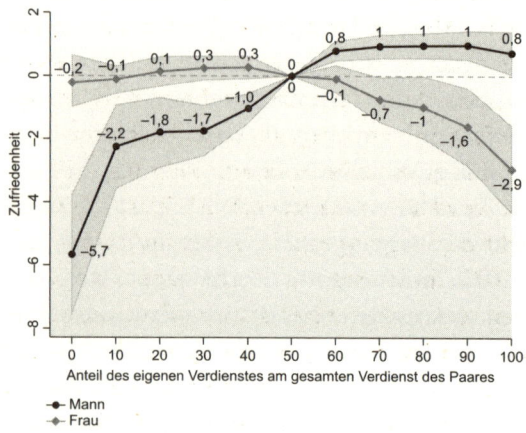

Grafik 24: Anteil am Gesamtverdienst des Paares

dener sind, wenn sie keinen Anteil des gesamten Einkommens verdienen, ist – nach unserer Konvention für das Beschreiben von Effekten – ein extremer Effekt. Männern geht es also viel schlechter, wenn sie weniger als ihre Partnerin verdienen, und etwas besser, wenn sie mehr verdienen.

Für Frauen ist das Ergebnis noch merkwürdiger. Anders als Männer sind Frauen genauso zufrieden, wenn sie weniger als ihr Partner verdienen. Doch am allermerkwürdigsten ist, dass sie nicht zufriedener, sondern unzufriedener werden, wenn sie *mehr* als ihr Partner verdienen, wieder ganz im Gegenteil zu Männern. Eine Frau, die annähernd das gesamte Einkommen eines Paares verdient, ist fast 3 Punkte unzufriedener als eine, die genauso viel verdient wie ihr Partner.

Das bedeutet, und das ist so absurd, dass man es sich nicht ausdenken kann, dass es Männern und Frauen besser geht, wenn der Mann mehr als die Frau verdient. Und dieses Ergebnis findet sich sogar bei vollzeitarbeitenden Männern und Frauen! Es kann also nicht daran liegen, dass Männer unzufrieden sind, wenn sie beispielsweise kürzer arbeiten oder arbeitslos sind. Selbst wenn ich mir innerhalb eines Paares anschaue, ob derselbe Mann oder dieselbe Frau in den Jahren zufriedener ist, in denen er oder sie mehr oder weniger als ihr Partner verdient, zeigt sich dasselbe Ergebnis. Beginnt derselbe Mann, *weniger* zu verdienen als seine Partnerin, wird er unzufriedener. Fängt dieselbe Frau an, *mehr* als ihr Partner zu verdienen, wird sie unzufriedener. Auch ist dieses Ergebnis kein Relikt der Vergangenheit. Selbst im letzten Jahr der Befragung 2019 findet man es. Auch dann sind Männer unzufriedener, wenn sie weniger als ihre Frau verdienen. Frauen hingegen sind zufriedener, wenn sie weniger als ihr Mann verdienen und unzufriedener, wenn es mehr ist. Andere Untersuchungen zeigen ebenfalls, dass Paare etwa 8 Prozent unzufriedener mit ihrem Leben sind, wenn die Frau mehr als der Mann verdient. Frauen leiden so sehr darunter, mehr als ihr Partner zu verdienen, dass erst zusätzliche 48 000 Euro Jahreseinkommen sie dafür kompensieren würden. Männer leiden dahingegen so sehr darunter, *weniger* als ihre Partnerin zu verdienen, dass erst ein zusätzliches Jahreseinkommen von 150 000 Euro sie dafür kompensieren würde.[71]

Ich habe Ihnen ja schon angekündigt, dass Sie mich aufgrund der Ergebnisse dieses Kapitels merkwürdig finden werden. Doch ich kann Ihnen die Ergebnisse auch nur berichten und staune selbst darüber. Doch was kann diese merkwürdigen Effekte erklären? Die Theorie relativer Deprivation kann es zumindest nicht für Frauen, denn die fühlen sich ja anscheinend besser, wenn sie *weniger* als ihre Männer verdienen. Möglicherweise stimmt eine ältere Deutung des Soziologen Ulrich Beck noch. Er meinte, Männer verkünden zwar, Gleichberechtigung super zu finden. Aber das machen sie nur, um ihre Ruhe zu haben. In Wirklichkeit fänden sie es besser, wenn sie mehr Geld verdienen oder die Frau gleich zu Hause bleibt. Und warum? Weil sie meinen, ansonsten für ihre Partnerin nicht attraktiv zu sein. Schließlich sei das Bild eines erfolgreichen Mannes »an ökonomischen, beruflichen Erfolg gebunden. Erst ein sicheres Einkommen ermöglicht es ihm, dem Männlichkeitsideal des ›guten Ernährers‹ und ›fürsorglichen Ehemannes und Familienvaters‹ nachzukommen. In diesem Sinne ist auch die konforme dauerhafte Befriedigung sexueller Bedürfnisse an ökonomisch messbaren Erfolg gebunden.«[72]

Ich weiß, es wird immer verrückter. Aber eine Menge Studien zeigen tatsächlich, dass Männer und Frauen zufriedener in nicht gleichberechtigten Beziehungen sind, in denen der Mann mehr verdient und die Frau mehr Hausarbeit macht. So haben Paare selteneren und schlechteren Sex, wenn sie sich die Hausarbeit gleich aufteilen.[73] Studien von Partnerbörsen und Kontaktanzeigen dokumentieren, dass Frauen nach einem Mann mit höherer Bildung suchen und die Wichtigkeit eines hohen Verdienstes elfmal öfter betonen als Männer. Und wenn Frauen keinen gut verdienenden Partner mehr finden, heiraten sie auch nicht mehr, was in den USA circa 30 Prozent der zurückgehenden Heiratsrate erklärt. Wenn Frauen dann doch mehr verdienen als ihr Partner, steigt die Wahrscheinlichkeit, dass sie ganz aus dem Arbeitsmarkt aussteigen, unzufriedener sind, sich streiten und scheiden lassen. Während es Frauen anscheinend wichtig ist, einen besser verdienenden Partner zu haben, betonen Männer in Kontaktanzeigen fast 40-mal häufiger, dass sie Sex suchen, und schauen sich weniger die Bildung als vielmehr die Bilder an.[74] Das spricht dafür, dass Frauen auf das Einkommen und die Verdienstmöglichkeiten von Männern achten, während Männer auf, sagen wir mal, etwas anderes achten.

Wir können es ärgerlich finden, dass Männer und Frauen so sind. Ich finde es auch befremdlich. Empirisch zeigt sich trotzdem: Frauen wollen einen gut verdienenden Mann. Bekommen sie ihn nicht, sind sie unzufrieden. Spiegelbildlich sind Männer unzufrieden, wenn sie weniger als ihre Partnerin verdienen. Männer wollen also mehr, Frauen weniger verdienen als die Person, die ihnen am nächsten steht.

3.4 Geldgeschenke unter einer halben Million bringen nichts

Haben Sie schon einmal im Lotto gewonnen? Oder eine große Geldsumme geschenkt bekommen? Ich bin einmal unerwartet zu Geld gekommen. Doch ich war überrascht, dass sich nichts verändert hat, gar nichts. Wieso hat mich der unerwartete Geldsegen nicht zufriedener gemacht?

Ich hatte damals einfach keinen Traum, den ich mir mit Geld erfüllen konnte. Also blieb die Summe auf meinem Konto. An meinem Leben änderte sich entsprechend nur eine Zahl auf einer Onlinebanking-Seite. Dass unerwarteter Geldsegen nicht glücklich macht, ist normaler, als man denkt. Hier sehen Sie, was mit der Lebenszufriedenheit einer Person passiert, wenn sie unerwartet viel Geld bekommt.[75]

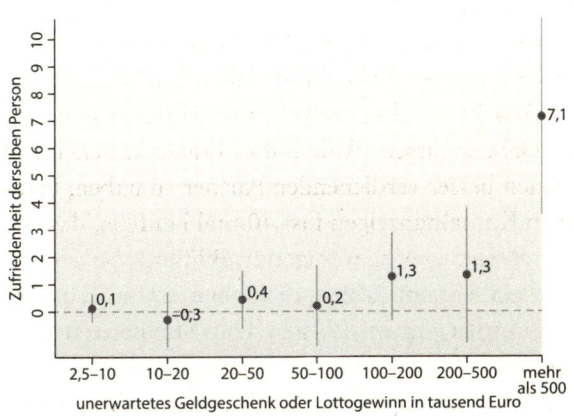

Grafik 25: Geschenktes Vermögen

In Jahren, in denen Menschen unterschiedlich große Geldsummen bekommen, sind sie verrückterweise kaum zufriedener.[76] Erst wer gigantische 500 000 Euro oder mehr bekommt, ist extreme 7 Punkte zufriedener. Doch schon nach einem Jahr beträgt der Effekt nur noch 4 Punkte. Andere Untersuchungen zeigen ebenfalls, dass sogar 100 000 Dollar Lottogewinn auf der Hunderterskala nur etwa einen halben Zufriedenheitspunkt bringen.[77] Und vielleicht erinnern Sie sich: Dass Lottogewinner langfristig kaum zufriedener sind, war sogar eine der ersten Studien der Glücksforschung überhaupt.[78]

Und das liegt nicht daran, dass manche das Geld nicht brauchen. Denn Menschen in der unteren Einkommenshälfte bringen Geldgeschenke genauso wenig wie in der oberen. Wieso bringt Vermögen dann so wenig? Hier eine Vermutung: Denken Sie daran, dass persönliches Einkommen die Zufriedenheit am stärksten erhöht, gefolgt von Familieneinkommen, wohingegen Geldgeschenke – wie Sie hier sehen – kaum etwas bringen. Es liegt deswegen nahe, dass Geld einen vor allem zufriedener macht, wenn man es als Anzeichen für eigenen Erfolg werten kann. Das ist beim eigenen Einkommen der Fall, bei Familieneinkommen schon weniger und bei geschenktem Geld überhaupt nicht mehr. Forscher haben sogar gezeigt, dass Vermögen zu verschenken zufriedener macht, als es zu bekommen. Unter Angestellten, die einen Bonus bekamen, waren nicht diejenigen zufriedener, deren Bonus höher war, sondern die einen höheren Anteil davon für andere ausgegeben haben.[79]

Das bedeutet nicht, dass Wohlstand überhaupt nicht mit Zufriedenheit einhergeht. Allerdings ist nur circa 5 Prozent der eigenen Lebenszufriedenheit durch den materiellen Lebensstandard erklärbar. 95 Prozent hängt von anderen Faktoren ab.[80] Wenn man dem jetzt gegenüberstellt, wie viel Zeit und Mühe wir darauf verwenden, noch ein bisschen mehr zu verdienen, sollte man sich öfter klarmachen, dass das ganze Geldverdienen einfach nicht viel bringt. Doch jetzt wird es endgültig bizarr. Denn während Geld die Zufriedenheit nicht sehr stark erhöht, werden Sie nun sehen, dass gerade Väter trotzdem zufriedener sind, wenn sie richtig lange arbeiten.

3.5 Väter sind zufriedener, wenn sie lange arbeiten, Mütter nicht

Menschen sind mit mehr Geld also kaum zufriedener, sobald sie circa 2000 Euro netto haben. Vielleicht auch, weil mehr Geld mit mehr Arbeit verbunden ist? Dieses Gefühl stellt sich ein, wenn man morgens vor Sonnenaufgang in die Bahn steigt und erst in der Dunkelheit wieder nach Hause kommt. Doch der tatsächliche Zusammenhang zwischen Arbeitszeit und Lebenszufriedenheit ist noch merkwürdiger. Denn nicht nur zu viel, auch zu wenig Arbeit macht unzufrieden.

Einen Grund dafür hat der Wissenschaftler Mihály Csíkszentmihályi herausgefunden. Der ist nicht nur für seinen unaussprechlichen Namen bekannt, sondern auch für die supereinfache Zufriedenheitsformel: Zufriedenheit = Flow.[81] Das Gefühl des Flow stellt sich ein, wenn eine Aufgabe die ganze Konzentration erfordert, aber noch machbar ist. Ich habe dieses Gefühl beim Programmieren des Codes, mit dem die Ergebnisse dieses Buches berechnet sind. Schwuppdiwupp sind zwei Stunden verflogen, und ich habe es nicht gemerkt, weil ich so vertieft war (okay, ich brauche dazu auch eine Menge Kaffee). Man erlebt Flow ebenfalls bei Aktivitäten wie Skifahren, Tanzen oder Singen, bei allem, das man mit Hingabe und Aufbietung der gesamten Konzentration macht. Man ist dann ganz im Hier und Jetzt und nimmt nichts wahr außer der Aufgabe vor einem. Viele erleben diesen Flow am ehesten auf der Arbeit. Ich weiß, Arbeit ist oft langweilig. Doch viele werden dort mit Aufgaben konfrontiert, die ihre ganze Aufmerksamkeit erfordern. Und wenn das passiert, entsteht Flow, so dass Arbeit Menschen zufrieden machen kann, sehr zufrieden sogar.

Doch bis zu welchem Punkt steigt die Lebenszufriedenheit mit den Arbeitsstunden, und wann sinkt sie wieder, weil man überarbeitet ist? Das kommt erstaunlicherweise auf das Geschlecht an und darauf, ob man Kinder hat. Sehen Sie selbst, wie viel zufriedener ein Vater, eine Mutter, ein kinderloser Mann und eine kinderlose Frau sind, je nachdem, wie viel sie täglich arbeiten.

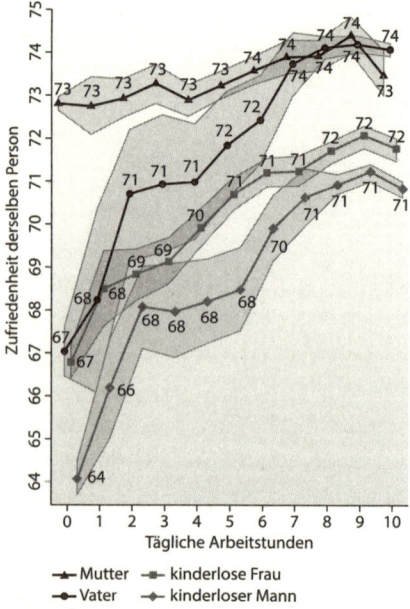

Grafik 26: Arbeitszeit

Besonders schlimm ist das Leben anscheinend für kinderlose Männer, die nicht arbeiten. Ihre Lebenszufriedenheit ist mit 64 von 100 Punkten am niedrigsten. Doch wenn derselbe kinderlose Mann mehr arbeitet, steigt seine Lebenszufriedenheit, bis sie bei neun Stunden täglicher Arbeit 71 Punkte erreicht. Derselbe kinderlose Mann ist also um 7 Punkte zufriedener, wenn er Vollzeit arbeitet statt gar nicht. Und das kann nicht daran liegen, dass Arbeitslose unzufriedener sind. Denn dann würde der gesamte Anstieg zwischen keiner und einer Stunde

Arbeitszeit liegen. Doch das ist nicht so. Vielmehr machen auch zwei statt einer Stunde Arbeit zufriedener oder sechs statt fünf. Je länger derselbe kinderlose Mann also arbeitet, desto zufriedener ist er, zumindest bis nach neun Stunden seine Zufriedenheit mit noch längerer Arbeitszeit wieder etwas zurückgeht. Eine typische kinderlose Frau ist nicht ganz so unzufrieden, wenn sie nicht arbeitet und wird deswegen auch nicht im selben Ausmaß zufriedener, wenn sie ihre Arbeitszeit steigert. Ihre Lebenszufriedenheit liegt aber immerhin auch um 5 Punkte höher (Anstieg von 67 auf 72), wenn sie täglich neun Stunden statt gar nicht arbeitet.

Ähnlich wie ein kinderloser Mann erlebt auch ein Vater einen starken Anstieg seiner Lebenszufriedenheit, wenn er seine Arbeitszeit erhöht. Arbeitet er gar nicht, liegt seine Zufriedenheit bei niedrigen 67 Punkten. Bei neun Stunden täglicher Erwerbsarbeit hat derselbe Vater hingegen eine maximale Lebenszufriedenheit von 74 Punkten, also extreme 7 Punkte mehr. Wieder liegt das nicht daran, dass Väter unzufrieden sind, wenn sie gar nicht arbeiten. Denn derselbe Vater ist auch 3 Punkte zufriedener, wenn er Vollzeit statt Teilzeit arbeitet. Insgesamt profitiert ein typischer Vater von langen Arbeitszeiten so sehr wie ein kinderloser Mann. Das ist komisch, schließlich hat er eine Familie, um die er sich kümmern könnte. Im Gegensatz zu dem beträchtlichen Anstieg an Lebenszufriedenheit, den ein länger arbeitender Vater erlebt, steht der Effekt für Mütter. Denn es gibt keinen. Schließlich steigt die Zufriedenheit von Müttern um maximal einen Punkt an, wenn sie länger arbeiten und dieser Unterschied ist statistisch kaum signifikant. Selbst in den jüngsten Jahren der Befragung zeigt sich: Im Gegensatz zu allen anderen sind Mütter nicht zufriedener, wenn sie länger arbeiten.

Und es wird noch merkwürdiger. Denn ebenfalls sind Frauen zufriedener, wenn ihr Partner länger aus dem Haus ist. Eine Mutter, deren männlicher Partner sehr kurz arbeitet, hat eine Lebenszufriedenheit von 72 Punkten. Diese steigt auf 75 Punkte, wenn der Vater ihrer Kinder sehr lange arbeitet. Eine kinderlose Frau ist ebenso 3 Punkte zufriedener, wenn ihr Partner länger arbeitet. Männer werden dahingegen nicht zufriedener oder unzufriedener, wenn ihre Partnerin länger oder kürzer arbeitet. Und noch komischer ist: Es bleibt selbst dann ein Effekt übrig, wenn ich das Einkommen rausrechne. Selbst wenn ein Vater durch längere Arbeit nicht mehr Einkommen hat, ist er also mit mehr Arbeit trotzdem zufriedener.

Wer findet, Mütter sollten sich beruflich genauso engagieren wie Väter, für den sind diese Ergebnisse ein Albtraum. Denn dieselbe Mutter wird höchstens einen Punkt zufriedener, wenn sie länger arbeitet. Das ist erstaunlich, wenn man bedenkt, wie aufgeheizt wir debattieren, ob es für Mütter besser ist, zu Hause zu bleiben oder zu arbeiten. Die Daten zeigen, dass es einfach egal ist, denn die positiven und negativen Effekte kürzerer und längerer Arbeitszeit heben sich für Mütter auf.

Doch erklärt sich der Zusammenhang von Arbeitszeit und Zufriedenheit möglicherweise durch irgendeinen anderen Einfluss, der sowohl hinter Arbeitszeit als auch Zufriedenheit steckt? An der Gesundheit liegt es schon mal nicht. Zwar ist klar, dass kranke Menschen sowohl weniger arbeiten als auch unzufriedener sind. Und es könnte ja sein, dass Männer besonders oft krank sind, wenn sie nicht arbeiten, während Frauen aus erfreulicheren Gründen zu Hause bleiben. Doch darum vergleiche ich nur Menschen mit demselben Gesundheitszustand. Auch könnten unterschiedliche Arbeitszeitmodelle die Lebenszufriedenheit beeinflussen. Vielleicht sind Mütter mit kürzeren Arbeitszeiten zufriedener, weil dies auch flexiblere Arbeitszeiten sind? Doch wessen Arbeitszeit einen festgelegten Beginn und Ende hat, der ist kaum zufriedener, als er es entweder mit wechselnden, selbstbestimmten Arbeitszeiten oder mit einem Arbeitszeitkonto war. Auch ist denkbar, dass es auf den Beruf ankommt. Doch selbst wenn ich nur Leute vergleiche, die im selben Beruf ihre Arbeitszeit ändern, bleibt das Ergebnis bestehen: Gerade Väter profitieren von längerer Arbeitszeit, Mütter nicht. Ebenso habe ich alles noch einmal mit Beobachtungen nach dem Jahr 2005 berechnet, wieder zeigen sich fast dieselben Ergebnisse. Es war also nicht nur in der ersten Hälfte des Beobachtungszeitraums von 1984 bis 2004 so, dass Eltern sich in nicht egalitären Haushaltsarrangements besser fühlten, sondern daran hat sich anscheinend bis heute wenig verändert. Selbst in den Daten nach 2010 sind Väter im Gegensatz zu Müttern zufriedener mit mehr Arbeitszeit. Hier kommt allerdings ein heißer Tipp, der das Ergebnis möglicherweise erklärt: Alleinerziehende Väter und Mütter profitieren kaum von längeren Arbeitszeiten.

Warum ist das so wichtig? Weil es zeigt, dass Väter nicht per se zufriedener sind, wenn sie länger arbeiten, sondern nur in Beziehungen, in denen sie mit ihren langen Arbeitszeiten die klassische Männerrolle ausfüllen können. Und falls Sie denken, dass das zu verrückt ist, um wahr zu sein: Die Ergebnisse bestehender Forschung gehen in dieselbe Richtung.[82] Es scheint also nicht wirklich wichtig zu sein, wie viel man arbeitet. Vielmehr scheint es Männern und Frauen besser zu gehen, wenn sie sich verhalten, wie es ihrem Geschlecht typischerweise zugeschrieben wird. Darum macht es auch einen riesigen Unterschied für die Lebenszufriedenheit von Männern und Frauen, wie sie sich die Arbeitszeit innerhalb ihrer Partnerschaft aufteilen. In Grafik 27 auf der folgenden Seite sehen Sie, wie zufrieden Männer und Frauen sind, je nachdem, wie viel der gesamten Arbeitszeit sie in ihrer Paarbeziehung übernehmen.

Wer hoffte, dass gleiche Aufteilung von Arbeitszeit Väter und Mütter zufrieden macht, der wird diese Daten nicht mögen. Denn sie zeigen, dass Väter am zufriedensten sind, wenn sie circa 80 Prozent der gesamten Erwerbsarbeit des Paares erledigen, wohingegen Mütter mit circa 20 Prozent der Erwerbsarbeit am zufriedensten sind. Richtig unglücklich sind Mütter, wenn sie mehr arbeiten als ihr Partner, und richtig unglücklich sind Väter, wenn sie kürzer arbeiten als ihre Partnerin. Nicht ganz so krass ist es für kinderlose Paare. Unter diesen sind Frauen am zufriedensten, wenn sie in etwa so lange arbeiten wie ihre Partner oder etwas weniger. Umgekehrt sind kinderlose Männer am zufriedensten, wenn sie etwa 70 Prozent der gesamten Arbeitszeiten des Paares erbringen. Wie immer könnten die Ergebnisse an vielen Störfaktoren liegen. Männer könnten bessere Berufe haben; sie

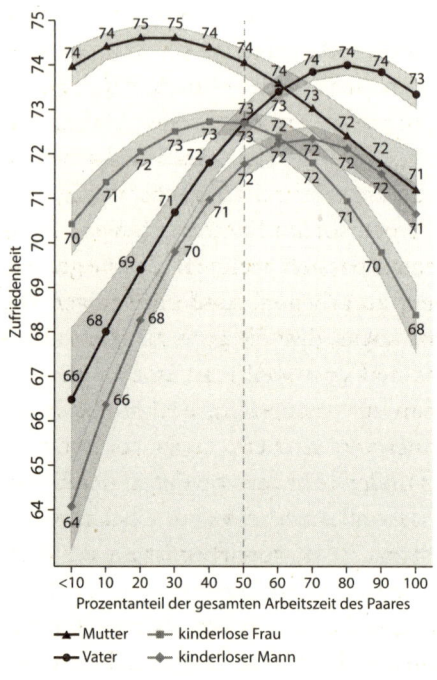

Grafik 27: Erwerbsarbeitszeit

könnten eher krank sein, wenn sie nicht arbeiten; sie könnten weniger Hausarbeit machen, oder sich weniger um die Kinder kümmern und deswegen zufriedener sein. Doch selbst wenn man all das herausrechnet, zeigt sich, dass Väter besonders zufrieden sind, wenn sie lange arbeiten, Mütter hingegen nicht.[83] Und wieder zeigt sich: In der jüngeren Vergangenheit ist dies genauso der Fall, wie wenn man weiter in die Vergangenheit zurückgeht.

Insgesamt ergibt sich, dass Väter und Mütter am zufriedensten sind, wenn der Mann circa viermal so lange arbeitet wie die Frau. Verblüffend ist, dass gerade die *ungleichmäßige* Aufteilung von Erwerbsarbeit zwischen Männern und Frauen beide zufriedener macht. Am zufriedensten sind Männer und Frauen demzufolge in einer sogenannten traditionellen Partnerschaft, in der Väter Vollzeit oder noch länger arbeiten und Frauen weniger als ihr Partner. Das ist sogar so, wenn es wirtschaftlich irrational ist, denn man findet es auch in den Haushalten, in denen die Frau mehr verdient als der Mann. Dabei sollten doch gerade gut verdienende Frauen *viel* arbeiten, wenn ein Haushalt sein Einkommen mit möglichst wenig Aufwand maximieren will. Doch sobald Frauen anfangen, mehr als ihr Mann zu verdienen, passiert vielmehr das Gegenteil, sie fangen nicht an, *mehr* zu arbeiten, sondern weniger. Die Wahrscheinlichkeit steigt sogar, dass sie ganz zu Hause bleiben. Stellen Sie sich das mal vor: Weil man eine Lohnerhöhung bekommt, hört man auf zu arbeiten, weil man mit seinem Erfolg seinen Partner verunsichert. Es ist vollkommen verrückt, doch Forscher finden es immer wieder in den Daten und erklären es damit, dass alle sich schlechter fühlen, wenn die Frau auf dem Arbeitsmarkt erfolgreicher ist als ihr Partner. Denn das verletzt eine weitverbreitete Norm, der zufolge ein Mann beruflich erfolgreicher sein sollte als seine Partnerin. Die Frau hört anscheinend oft lieber auf zu arbeiten, als gegen diese Norm zu verstoßen.[84]

Von Martin Seligman kann man noch einen Grund ableiten, warum Männer von langer Arbeitszeit mehr als Frauen
profitieren. Männer haben messbar weniger positiven Affekt
als Frauen. Vereinfacht gesagt bedeutet das, sie haben weniger
positive Emotionen. Sie sind deswegen nicht unzufriedener,
denn sie haben auch weniger negative Emotionen. Sie weinen
nicht nur seltener vor Freude, sondern sind auch nur halb so
oft depressiv. Doch wie wird man mit weniger positiven Emotionen zufrieden? Es gibt eine zweite Zufriedenheitsquelle,
die man anzapfen kann: Flow. Flow braucht, wie oben beschrieben, gerade keine Emotion, sondern die Abwesenheit
von Gefühlen. Flow ist ja gerade das vollständige Aufgehen
in einer Tätigkeit, bei der man nicht über seine Gefühle nachdenkt, sondern voll bei der Sache ist. Erst danach hat man ein
befriedigendes Gefühl, weil man so vertieft war.[85] Da Männer weniger positiven Affekt und damit direkten Zugang zu
Glück haben, kann es sein, dass sie mehr auf Flow setzen müssen, um zufrieden zu sein, und Flow findet man eher in der

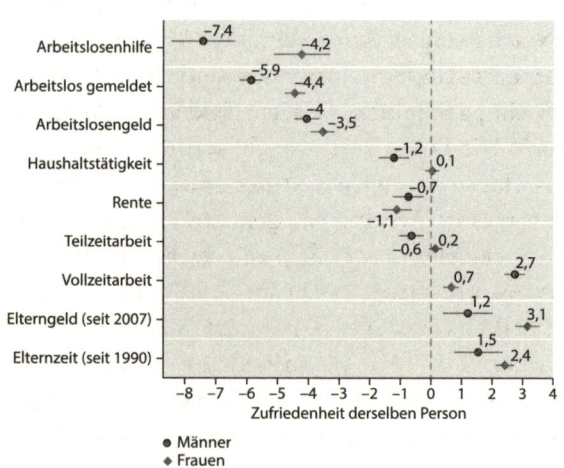

Grafik 28: Arbeitsmarktsituation

Arbeit als in der Freizeit, was ein Grund sein könnte, warum Arbeit für Männer wichtiger als für Frauen ist. Ich kann das allerdings nicht direkt von den Daten ableiten. Es ist eine Interpretation.

Haben Sie Ihre Kinnlade wiedergefunden und können trotzdem noch nicht glauben, dass Väter durch Arbeit glücklich werden, Mütter aber nicht? Dann illustriere ich Ihnen an noch einem Beispiel, wie viel wichtiger Arbeit für Männer ist. In Grafik 28 sehen Sie, wie viel zufriedener oder unzufriedener derselbe Mann und dieselbe Frau werden, wenn sie in Arbeitslosigkeit rutschen, Teilzeit oder Vollzeit arbeiten, in Rente gehen oder Elternzeit nehmen.

Wenn ein Mann Arbeitslosenhilfe kriegt oder arbeitslos gemeldet ist, geht es ihm extrem viel schlechter als vorher und auch weitaus schlechter als einer Frau, die arbeitslos wird. Während ein Mann durch dauerhaftere Arbeitslosigkeit 6 bis 7 Zufriedenheitspunkte verliert, sind es bei einer Frau unter 5. Besonders schlimm ist, dass Menschen sich zwar an vieles gewöhnen, beispielsweise an eine Heirat und sogar den Verlust des Partners, wie Sie oben gesehen haben. Doch Männer gewöhnen sich kaum an Arbeitslosigkeit. Vielmehr bleiben sie unzufriedener, solange sie arbeitslos sind. Frauen hingegen sind nach ein paar Jahren Arbeitslosigkeit fast so zufrieden wie zuvor.[86] Die Daten zeigen auch, wie ein Mann typischerweise als Hausmann unzufriedener wird, im Gegensatz zu Frauen, denen es im Arbeitsleben genauso gut geht wie als Hausfrau. Auch ein Mann, der eine Teilzeitarbeit beginnt, ist danach etwas unzufriedener, wieder im Unterschied zu einer Frau, die mit Teilzeitarbeit genauso zufrieden ist wie ansonsten. Ein Mann ist fast 3 Punkte zufriedener, wenn er einen Vollzeitjob hat, wohingegen eine Frau kaum davon profitiert.

Dasselbe Ergebnis zeigt sich insofern immer wieder: Männer sind zufriedener, wenn sie mehr arbeiten, und unzufriedener, wenn sie beruflich weniger gebraucht werden. Bei Frauen und gerade Müttern sieht man dies sehr viel weniger. Es kommt aber auch darauf an, warum man die Arbeitszeit reduziert. Wie man sieht, geht es einem Mann durchaus besser, wenn er vor 2007 Elternzeit oder seit 2007 das neue Elterngeld in Anspruch genommen hat. Seine Zufriedenheit steigt währenddessen zwar nicht so sehr wie die einer Frau, aber immerhin. Männer, die für ihre Kinder freiwillig zu Hause bleiben, sind also durchaus zufriedener. Doch abgesehen davon lassen die Daten den Schluss zu, dass ein typischer Mann immer dann zufriedener ist, wenn er länger arbeitet, und unzufriedener, wenn er kürzer arbeitet.

3.6 Gebildetere Menschen sind zufriedener, aber nicht viel

Ich bin der Einzige, der gegen mehr Bildung ist. Wie komme ich zu dieser schrulligen Haltung? Ich habe viele wunderbare Studierende. Doch viele beschweren sich auch: Was sie an der Uni lernen, sei zu abstrakt. Diese oft schlauen Köpfe sehen nicht ein, warum sie merkwürdige Berechnungsmethoden lernen, um noch merkwürdigere Theorien an supermerkwürdigen Themen wie international vergleichender Arbeitsmarktpolitik zu überprüfen. Sie möchten lieber etwas Praktisches lernen, beispielsweise wie man ein Kinderheim leitet, anderen Menschen hilft oder eine politische Bewegung startet. Und sie haben vollkommen recht. Denn wenn sie mich fragen, was sie mit international vergleichender Arbeitsmarktpolitik in ihrem Berufsleben anfangen sollen, kann ich nur antworten: wahrscheinlich nichts. Ich will Menschen aber auch gar nicht für einen Beruf ausbilden. Denn ich bin Wissenschaftler und kann ihnen nur Sozialwissenschaften beibringen, nicht wie man ein Kinderheim leitet, anderen Menschen hilft oder eine politische Bewegung startet.

Wenn Studierende merken, dass sie an der Uni kaum etwas lernen, was ihnen im Beruf direkt nützt, ist es schon zu spät, denn dann sind sie bereits mittendrin. Dabei hätte das deutsche Bildungssystem ihnen mit einer Ausbildung oder einem Fachhochschulstudium geben können, was sie an der Uni vergebens suchen: eine Ausbildung, die sie konkret auf einen Beruf vorbereitet, statt sie Wissenschaftler werden zu lassen. Doch wenn man diese Chance in den Wind schlägt, um sich stattdessen die theoretischste aller Ausbildungsmöglichkeiten auszusuchen, dann, Überraschung, wird man eben auch eine ziemlich theoretische Ausbildung bekommen, die gerade nicht auf einen Beruf vorbereitet. Ich denke, wer an der Uni Physik studiert, sollte sich erst mal für Physik interessieren, nicht dafür, welche Position er später als Physiker einnimmt. Und wer Soziologie studiert, sollte sich eben für Soziologie interessieren, zumal es den Beruf des Soziologen sowieso nicht gibt. Meine Erfahrung ist, dass Studierende, die sich auf ihr Studium einlassen, also tief in die Materie eintauchen, später sowieso ziemlich erfolgreich sind, beispielsweise als Datenanalyst. Es scheitern vor allem diejenigen, die sich im Studium immer fragen, was ihnen das konkret für ihren Beruf bringt. Aber von 100 Studierenden scheint es circa 80 so zu gehen.

Woran ich das merke? Auf 80 Nachfragen von Studierenden, ob sie ihre Hausarbeit etwas später oder kürzer abgeben dürfen, kommen vielleicht 20 inhaltliche Nachfragen. Den meisten scheint es eher darum zu gehen, mit wenig Aufwand durchs Studium zu kommen, als möglichst viel zu lernen. Das ist nicht nur für mich deprimierend. Noch schlimmer stelle ich es mir für die Studierenden vor, die insofern anscheinend jede neue Aufgabe im Studium nicht als Lernmöglichkeit sehen, sondern eher als Hürde, über die sie irgendwie rübermüssen. Wenn ich damit recht habe, ist etwas schiefgelaufen. Aber was?

Vor 20 Jahren hat ein Drittel eines Altersjahrgangs studiert. Heute sind es fast 60 Prozent, also fast doppelt so viele. Das wäre kein Problem, wenn die Studierenden zufrieden mit einem Studium wären. Doch die meisten scheinen dort eben falsch aufgehoben, was vor allem ihnen selbst schadet. Aber warum machen sie es dann?

Ein Student hat mir erzählt, wie er als Mechatroniker reihenweise Abfuhren bekam, sobald er Frauen von seinem Beruf erzählte. Seit er erwähnt, Gesellschaftswissenschaftler zu sein, laufe es bedeutend besser. Das ist schade, und schade ist auch, dass er eigentlich schon immer Autos reparieren wollte, sich nun aber damit beschäftigen muss, ob Granovetters soziologische Kritik an der über- und untersozialisierten Sichtweise des Menschen zutrifft und ob man Länder in Multilevelregressionen besser clustern oder als Dummyvariablen kodieren sollte (nebenbei: Das sind tatsächlich ganz normale Fragestellungen). Wie gesagt, niemand muss sich für so merkwürdige Fragen interessieren. Umso trauriger ist jedoch, wenn man in eine Ausbildung gedrängt wird, in der es pausenlos darum geht.

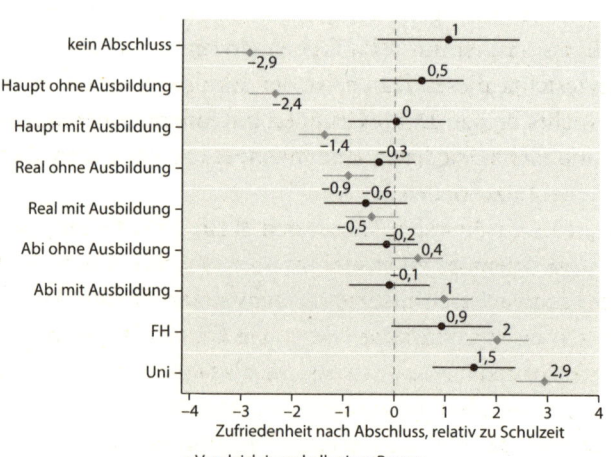

Grafik 29: Schulabschluss

Aber ich kann Ihnen viel erzählen. Wir haben ja nun schon oft genug erlebt, dass die Fakten anders aussehen.

Darum zeigen in Grafik 29 die schwarzen Balken, ob dieselbe Person zufriedener als während ihrer Schulzeit ist, nachdem sie einen bestimmten Abschluss hat. Die grauen Balken zeigen, ob jene Menschen, die einen bestimmten Abschluss haben, zufriedener oder unzufriedener sind als Schüler. Die schwarzen Balken zeigen also, ob eine Ausbildung dieselbe Person zufriedener macht. Die grauen Balken zeigen, ob die Gruppe derer, die eine bestimmte Ausbildung hat, zufriedener ist als die Gruppe der Schüler.

Wie die Grafik illustriert, habe ich mit meiner Vermutung gründlich danebengelegen. Denn die grauen Balken zeigen, dass Menschen ohne Schulabschluss fast 3 Punkte unzufriedener sind als die Gruppe der Schüler. Wichtig ist, dass diese Menschen ihre geringere Zufriedenheit nicht nur direkt nach ihrem Schulabgang, sondern ihr Leben lang mit sich herumtragen, solange sie keinen Abschluss erwerben. Je höher hingegen der Abschluss ist, den Menschen haben, desto zufriedener sind sie mit ihrem ganzen Leben. Wer beispielsweise einen Uniabschluss hat, ist um 3 Punkte zufriedener, als Schüler es sind. Angesichts dieser Daten ist der Eindruck falsch, dass Bildung nichts bringt. Denn Gruppen mit einem höheren Abschluss sind viel zufriedener, jene mit einem schlechteren sind hingegen viel unzufriedener.[87]

Doch ist auch dieselbe Person den Rest ihres Lebens zufriedener, nachdem sie einen bestimmten Abschluss hat? Das zeigen die schwächeren Effekte der schwarzen Balken. Unter ihnen ist nur einer signifikant: Wer einen Uniabschluss hat, ist 1,5 Punkte zufriedener, als er selbst es als Schüler war.

Man kann es also so zusammenfassen: Besser gebildete Menschen sind generell zufriedener. Und zumindest bei einer Hochschulausbildung könnte dies ein kausaler Effekt sein, denn dieselbe Person ist nach ihrem Uniabschluss dauerhaft zufriedener, als sie es selbst als Schüler war. Woran liegt das? Es liegt nicht am Studienfach. Denn nach dem Studium ist man zufriedener, unabhängig davon, was man studiert hat. Im Wesentlichen liegt es am Einkommen, das man durch ein Studium erzielt. Wenn ich nur jene besser und schlechter gebildeten Menschen vergleiche, die gleich viel verdienen, sind alle fast gleich zufrieden, unabhängig von ihrer Bildung. Das heißt: Dieselbe Person ist zufriedener, wenn sie einen Universitätsabschluss hat, jedoch nur, insofern sie dadurch auch mehr verdient. Das ist im Wesentlichen auch das Ergebnis bisheriger Studien.[88] Ich muss also meine Vorurteile über Bord werfen. Gerade ein Studium scheint ein guter Weg zu sein, die eigene Lebenszufriedenheit zu erhöhen, vor allem wenn man dadurch mehr verdient. Ich hätte es schöner gefunden, wenn ein Studium auch als Selbstzweck zufriedener macht. Doch ich kann es nur immer wieder sagen: Die Daten zeigen nicht die Welt, die wir uns wünschen, sondern die Wirklichkeit. Nachdem wir jetzt wissen, wie viel Geld man verdienen sollte und ob sich Bildung lohnt, schauen wir uns an, ob sparen etwas bringt.

3.7 Mehr als ein Viertel seines Einkommens zu sparen bringt wenig

Meine Freundin hat sich immer beschwert, dass wir nicht in eine größere Wohnung umziehen. Ich hielt das für Geldverschwendung. Denn weil wir so wenig Miete zahlten, konnte ich fast 40 Prozent meines Einkommens sparen. Irgendwann kam mir das allerdings sinnlos vor. Wer immer nur spart, erhöht schließlich auch nur eine Zahl auf seinem Kontoauszug, bis er irgendwann tot umfällt. Doch gibt Vermögen nicht auch Sicherheit? Immer am Limit meiner finanziellen Möglichkeiten zu leben und alles auszugeben fand ich jedenfalls auch nicht erstrebenswert.

Sparen ist also sinnlos, verprassen aber auch. Und keiner kann sagen, was ein gutes Mittelmaß ist. Wir können allerdings berechnen, ob es Menschen besser geht, wenn sie mehr oder weniger sparen. Dabei vergleiche ich wieder dieselbe Person im selben Alter mit demselben Einkommen. Denn ansonsten könnte es ja sein, dass Leute einfach mehr sparen, weil sie älter sind oder mehr Einkommen haben.

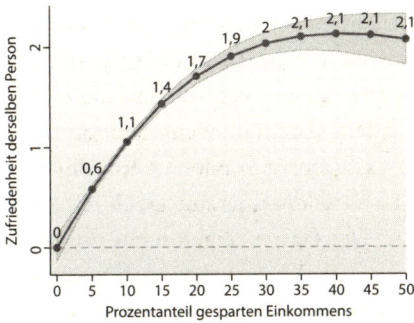

Grafik 30: Sparen

Sie sehen hier, wie die Zufriedenheit derselben Person tatsächlich höher ist, wenn sie einen größeren Anteil ihres Einkommens spart, bis der Zusammenhang abflacht. Sparen geht also wirklich mit höherer Zufriedenheit einher. Doch wer mehr als circa 30 Prozent seines Einkommens spart, wird dadurch nicht mehr signifikant zufriedener. Tatsächlich sparen die Deutschen im Mittel etwa 14 Prozent ihres Einkommens. Ein typischer Deutscher könnte damit weniger als einen Zufriedenheitspunkt gewinnen, wenn er noch mehr spart. Andere Untersuchungen zeigen ebenfalls, dass Menschen zufriedener sind, wenn sie mehr sparen. Doch der Zusammenhang könnte auch umgekehrt sein: Nicht wer mehr spart, ist zufriedener, sondern wer zufriedener ist, dem fällt es leichter zu sparen, beispielsweise weil er nicht aus Frust einkauft.[89]

Zumindest können die Effekte nicht an unterschiedlichem Einkommen oder Alter liegen, denn die sind rausgerechnet. Es ist auch nicht so, dass Sparen vor allem jungen oder alten Menschen etwas bringt. Vielmehr zeigt sich ein positiver Effekt sowohl für Menschen über 40 wie unter 60 Jahren. Egal, wie viel Geld man hat und wie alt man ist: Wenn man bis circa 30 Prozent seines Einkommens spart, ist man zufriedener. Auch kann man nicht sagen, dass Sparen vor allem etwas bringt, wenn man besonders viel oder wenig Geld hat. Tatsächlich sind sogar Menschen in der unteren Hälfte der Einkommensverteilung als Sparer noch ein klein wenig zufriedener als Menschen in der oberen. Aber der Unterschied ist marginal. Wobei es in jedem Fall darauf ankommt, einen Anfang zu machen. 10 statt 0 Prozent zu sparen bringt einen Zufriedenheitspunkt, 40 statt 30 Prozent nur noch circa ein Zehntel davon.

Es kommt auch darauf an, wofür man spart. Die Daten zeigen: Wer auf etwas Konkretes und Erfreuliches spart, wie einen Urlaub oder ein Eigenheim, ist zufriedener. Doch wer nur für unvorhergesehene Ereignisse spart oder um es einmal zu vererben, der ist kaum zufriedener. Es geht also darum, einen konkreten Nutzen mit dem Sparen zu verbinden, statt Geld zurückzulegen, ohne zu wissen, warum.

3.8 Sollten Sie Ihren Job verlassen?
Es kommt darauf an, warum

Wirtschaftswissenschaftler haben nicht alle Tassen im Schrank. Das sage ich nicht, weil ich mich zu schlecht in Mathe fühlte, um Wirtschaftswissenschaften zu studieren (obwohl das stimmt), sondern weil wirtschaftswissenschaftliche Annahmen oft so bizarr sind, dass sie keine Konfrontation mit der Realität überstehen. Ein Beispiel? Klassischerweise vermuten Ökonomen, Arbeitslosigkeit sei freiwillig.[90] Doch kaum ein Arbeitsloser kann das bestätigen. Wie kommt man zu einer Annahme, die der Lebenswirklichkeit so eklatant widerspricht? Wirtschaftswissenschaftler argumentieren, dass es eigentlich Jobs für alle gibt. Nur eben nicht zu dem Lohn, zu dem Menschen sie auch machen wollen. Jeder könnte also einen Job finden, wenn er nicht den Anspruch hätte, davon leben zu können. Insofern ist Arbeitslosigkeit freiwillig, denn die Arbeitslosen entscheiden ja freiwillig, zu dem angebotenen Lohn nicht zu arbeiten.

Darum waren Ökonomen verdutzt, als die Zufriedenheitsforschung zeigte, dass Arbeitslose sehr unzufrieden sind. Denn wenn Arbeitslosigkeit freiwillig ist, dürften Arbeitslose nicht unzufriedener sein, schließlich entscheidet sich niemand freiwillig für Unzufriedenheit. Doch über wenig ist sich die Zufriedenheitsforschung so einig wie über den desaströsen Effekt von Arbeitslosigkeit auf Lebenszufriedenheit.[91] Wer offiziell arbeitslos gemeldet ist, dessen Lebenszufriedenheit ist um extreme 6,4 Punkte niedriger. Selbst wer nach dem Verlust seiner Arbeit noch genau so viel Geld hat wie vorher, ist immer noch 4 Punkte unzufriedener. Man ist also als Arbeitsloser nicht mal unzufriedener, weil man weniger Geld hat.[92] Umgekehrt können Sie Menschen sogar in Arbeitsbeschaffungsmaßnahmen stecken, denn solange sie nicht arbeitslos sind, sind sie zufriedener, selbst wenn sie keinen richtigen Job haben.[93] Eines ist jedoch wirklich dran an der bizarren Theorie der freiwilligen Arbeitslosigkeit: Unzufriedener ist man nur, wenn man seinen Job nicht freiwillig verlassen hat. Sehen Sie selbst: Die folgende Grafik zeigt, wie zufrieden Menschen sind, je nachdem, warum sie ihren Job verlassen haben.

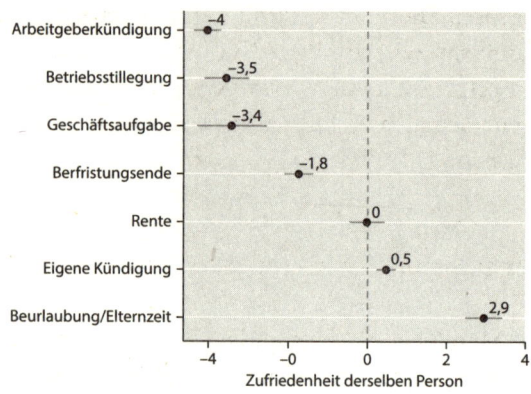

Arbeitgeberkündigung	−4			
Betriebsstillegung	−3,5			
Geschäftsaufgabe	−3,4			
Berfristungsende	−1,8			
Rente		0		
Eigene Kündigung		0,5		
Beurlaubung/Elternzeit			2,9	

Zufriedenheit derselben Person

Grafik 31: Gründe für Jobende

Arbeitslosigkeit scheint tatsächlich also umso schlimmer, je unfreiwilliger sie ist. Wer von seinem Arbeitgeber gekündigt wurde, ist durch den Verlust von 4 Punkten sehr viel unzufriedener. Wer sein Geschäft aufgeben musste oder wessen Betrieb stillgelegt wurde, ist um etwa 3,5 Punkte unzufriedener, und wessen Job ausgelaufen ist, noch um fast 2 Punkte. Auch wenn Arbeitslosigkeit vorhersehbar ist, verliert sie also nicht ihren Schrecken.

Doch nicht jede Art von Berufsabgang führt in die Unzufriedenheit. Wer in Rente gegangen ist, ist genauso zufrieden wie vorher; wer selbst gekündigt hat, sogar etwas zufriedener, und wer beurlaubt ist oder in Elternzeit geht, ist sogar um 2,9 Punkte zufriedener. Die verrückte Annahme, Arbeitslosigkeit sei freiwillig, verdeckt also den wichtigsten Unterschied: Wenn Arbeitslosigkeit freiwillig ist, ist sie auch kein Problem, aber in den vielen unfreiwilligen Fällen, senkt sie die Zufriedenheit enorm. Wer unzufrieden mit seinem Job ist, sollte sich also nicht davon abschrecken lassen, dass Arbeitslosigkeit Gift für die Zufriedenheit ist. Denn ja, Gekündigte sind unzufriedener. Wer allerdings selbst geht, dem geht es danach nicht schlechter. Die Forschungsliteratur bestätigt das: Arbeitslosigkeit macht zwar unzufrieden, jedoch nur, wenn man unfreiwillig gegangen sind.[94] Doch wann sollte man seinen Job verlassen? Schauen wir uns dazu an, was an einem Job wirklich belastend ist.

3.9 Welche Jobbelastung ist schlecht?

Im Studium war Marek ein cooler Typ. Doch heute hat er oft miese Laune, denn seine Jobprobleme lassen ihn nicht los: zu wenig Sicherheit, zu viel zu erledigen, kaum Aufstiegsmöglichkeiten. Mein Freund Peter beklagt sich zwar auch über die Unsicherheit seines Jobs, seine Anspannung und Aufopferung, obwohl er eigentlich nur Geld verdienen will. Doch seine Sorgen scheinen ihm weniger auf die Laune zu schlagen. Kann man das verallgemeinern? Welche Probleme sind im Job wirklich belastend und welche nicht? Zum Glück hat das SOEP Menschen gefragt, wie sehr einzelne Aspekte ihres Jobs sie bedrücken. Davon musste ich noch rausrechnen, welche Jobs sie tatsächlich haben. Denn wer sich über bestimmte Aspekte seines Jobs beschwert, tut das möglicherweise nur, weil er tatsächlich einen schlechteren Job hat. In diesem Fall bedingt nicht die Sorge im Job, sondern der Job an sich die niedrigere Zufriedenheit. Die folgende Grafik zeigt deswegen, ob dieselbe Person unzufriedener ist, wenn eine bestimmte Belastung angestiegen ist, obwohl der Job an sich gleich geblieben ist. Dabei zeige ich immer den Effekt einer sogenannten Standardabweichung. Das ist der typische Unterschied zwischen zwei Messungen.

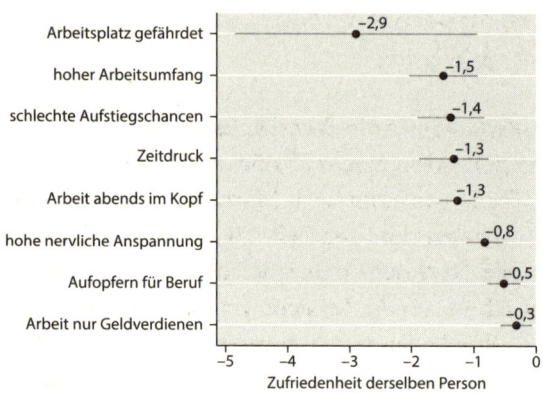

Arbeitsplatz gefährdet			−2,9		
hoher Arbeitsumfang				−1,5	
schlechte Aufstiegschancen				−1,4	
Zeitdruck				−1,3	
Arbeit abends im Kopf				−1,3	
hohe nervliche Anspannung					−0,8
Aufopfern für Beruf					−0,5
Arbeit nur Geldverdienen					−0,3

Zufriedenheit derselben Person

Grafik 32: Jobbelastung

Manche Jobsorgen sind für das eigene Wohlergehen tatsächlich viel wichtiger als andere. So ist es keine Überraschung, dass Mareks Jobprobleme ihn zum Grantler gemacht haben. Denn seine Beschwerden beeinflussen die Lebenszufriedenheit tatsächlich am negativsten. Wer stärkere Arbeitsplatzsorgen hat, wird um fast 3 Punkte unzufriedener. Ein zu hoher Arbeitsumfang und schlechtere Aufstiegschancen senken die Lebenszufriedenheit ebenfalls um circa 1,4 Punkte. Es ist auch kein Wunder, dass Peters Jobprobleme ihn weniger verfolgen. Denn wer seinen Job nur zum Geldverdienen macht oder sich sogar dafür aufopfert, verliert höchstens einen halben Zufriedenheitspunkt.

Wenn Sie also Sorgen um Ihren Arbeitsplatz haben, Ihr Arbeitsumfang sehr hoch ist, Sie schlechte Aufstiegschancen haben, Ihnen die Arbeit nie aus dem Kopf geht oder Sie ständig Zeitdruck haben, dann ist Ihre Lebenszufriedenheit tatsächlich niedriger, zumindest wenn Sie so ticken wie andere Leute. Wenn Sie allerdings Ihren Job nur zum Geldverdienen machen oder sich umgekehrt dafür aufopfern, dann ist das für Ihre Lebensqualität gar nicht so schlimm. Und noch etwas ist am Job nicht so schlimm, wie uns weisgemacht wird: Pendeln.

3.10 Pendeln ist nicht so schlimm, wie Ihnen erzählt wird

Von der *Süddeutschen* über die *Wirtschaftswoche* bis zur *FAZ* sind sich alle einig: Pendeln macht unglücklich. Ich pendele mit dem Zug jede Woche von Köln nach Marburg. Doch ich finde das eigentlich ganz angenehm, zumindest wenn die Bahn pünktlich ist. Als ich die Nachricht immer wieder hörte, fragte ich mich allerdings schon, ob die Pendelei vielleicht negativer ist, als mir klar war. Wir haben ja schon gesehen, dass Menschen oft nicht merken, was sie zufrieden oder unzufrieden macht. Vielleicht betröge ich mich selbst? Vielleicht wäre ich zufriedener, wenn ich das Pendeln lasse? Und zack, wer sucht, wird fündig: Die *Wirtschaftswoche* meint, Pendler betrügen sich selbst.[95]

Diese Berichterstattung stützt sich auf einen Artikel, den der Nobelpreisträger Daniel Kahneman in der weltweit anerkanntesten Wissenschaftszeitschrift veröffentlichte. Dazu bat er Menschen, sich zu erinnern, was ihnen vor Kurzem am besten und schlechtesten gefiel. Pendeln bekam die wenigsten positiven Gefühle. Daraufhin berechneten die Wirtschaftswissenschaftler Stutzer und Frey, dass auch Deutsche unzufriedener sind, wenn sie mehr pendeln. Die Effekte waren allerdings schon damals nur mittelmäßig. Wer mehr als 50, statt weniger als 10 Minuten pendelt, war um 2 Punkte unzufriedener. Dieses Ergebnis gefiel den beiden jedoch so gut, dass sie es gleich mehrmals veröffentlichten. Das gilt in der Wissenschaft als Eigenplagiat und ist streng verboten; Bruno Frey verlor deswegen seine Professur.[96] Doch schon war die Nachricht in aller Munde. Und als ob es nicht schlimm genug wäre, seine eigenen Ergebnisse zu kopieren, waren diese auch noch falsch, wie meine Berechnungen zeigen. Dazu habe ich voll- und teilzeitbeschäftigte Befragte in zehn gleich große Gruppen aufgeteilt, je nachdem, wie weit sie pendeln. Sehen Sie selbst, ob dieselbe Person unzufriedener ist, wenn sie länger pendelt:

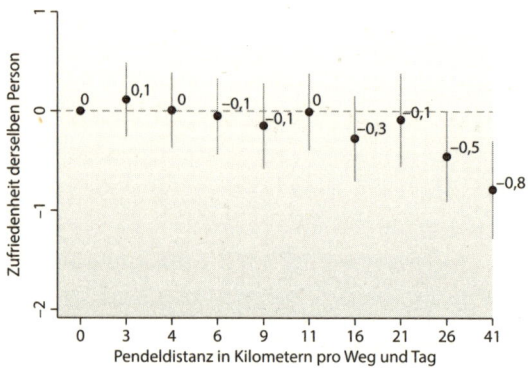

Grafik 33: Pendeldistanz

Ein vermeintlich negativer Effekt des Pendelns auf die Lebenszufriedenheit kommt nur durch die extremsten 10 Prozent der Fälle zustande, wenn eine Person mehr als 41 Kilometer pendelt. Und selbst dann ist man nicht mal einen Punkt unzufriedener in Jahren, in denen man pendelt. Da man die Pendeldistanz morgens und abends zurücklegen muss, ist man also erst unzufriedener, wenn man mehr als 80 Kilometer täglich pendelt.

Doch vielleicht ist nicht die reine Entfernung das Problem, sondern die Pendeldauer? Schließlich schafft man die circa 200 Kilometer von Köln nach Frankfurt mit der Bahn in rund einer Stunde, genauso schnell wie die mickrigen 17 Kilometer von Friedrichshain zur Freien Universität in Berlin. Zur Pendeldauer gibt es weniger Daten als zur Pendeldistanz, so dass ich keinen Vergleich mit derselben Person durchführen kann, sondern nur zwischen Gruppen. Doch auch dann zeigt sich: Die Pendeldauer geht nur schwach mit der Lebenszufriedenheit einher. Nur wer länger als 50 Minuten hin und nochmal so lange zurück pendelt, ist mehr als einen Punkt unzufriener, in dem Fall 1,7 Punkte. Sehen Sie selbst:

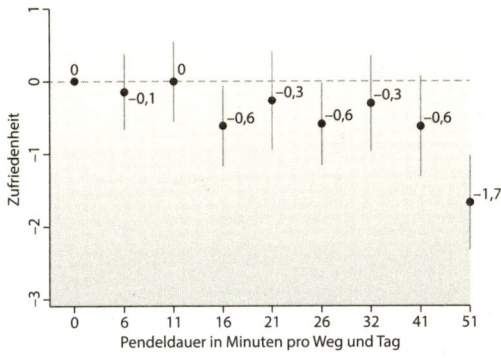

Grafik 34: Pendeldauer

Auch hier zeigt sich also kein nennenswerter Effekt. Dass Pendeln nennenswert schädlich ist, trifft auch nicht je nach Geschlecht oder Familienstatus zu. Egal ob Mann oder Frau mit oder ohne Kinder: Zu pendeln hat einfach nicht den stark negativen Effekt, der immer wieder vermutet wird. Vielleicht hängt der negative Effekt mit einem bestimmten Verkehrsmittel zusammen? Laufen oder Radfahren mag noch angenehm sein. Doch wer Auto oder Bahn fährt, könnte schon viel genervter sein. Auch hier zeigt sich allerdings: Pustekuchen. Es gibt einfach keine eindeutigen Effekte. Das deckt sich zwar nicht mit Zeitungsberichten, aber mit der neuesten Forschung, welche ebenfalls zeigt, dass Probleme erst ab 80 Kilometer Pendeldistanz anfangen.[97] Lassen Sie sich also nicht verrückt machen. Sie haben in den Medien zwar wahrscheinlich das Gegenteil gelesen. Doch solange Sie nicht vom Pendeln genervt sind, gibt es eigentlich keinen Beleg, für dessen Schädlichkeit, außer wenn es extrem lang ist. Doch dafür müssten Sie über 80 Kilometer oder zwei Stunden täglich unterwegs sein.

117

4 Freizeit und Freunde

4.1 Bis zu drei Stunden tägliche Freizeit bringen etwas, danach wird es schwierig

Jeder will Freizeit. Was kann man auch gegen »freie Zeit« haben? Entsprechend konnte ich mein Glück nicht fassen, als meine ersten Semesterferien anfingen. Erst später erfuhr ich, dass es eigentlich nicht Semester*ferien* heißt, sondern vorlesungsfreie Zeit, in der man sich sinnvoll beschäftigen soll, mit Praktika, Hausarbeiten und Klausuren. Im ersten Monat merkte ich nicht, wozu das wichtig sein sollte. Endlich konnte ich machen, wozu ich jahrelang nicht gekommen war. Doch irgendwann hatte ich alle aufgeschobenen Bücher gelesen, Freunde getroffen und *Command & Conquer*-Computerspiele durchgezockt. Ich machte Bekanntschaft mit einem mir bisher unbekannten Problem: zu viel Freizeit. Ich … konnte … mich … zu … nichts … mehr … motivieren. Im zweiten Monat stand ich immer erst gegen 13:00 Uhr auf, machte mir ein Mirácoli-Nudelgericht und philosophierte, ob das mein Frühstück oder Mittagessen war. Das erschöpfte mich intellektuell so sehr, dass ich den Rest des Tages im Schlafanzug vor Computerspielen verbrachte, die mich mittlerweile langweilten. Um sechs Uhr morgens ging ich ins Bett, ohne zu wissen, wieso schon wieder 15 Stunden vorbei waren. Das Highlight meines dritten Monats bestand darin, Mirácoli mit Käse- statt Tomatensoße zu entdecken. Wie war ich da hineingeraten? Aufgrund der Freizeit, die ich immer wollte, mutierte ich zurück zum antriebslosen Teenager.

Im nächsten Semester erklärte mir die 1933 erschienene soziologische Studie *Die Arbeitslosen von Marienthal* meine Freizeitverwahrlosung. Darin beobachteten die legendären Sozialforscher Marie Jahoda, Paul Lazarsfeld und Hans Zeisel, was mit Menschen passiert, die zu viel Freizeit haben. Denn als die einzige große Fabrik des Ortes schloss, wurden viele arbeitslos, und die Folgen waren so ähnlich wie bei mir. Männer kamen besonders schlecht mit der freien Zeit zurecht. Sie gingen langsamer, starrten ins Nichts, wurden apathisch. Begeisterung empfanden sie erst, als sie von den Nationalsozialisten hörten, denn die gaben ihnen endlich wieder was zu tun.[98] Damit zeigte diese Studie erstmals empirisch, wie Freizeit zum Problem werden kann. Aber was ist die goldene Mitte? Wie viel Freizeit braucht man, und wann wird es zu viel? Sehen Sie selbst, wie zufrieden dieselbe Person ist, je nachdem, wie viel Freizeit sie an einem Wochentag hat:

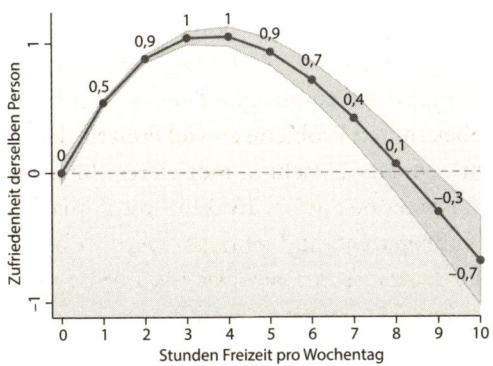

Grafik 35: Freizeit wochentags

Dieselbe Person ist also typischerweise einen Punkt zufriedener mit drei bis vier Stunden Freizeit pro Wochentag. Der größte Zuwachs an Lebenszufriedenheit kommt schon durch die erste und zweite Stunde. Doch sehen wir hier wirklich den

Effekt von Freizeit auf Zufriedenheit, oder kommen die Ergebnisse beispielsweise daher, dass man als Arbeitsloser viel Freizeit hat, jedoch wegen der Arbeitslosigkeit unzufrieden ist? Solche Probleme habe ich rausgerechnet, indem ich dieselbe Person im selben Beschäftigungsverhältnis vergleiche. Wie viel man auch arbeitet, drei bis vier Stunden täglicher Freizeit scheinen also die optimale Mischung zwischen Erholung und Lotterleben zu sein. Mit acht Stunden Freizeit ist man dahingegen genauso unzufrieden wie mit gar keiner. Hat man sogar zehn Stunden Freizeit oder mehr, geht es einem immer schlechter. Kein Wunder also, dass ich mich zum depressiven Teenager zurückverwandelte. Am Wochenende sieht es anders aus. Dann macht mehr Freizeit zwar ebenfalls irgendwann nicht mehr zufriedener, aber immerhin auch nicht unzufriedener. Sehen Sie selbst:

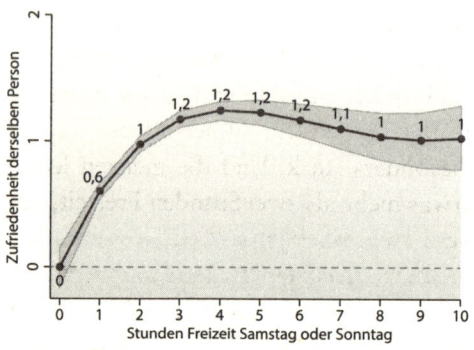

Grafik 36: Freizeit wochenends

Am Wochenende ist es, ebenso wie unter der Woche, vor allem wichtig, überhaupt Freizeit zu haben. Ein oder zwei Stunden bringen schon viel. Doch je mehr Freizeit man hat, desto unwichtiger wird jede zusätzliche Stunde. Ab circa drei Stunden bringt noch mehr Freizeit nichts. Zwischen Männern und Frauen unterscheidet sich dies nicht großartig, und auch im Gruppenvergleich zeigt sich: Etwas Freizeit ist super, doch immer mehr bringt immer weniger.

Untersuchungen anderer Wissenschaftler bestätigen, dass circa zwei Stunden Freizeit ausreichen und es danach sogar abwärtsgehen kann. Denn mit weniger Freizeit beschreiben Menschen sich als gestresst, mit mehr Freizeit als unproduktiv.[99] Insofern spricht einiges dafür, dass zwei bis vier Stunden optimal sind, um sich weder gestresst noch verlottert zu fühlen. Studien zeigen, dass Freizeit auch deswegen nicht zufrieden macht, weil das Interesse von Menschen an Freizeitaktivitäten begrenzt ist. Wer also ein gigantisches Interesse an einer oder mehreren Freizeitaktivitäten hat, wird entsprechend nicht unzufriedener, wenn er mehr Zeit dafür hat. Doch die meisten haben kein unbegrenztes Interesse an Freizeitaktivitäten, so dass unsere Zufriedenheit nicht in dem Maße ansteigt, wie wir Zeit dafür haben.[100]

Sind Sie also ein Workaholic, der viel Spaß an der Arbeit hat? Oder führen Sie zumindest ein beschäftigtes Leben, das Ihnen nicht viel Freizeit lässt? Die Zufriedenheitsdaten zeigen: Das ist nicht schlimm. Denn in jedem Fall beeinflusst Freizeit Zufriedenheit nicht besonders stark. Und die meisten Menschen brauchen nur etwas mehr als zwei Stunden Freizeit, um zufrieden zu sein. Diese zwei Stunden sollten Sie sich allerdings möglichst gönnen. Haben Sie Schwierigkeiten damit, weil Sie viel arbeiten? Dann kaufen Sie sich Zeit! Denn auch das macht zufrieden. Forscher haben Menschen gebeten, Geld für etwas auszugeben, das ihnen Zeit erspart, beispielsweise eine Putzhilfe, Essengehen oder eine Spülmaschine. Es zeigte sich, dass Geld für etwas auszugeben, das einem Zeit erspart, besonders zufrieden macht. Doch selbst Millionäre kommen nur selten darauf, sich Zeit zu kaufen.[101] Wenn Sie also keine Zeit, aber Geld übrig haben, kaufen Sie sich wenigstens zwei Stunden Freizeit pro Tag.

4.2 Nehmen Sie Urlaub!

Wir haben gerade gesehen, dass Freizeit keinen sehr starken Einfluss auf Zufriedenheit hat und für den maximalen Effekt schon wenig Freizeit ausreicht. Doch wie wichtig ist es, mal ganz rauszukommen? Heute sind sechs Wochen Urlaub normal. Weniger kann man sich auch kaum vorstellen, oder? Deutsche haben allerdings erst seit 1963 überhaupt einen gesetzlichen Anspruch auf 24 Tage Jahresurlaub. Waren wir vorher unzufriedener, weil wir weniger Urlaub hatten? In den USA beträgt der gesetzliche Urlaubsanspruch immer noch: null Tage. Auch Japaner haben oft nur circa zwei Wochen Urlaub – sind sie deswegen unzufriedener?

Dahinter steht die Frage, ob Menschen Urlaub wirklich brauchen oder wir uns einfach daran gewöhnt haben, obwohl es uns mit weniger Urlaub nicht schlechter ginge. Ich bin nicht gegen Urlaub. Wer ist schon jemals gegen Urlaub? Doch man kann ja mal fragen, bis wann er wirklich etwas bringt. Die folgende Grafik zeigt, ob dieselbe Person in Jahren mit mehr oder weniger Urlaubstagen zufriedener ist.

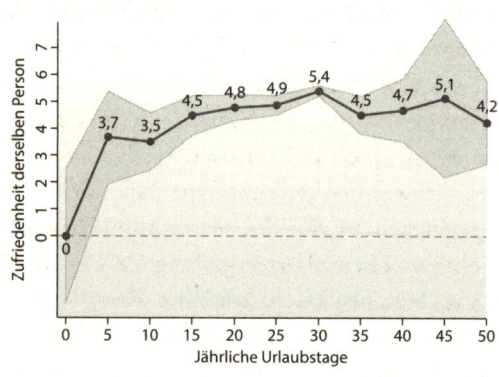

Grafik 37: Urlaub

Tatsächlich ist es ähnlich wie mit Freizeit: Man braucht eine Auszeit, aber die kann auch kurz sein. Selbst wenn man nur mickrige fünf Urlaubstage hat, ist man schon starke 3,7 Punkte zufriedener als in Jahren ohne nennenswerten Urlaub. Doch wenn dieselbe Person 30 statt nur fünf Urlaubstage hat, ist sie nur zusätzliche 1,7 Punkte zufriedener, ein lediglich mittelschwacher Effekt. Und mehr als 30 Urlaubstage bringen gar nichts mehr für die eigene Zufriedenheit.

Die breiten grauen Konfidenzintervalle zeigen, dass man diese Effekte nicht genau berechnen kann, einerseits weil weniger Daten zur Verfügung stehen, andererseits weil der Zusammenhang zwischen Zufriedenheit und Urlaubstagen nicht besonders eng ist. Menschen können also mit wenig Urlaub zufrieden sein, aber auch mit viel Urlaub unzufrieden. Mindestens fünf Tage haben zwar einen starken durchschnittlichen Effekt. Doch auch um diesen gibt es viel Schwankung. Der eine ist also viel zufriedener, wenn er Urlaub hat, der andere nicht. Aber vielleicht haben Menschen mit mehr Urlaub bessere oder schlechtere Jobs? Oder vielleicht verdienen sie mehr oder weniger? Um diese Störfaktoren rauszurechnen, vergleiche ich die Zufriedenheit derselben Person mit mehr oder weniger Urlaub, während sie im selben Job bei identischem Gehalt verbleibt. Das heißt, egal, welchen Job ich habe und wie viel ich verdiene: Mehr als 5 Tage Urlaub bringen nicht viel. Erstaunlich wenig, oder?

Der Forschungsstand bestätigt jedoch, dass wer in Urlaub fährt zwar zufriedener ist, doch der positive Effekt verfliegt schon in der ersten Arbeitswoche, egal, wie lang der Urlaub war.[102] Deswegen scheinen viele kleine Urlaube eher die Lebenszufriedenheit zu erhöhen als wenige lange. Kann man dann einfach zu Hause bleiben? Nicht wirklich, denn Untersuchungen zeigen, dass man im Urlaub am meisten Zeit für Schlaf, Sport und soziale Aktivitäten hat und am wenigsten Zeit mit Hausarbeit oder Gedanken über die Arbeit verbringt.

Etwas ungünstiger ist die Zeitverteilung am Wochenende und noch schlechter unter der Woche. Dann zeigten sich Menschen am erschöpftesten und unzufriedensten.[103] Das heißt, ein entspanntes Wochenende ist schon mal gut, doch ein kurzer Urlaub ist besser. Wenn man den Daten glauben kann, ist die Message also: Nehmen Sie Ihren Urlaub! Warum auch nicht? Achten Sie aber vor allem darauf, mindestens eine Woche pro Jahr zu bekommen, alles andere ist schon nebensächlicher. Und erwarten Sie nicht, dass der Urlaub Sie zufriedener macht, wenn er schon länger als eine Woche vorbei ist. Eine nette Urlaubswoche wirkt zwar kaum nach, doch deswegen ist sie ja nicht weniger schön, während sie noch andauert.

4.3 Mehr als fünf enge Freunde braucht man nicht, aber die braucht man

Émile Durkheim ist für Soziologen, was Kurt Cobain für Punkrocker ist: ein Gott. Denn er hat Ende des 19. Jahrhunderts die Soziologie gegenüber der Psychologie mit dem Argument aus der Taufe gehoben, dass Menschen oft selbst nicht wissen, warum es ihnen gut oder schlecht geht, weil die Gründe dafür gar nicht bei ihnen selbst liegen. Deswegen können Psychologen auch nicht herausfinden, warum es Menschen gut oder schlecht geht, egal, wie lange sie sie auf die Couch legen. Statt im Bewusstsein von Menschen herumzuwühlen, so Durkheim, sollte man lieber an äußeren Bedingungen messen, wem es warum gut geht. Durkheim vermutete, dass Menschen aufblühen, wenn sie enge soziale Bezüge haben. Sind Menschen dahingegen sozial nicht eingebunden, bringen sie sich schlussendlich sogar um, ohne wirklich zu wissen, warum.[104] Würde Durkheim sich also freuen, wenn Menschen heute 150, 300 oder sogar 1000 Freunde in sozialen Netzwerken haben?

Darauf hat der Anthropologe Robin Dunbar eine Antwort. Er hat sechs Milliarden Telefonanrufe von 35 Millionen Menschen ausgewertet. Diese Daten zeigen, dass man kaum mehr als fünf enge Freunde haben kann.[105] Denn von Ihren engsten Freunden erwarten Sie Interesse und Zuneigung. Doch Ihre engsten Freunde erwarten das auch von Ihnen. Sie haben allerdings nur begrenzt Zeit. Und wenn zehn Freunde zwei Stunden pro Woche mit Ihnen telefonieren wollen, sind 20 Stunden weg, ein Halbtagsjob. Wir können uns deswegen nicht so sehr um andere kümmern, wie wir vielleicht möchten. Und deswegen können wir nur wenige enge Freunde haben. Wer mehr haben will, bekommt Stress statt Freundschaft.

Doch was ist wirklich dran an Durkheim und Dunbar? Sind Menschen mit mehr Freunden wirklich zufriedener? Und reichen dafür fünf Freunde? Der obere Graph in Grafik 38 zeigt einen Bevölkerungsvergleich, also ob jene Menschen zufriedener sind, die schon immer mehr Freunde hatten. Der untere Graph zeigt hingegen, wie sehr dieselbe Person in Jahren zufriedener ist, in denen sie mehr Freunde hat.

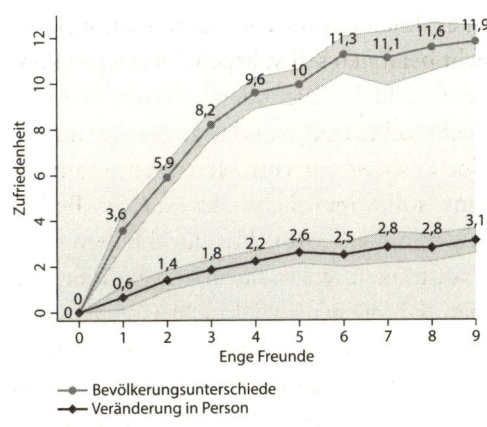

Grafik 38: Freunde

Die obere Kurve zeigt, dass tatsächlich jene Menschen gigantisch zufriedener sind, die schon immer viele Freunde hatten. Kein Wunder, dass sich die Glücksliteratur einig ist, dass fast nichts so wichtig für die eigene Zufriedenheit ist wie Freunde. Doch der Vergleich zur unteren Kurve zeigt, dass dieselbe Person mit vielen Freunden maximal 3 Punkte zufriedener ist, als sie mit weniger Freunden war. Das ist immer noch ein mittelstarker Effekt. Wir sollten uns aber davor hüten, aus der richtigen Beobachtung, dass sehr zufriedene Menschen sehr viele Freunde haben, darauf zu schließen, dass auch wir selbst viel zufriedener sind, wenn wir mehr Freunde haben, denn letzterer Effekt ist zwar vorhanden, aber hat nur in etwa ein Viertel der Stärke, die der Bevölkerungsvergleich nahelegt.

Zudem zeigt sich, dass Dunbar recht hat! Mehr als fünf enge Freunde bringen wenig. Weder sind Menschen, die schon immer mehr als fünf enge Freunde hatten, noch mal viel zufriedener als Menschen mit nur fünf Freunden. Noch ist dieselbe Person nennenswert zufriedener, wenn sie schon fünf enge Freunde hat und dann noch mehr kennenlernt. Wer also bisher weniger als fünf Freunde hatte, wird durch jeden zusätzlichen etwas zufriedener. Wer allerdings schon fünf enge Freunde hat, dem bringt jeder zusätzliche nicht mehr viel.

Dass Männer besser alleine klarkommen, ist übrigens falsch. Die Zusammenhänge sind für Männer und Frauen ähnlich. Es stimmt allerdings, dass besonders Singles von Freundschaften profitieren. Wenn Ihre Freunde also nicht mehr anrufen, sobald sie in einer Partnerschaft sind, hat das einen nachvollziehbaren, wenn auch traurigen Grund: Freunde bringen tatsächlich weniger, wenn man einen festen Partner hat.

Es reicht aber nicht, die Freunde nur zu haben. Man muss sie auch treffen. Doch wie oft? Die obere Kurve in Grafik 39 zeigt wieder, wie viel zufriedener jene sind, die ihre Freunde schon immer öfter getroffen haben. Die untere Kurve zeigt, wie sehr auch dieselbe Person dann zufriedener ist.

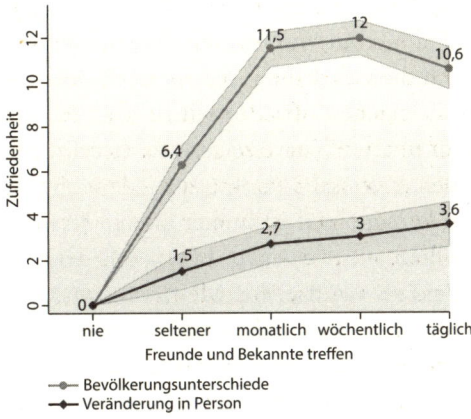

Grafik 39: Freundschaft pflegen

All jene, die ihre Freunde schon immer monatlich oder öfter gesehen haben, sind mehr als gigantische 10 Punkte zufriedener als jene, die ihre Freunde nie treffen. Und selbst dieselbe Person wird circa 3 Punkte zufriedener, wenn sie ihre Freunde mindestens monatlich sieht. Interessant ist daran nicht nur, wie viel Freunde zur Zufriedenheit beitragen. Erstaunlich ist auch, dass der Großteil dieses Effekts sich schon einstellt, wenn man sie nur monatlich trifft. Andere Untersuchungen bestätigen jedoch, dass das reicht.[106] Wie immer habe ich einiges rausgerechnet, damit der Effekt nicht verfälscht ist.[107]

Es spricht einiges dafür, dass es sich nicht nur um einen Zusammenhang, sondern wirklich um einen kausalen Effekt handelt. So haben Forscher Menschen gebeten aufzuschreiben, was sie in ihrem Leben zufrieden macht. 95 Prozent nannten an erster Stelle soziale Kontakte. Eine zweite Studie zeigt, dass Menschen mit 50 Jahren umso zufriedener sind, je mehr soziale Kontakte sie 30 Jahre vorher hatten. Freunde scheinen also tatsächlich Zufriedenheit zu bedingen.[108] Es ist das Gegenteil eines Teufelskreises. Treffen Sie Ihre Freunde, sind Sie zufriedener; sind Sie zufriedener, treffen Sie Ihre Freunde.[109] Selten erlauben die Daten also eine so klare Handlungsanweisung, die auch noch direkt durchführbar ist: Treffen Sie Freunde, und wenn Sie keine haben, lernen Sie welche kennen! Erwarten Sie zwar nicht, dass Sie das genauso zufrieden macht wie Leute, die ihre Freunde schon immer öfter getroffen haben, doch einen etwas schwächeren Effekt lassen die Daten durchaus erwarten. Auch der Vergleich mit weiteren Effekten wird zeigen: Nur wenig trägt so sehr zu Ihrer Zufriedenheit bei und ist gleichzeitig so leicht umsetzbar. Denn selbst wer Freunde nur einmal im Monat trifft, profitiert schon stark davon.

Aber warum machen Freunde zufrieden? Und wen? Eine besonders verrückte Theorie geht so: Weil Menschen früher in der Savanne lebten, finden sie immer noch gut, was dort ihr Überleben erhöhte, nämlich Freunde. Heute sind Freunde für das Überleben allerdings kaum wichtig, also sollten sie auch nicht mehr die Zufriedenheit erhöhen. Das verstehen allerdings angeblich nur sehr intelligente Menschen, wie ein paar Wissenschaftler vermuten, die deswegen schlussfolgern, dass intelligentere Menschen weniger von Freunden profitieren.[110] Diese Theorie ist Quatsch. Denn Menschen mit höherer Bildung profitieren genauso von Freunden wie Menschen mit niedrigerer Bildung. Alle brauchen Freunde.

Und können soziale Netzwerke reale Kontakte ersetzen? Oder schaden sie vielleicht sogar? Hier kann man Entwarnung geben. Wie oft Menschen ihre Accounts auf sozialen Netzwerken checken, geht überhaupt nicht mit ihrer Zufriedenheit einher. Wer seinen Account nur einmal jährlich checkt, ist weder zufriedener noch unzufriedener, als wer es mehrmals täglich macht. Statistisch insignifikante Ergebnisse weisen daraufhin, dass wer seinen Account mehrmals pro Woche checkt eventuell etwas zufriedener ist, als wer es täglich oder noch öfter tut. Aber das sind sind wie gesagt nur schwache Ergebnisse. Auch wer dauernd im Internet surft, ist kaum unzufriedener, zumindest wenn es weniger als drei Stunden täglich sind – und selbst dann ist der Effekt nur schwach negativ.

Andere Untersuchungen bestätigen dies: Erstens sind Freunde wichtig für die eigene Zufriedenheit. Doch je mehr man schon hat, desto unwichtiger wird jeder zusätzliche. Zweitens ist es zwar wichtig, seine Freunde zu treffen. Doch der Großteil des positiven Effekts stellt sich schon bei monatlichen Treffen ein. Drittens ersetzen Onlinefreunde reale nicht. Doch sie machen auch nicht unzufrieden.[111]

Wenn digitale Freundschaften nichts bringen, warum posten Menschen dann überhaupt auf sozialen Netzwerken? Empirische Untersuchungen zeigen: aufgrund ihrer Persönlichkeitseigenschaften. Extravertierte Menschen posten über soziale Aktivitäten und ihren Alltag, denn sie wollen sich mitteilen. Aufgeschlossene posten über intellektuelle Themen, denn sie wollen sich und andere informieren. Menschen mit geringem Selbstvertrauen posten über ihren Partner, um sich ihrer Beziehung zu vergewissern und ihr Territorium sichtbar abzustecken. Narzissten posten ihre Erfolge, Essen und Sport.[112] Wie aktiv Ihre Freunde also auf Facebook womit sind, erzählt etwas über deren Charakter, aber nicht über ihre Zufriedenheit.

4.4 Engagierte Menschen sind zufriedener, vor allem im Alter

Angefangen mit der Bibel meinen haufenweise Ratgeber, Hilfe für andere sei auch Hilfe für uns selbst. Die Glücksforschung hat diesen Gedanken aufgegriffen. Nachdem die Set-Point-Theorie predigte, die Zufriedenheit von Menschen sei genetisch bedingt, erklärte die sogenannte Authentic-Happiness-Theorie, dass man langfristig sehr wohl zufriedener werden kann, wenn man altruistische Ziele verfolgt, die dem Leben einen Sinn verleihen.[113] Freiwilliges Engagement sollte demnach mit Zufriedenheit einhergehen. Doch denken Sie an das letzte Kapitel. Es hat gezeigt, dass Menschen mit Freunden zwar tatsächlich viel zufriedener sind. Doch nur einen Teil dieser Zufriedenheit bekommt auch dieselbe Person, wenn sie mehr Freunde hat. Genauso könnte es mit Engagement sein. Engagiertere Menschen könnten zufriedenere Menschen sein. Doch das muss nicht heißen, dass auch dieselbe Person zufriedener ist, wenn sie sich mehr engagiert.

Tatsächlich zeigt der obere Graph von Grafik 40, wie alle jene, die sich schon immer engagiert haben, bis zu 5,4 Punkte zufriedener sind als all jene, die sich noch nie ehrenamtlich betätigt haben. Engagiertere Menschen sind also wirklich zufriedenere Menschen. Doch fühlt man sich selbst besser, wenn man sich öfter engagiert? Das zeigt die untere Kurve, und sie ist weniger steil. Denn dieselbe Person ist sogar bei wöchentlichem Engagement – die höchste Kategorie – nur 1,3 Punkte zufriedener, als wenn sie sich gar nicht engagiert. Das ist immerhin ein mittelschwacher Effekt, doch kein Vergleich zu dem mehr als vierfach stärkeren Effekt, den Bevölkerungsunterschiede nahelegen.

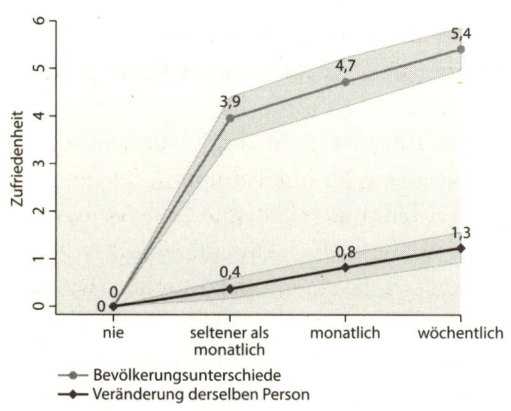

Grafik 40: Ehrenamtliches Engagement

Wir bemerken also, dass engagiertere Menschen viel zufriedener sind. Tatsächlich ist ja auch kaum vorstellbar, dass Depressive die Umwelt retten oder Melancholiker den weltweiten Hunger besiegen. Wissenschaftliche Untersuchungen zeigen genau das. Doch die dabei untersuchten Bevölkerungsunterschiede sagen kausal wenig aus. Denn sie bedeuten nicht, dass auch dieselbe Person viel zufriedener ist, wenn sie sich stärker engagiert.[114]

Wobei der insgesamt schwache Effekt etwas verdeckt: Ehrenamtliches Engagement wird wichtiger, wenn man älter ist. Wer beispielsweise unter 30 ist, wird durch ehrenamtliches Engagement überhaupt nicht zufriedener. Dahingegen profitieren Über-50-Jährige doppelt so stark wie der Durchschnitt. Woran liegt das? Untersuchungen zeigen, dass Menschen vor allem von ehrenamtlichem Engagement profitieren, wenn sie ansonsten wenig mit anderen Menschen zusammenkommen oder sogar enge Freunde verloren haben. Junge Menschen müssen hingegen meist nicht extra zusammengebracht werden. Sie treffen sich in der Uni, im Job oder in Kneipen. Sie suchen auch nur selten eine neue Lebensaufgabe nach dem Tod geliebter Menschen. Vielmehr haben sie meist eine ziemlich konkrete Lebensaufgabe, etwa eine Ausbildung abschließen, einen Partner finden, vielleicht mit einem sicheren Einkommen eine Familie gründen, kurz: einen Platz im Leben finden. Wenn man jedoch älter geworden ist und seine Ziele erreicht hat, stellt sich zunehmend die Frage, ob man seinem Leben einen übergeordneten Sinn geben kann, der über das eigene Weiterkommen hinausgeht. Diesen Lebenssinn, vielleicht sogar das Gefühl, die Welt positiv zu verändern, kann man durch freiwilliges Engagement bekommen, wodurch auch soziale Kontakte entstehen, die Mitte 50 nicht mehr automatisch durch die nächste Party reingespült werden.[115]

Wer also in der ersten Lebenshälfte ist und eigene Ziele erreichen will, muss anhand der Daten kein schlechtes Gewissen haben, wenn er keine Lust auf ehrenamtliches Engagement hat. Doch wer im Alter Sinn und Kontakte sucht, für den kann soziales Engagement die Antwort sein. Und wenn man die Welt dabei etwas besser macht, warum nicht?

Wenn Sie von den vorherigen Kapiteln etwas mitnehmen wollen, dann das: Was Sie auch machen, es kommt vor allem auf soziale Kontakte an. Dabei können wir ausnahmsweise ziemlich sicher sein, dass es wirklich einen kausalen Einfluss gibt. Denn ein paar Wissenschaftler hatten eine coole Idee. Sie haben Menschen gefragt, wie sie ihre Zufriedenheit erhöhen wollen. Ein Jahr später haben sie gemessen, welche Strategien geklappt haben. Wessen Zufriedenheitsstrategie auf mehr sozialem Kontakt beruhte, wurde tatsächlich um fast 2 Punkte zufriedener. Wessen Zufriedenheitsstrategie hingegen nichts mit anderen Menschen zu tun hatte, beispielsweise nicht mehr zu rauchen, der wurde nicht zufriedener. Ein Teil dieses Effektes erklärt sich dadurch, dass wer mehr sozialen Kontakt plante, auch mehr sozialen Kontakt hatte.[116] Man kann sich also bewusst vornehmen, mehr mit anderen Menschen zu machen, und wenn man das umsetzt, ist man tatsächlich zufriedener. Es scheint sich insofern nicht nur um einen statistischen Zusammenhang, sondern wirklich um einen kausalen Effekt zu handeln. Wobei es manchmal am besten ist, sich einfach schlafen zu legen. Das zeige ich Ihnen jetzt.

4.5 Schlafen Sie mindestens sieben Stunden!

Probiere ich, weniger als acht Stunden zu schlafen, mutiere ich zum Nervenbündel. Politiker und Geschäftsleute, die mir erzählen, mit wie wenig Schlaf sie auskommen, gehen mir deswegen tierisch auf die Nerven. Ich habe es schon tausendmal von ihnen gehört: angeblich alles nur eine Frage der Gewöhnung. Doch ich habe schon alles probiert, um mich an weniger Schlaf zu gewöhnen: abends Espresso neben das Bett stellen, um ihn mir morgens kalt unter der Bettdecke reinzukippen; Ernährung umstellen; tagsüber mehr Sonnenlicht; dunkleres, ruhigeres, kälteres Schlafzimmer; Schlaftracker im Handy; Lichtwecker. Doch es ist immer dasselbe: Jede Nacht mit wenig Schlaf verschafft mir sofort eine tiefschwarze Augenpartie, die bei Pandas niedlich aussieht, bei mir aber nicht. Immer wenn meine Freunde mich dann tatsächlich Pandaboy nannten, beschloss ich, lieber ein Murmeltier zu sein.

Deswegen habe ich kaum eine Grafik so gern gesehen wie die unten in Grafik 41. Denn sie zeigt, wie kurzer Schlaf einer der größten Zufriedenheitskiller ist. Die obere Kurve belegt, dass dieselbe Person sehr viel unzufriedener ist, wenn sie unter der Woche weniger als sieben Stunden schläft. Eigentlich sind nicht einmal sieben Stunden Schlaf genug, besser sind acht oder neun. Unzufriedener wird dieselbe Person mit mehr Zeit im Bett erst, wenn sie unter der Woche mehr als neun Stunden in der Nacht schläft. Der absolute Hammer ist jedoch die

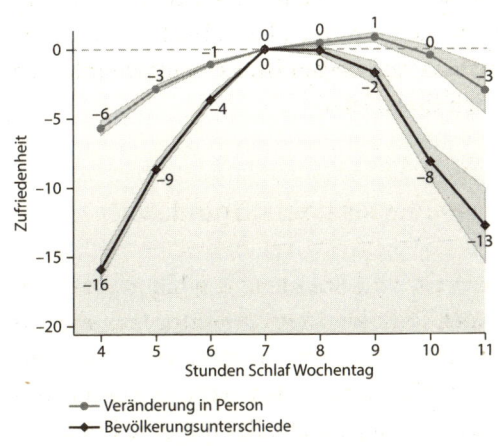

Grafik 41: Schlaf wochentags

untere Kurve. Sie zeigt einen Bevölkerungsvergleich und somit, dass jene Menschen, die schon immer nur vier Stunden geschlafen haben, unfassbare 16 Punkte unzufriedener sind als jene, die schon immer sieben Stunden geschlafen haben. Das ist ein neuer Rekord für den bisher stärksten Effekt! Und auch die Gruppe derer, die schon immer elf Stunden geschlafen haben, ist um gigantische 13 Punkte unzufriedener als die Gruppe derjenigen, die schon immer sieben Stunden geschlafen haben. Wer schon immer sehr lange oder sehr kurz geschlafen hat, ist also sehr, sehr unzufrieden.

Das bedeutet, Menschen gewöhnen sich in der Regel nicht an weniger Schlaf. Sie bezahlen die kurze Schlafdauer vielmehr mit einer krass gesunkenen Lebenszufriedenheit. Denn nicht nur ist dieselbe Person viel unzufriedener, wenn sie kürzer als sieben Stunden schläft, auch der Teil der Bevölkerung, der chronisch wenig schläft, ist viel unzufriedener. Andere Untersuchungen bestätigen, dass Menschen am zufriedensten sind, wenn sie acht bis neun Stunden schlafen und damit circa eine Stunde länger als der Durchschnitt. Die Gründe sind einfach: Wenig Schlaf geht nicht nur mit Müdigkeit, sondern auch mit schlechter Laune und sogar Depression einher.[117]

Aber wieso hat nicht nur wenig, sondern auch *viel* Schlaf einen negativen Effekt? Ich vergleiche nur Leute im selben Beschäftigungsverhältnis. Es kann also nicht sein, dass Langschläfer unzufrieden sind, weil sie keinen Job haben. Was sich allerdings zeigt: Wer mindestens einmal pro Woche Sport macht, ist selbst dann kaum unzufriedener, wenn er sehr lange schläft. Das heißt, langes Schlafen scheint vor allem ein Problem zu sein, wenn man ansonsten im Leben nichts macht. Wer dahingegen ein aktives Leben hat, ist auch nicht unzufrieden, wenn er länger schläft. Auch kann es Sinn machen, den Zusammenhang noch mal für das Wochenende anzuschauen, denn dann verpassen Menschen nichts beruflich Relevantes, wenn sie länger schlafen.

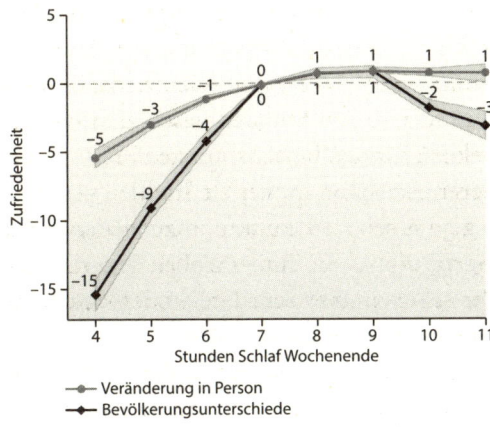

Grafik 42: Schlaf wochenends

Die untere Kurve zeigt wieder, dass wer am Wochenende immer nur vier Stunden schläft, unfassbare 15 Punkte unzufriedener ist als wer sieben Stunden oder länger schläft. Auch ist dieselbe Person um 5 Punkte unzufriedener, wenn sie am Wochenende nur vier statt sieben Stunden schläft. Selbst wer neun oder mehr Stunden im Bett bleibt, ist etwas zufriedener als mit kürzerem Schlaf. Und wer am Wochenende schon immer mit wenig Schlaf ausgekommen ist, hat trotzdem eine viel niedrigere Lebenszufriedenheit. Zum Teil liegt das am Zusammenhang zwischen Schlaf und Gesundheit. Wer weniger schläft, fühlt sich kränker, ansonsten wären alle Effekte nur etwa halb so stark.

Öfters können wir uns nicht ganz sicher sein, ob Effekte wirklich kausal sind. Aber in diesem Fall schon, weil ich einen Trick benutzt habe. Rechnet man heraus, ob Menschen mit ihrem Schlaf zufrieden sind, zeigt sich kein großer Effekt mehr. Das heißt, der Effekt von Schlafmangel auf die Lebenszufriedenheit erklärt sich im Wesentlichen dadurch, dass Kurzschläfer auch unzufriedener mit ihrem Schlaf sind und infolgedessen unzufriedener mit ihrem Leben. Wäre man trotz Schlafmangels genauso zufrieden mit seinem Schlaf, würde auch die Lebenszufriedenheit kaum unter diesem kurzen Schlaf leiden. Übrigens gibt es ja wahlweise das Vorurteil, dass ältere Leute weniger Schlaf brauchen oder jüngere Leute weniger Schlaf besser wegstecken können. Doch ich finde die Ergebnisse fast genauso, wenn ich mir nur Über-60-Jährige oder Unter-30-Jährige anschaue.

Lassen Sie sich also nicht erzählen, dass man genauso gut mit weniger Schlaf auskommt. Ja, für einige wenige mag das stimmen. Doch sobald Sie merken, dass Sie weniger schlafen und mit Ihrem Schlaf unzufriedener sind, können Sie das zwar hinnehmen, Sie zahlen für die zusätzliche Zeit jedoch einen sehr hohen Zufriedenheitspreis. Denn die durch Schlafmangel gewonnene Zeit verbringt man kränker und unzufriedener. Gerade am Wochenende schadet es hingegen nicht, richtig lange unter der Bettdecke zu bleiben, und auch unter der Woche sind um die acht Stunden optimal.

4.6 Kippen Sie sich einen hinter die Binde, aber sparen Sie sich die Zigarette!

Sie wachen auf, weil Ihre Kehle sich wie eine Wüste anfühlt. Sie brauchen Wasser. Aber Sie schaffen es nicht aufzustehen, weil Ihr Kopf bei der kleinsten Bewegung schmerzt. Spätestens dann fragen Sie sich, warum Sie gestern Nacht noch eine Runde geschmissen haben. Doch die Antwort fällt Ihnen nicht ein. So wie das meiste, was gestern passiert ist. Immerhin geloben Sie: kein Alkohol mehr. Doch nächsten Samstag sitzen Sie wieder mit Ihren Freunden rum und merken nach der ersten Cola: Kein Alkohol ist auch keine Lösung. Oder doch? Sind Sie Abstinenzler? Dann gehen Ihnen wahrscheinlich Ihre Freunde auf die Nerven, die Ihnen mal wieder erklären, wie viel Spaß Ihnen entgeht. Wenn sie dabei nicht so lallen würden, wären sie allerdings verständlicher.

Doch was geht wirklich mit der höchsten Zufriedenheit einher? Die Grafik unten zeigt, wie zufrieden Menschen sind, je nachdem, wie oft sie Alkohol trinken. Leider gibt es diese Daten nur für 2016. Ich kann Ihnen also nicht zeigen, ob dieselbe Person zufriedener ist, wenn sie öfter trinkt, sondern nur, ob jene, die öfter Alkohol trinken, zufriedener sind als jene, die es seltener tun. Weil es allerdings sein kann, dass Wohlhabende sich Alkohol eher leisten können, vergleiche ich nur Menschen, die dasselbe verdienen. Was ich auch ansonsten immer rausrechne, berücksichtige ich hier natürlich auch. Ich vergleiche also – wie immer – nur Menschen desselben Alters, die gleich oft und auf die gleiche Weise befragt wurden. Das Ergebnis zeigt die obere Kurve in Grafik 43. Die untere Kurve vergleicht nur Menschen, die alle gleich gesund sind.

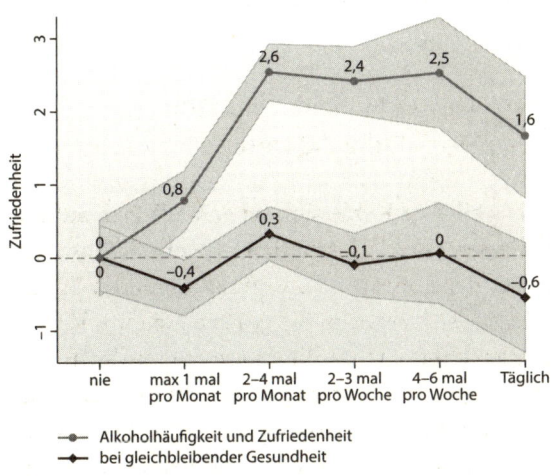

Grafik 43: Alkoholkonsum

Wer zumindest einmal im Monat einen trinkt, ist immerhin 0,8 Punkte zufriedener als wer nie zum Glas greift. Doch wessen Trinkrhythmus zwischen jede zweite Woche bis sechsmal pro Woche liegt, ist sogar etwa 2,5 Punkte zufriedener, als Abstinenzler es sind. Erst wer täglich trinkt, ist zwar immer noch zufriedener als Abstinenzler, doch auch nur insignifikant unzufriedener als moderate Trinker. Wer wöchentlich bis fast täglich trinkt, ist also am zufriedensten. Wie viel man dabei jeweils trinkt, scheint keine Rolle zu spielen, wie eine weitere Auswertung der Daten zeigt. Dass Alkoholkonsum auf diese Weise mit Zufriedenheit einhergeht, zeigt sich nicht nur unter Deutschen, sondern kulturübergreifend, also beispielsweise auch unter Norwegern, Engländern oder älteren Jamaikanern.[118]

Hier kommt die Erklärung, warum es so aussieht, als ob Alkohol zufrieden macht: Schauen Sie sich die flache untere Kurve an. Sie unterstellt eine konstante Gesundheit und berücksichtigt damit, dass nicht Alkohol zufrieden macht, sondern dass hinter niedrigem Alkoholkonsum und Unzufriedenheit Krankheit steckt. Wer krank ist, ist unzufrieden und trinkt nicht. Doch unzufrieden ist man nicht, weil man zu wenig trinkt, sondern weil man krank ist. Berücksichtigt man das, zeigt sich: Abstinenzler sind unzufriedener, weil es ihnen gesundheitlich schlechter geht. Bei konstanter Gesundheit sind alle gleich zufrieden, egal, wie viel sie trinken. Das bedeutet aber eben auch, dass es Trinkern nicht schlechter geht. Ebenfalls interessant: Gerade für ältere Menschen ist der Konsum von Alkohol besonders positiv, für jüngere weniger. So sind Unter-25-Jährige durchaus unzufriedener, wenn sie täglich trinken. Über-70-Jährige sind dahingegen besonders zufrieden, wenn sie sich öfter einen hinter die Binde kippen. Das spricht dafür, dass, wenn man älter ist – und wichtige Aufgaben im Leben schon erledigt hat –, man auch mal ein Gläschen trinken kann. Wenn man allerdings jung ist, scheint andauerndes Trinken einen eher von wichtigen Lebensaufgaben abzuhalten, wobei auch dieser Effekt erst auftritt, wenn junge Menschen nahezu jeden Tag trinken. Im Übrigen zeigen Untersuchungen nicht nur, dass trinkende Jugendliche später unzufriedener sind; auch sind sie es, wenn sie früher Zigaretten, Drogen oder Steroide konsumiert haben.[119] Interpretieren Sie die Ergebnisse also bitte nicht so, als ob Ihr hauseigener Teenager ruhig mal eine Spritze im Arm haben kann. Dass es keinen negativen Effekt gibt, scheint nur bei Alkohol der Fall zu sein, und auch nur bei Älteren.

Für einzelne Alkoholsorten wie Bier, Wein, Sekt und Spirituosen hat das SOEP sogar dieselbe Person wiederholt befragt, wie oft sie diese trinkt. Die jeweils obere Kurve von Grafik 44 zeigt erneut einen Bevölkerungsvergleich, also ob Menschen, die eine bestimmte Alkoholsorte schon immer öfter getrunken haben, auch schon immer zufriedener waren. Die untere Kurve zeigt jeweils, ob auch dieselbe Person zufriedener ist, wenn sie eine bestimmte Art Alkohol öfter trinkt.

Der Teil der Bevölkerung, der zu allen Befragungszeitpunkten regelmäßig Wein oder Sekt getrunken hat, zeigt sich jetzt

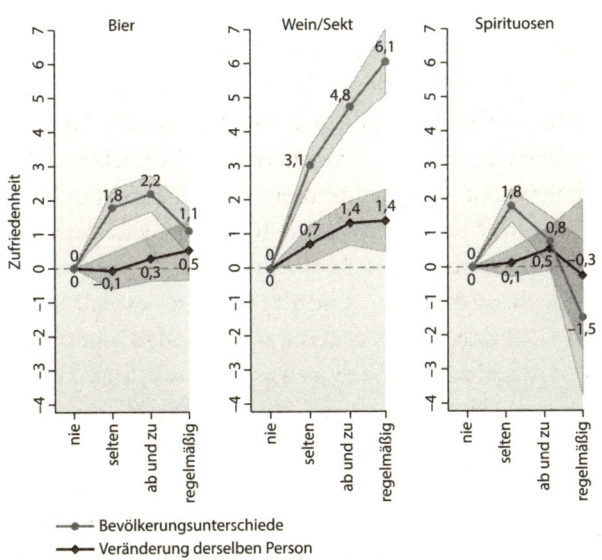

Grafik 44: Art des Alkohols

sogar als extrem viel zufriedener als jener Teil, der das nie getan hat. Die untere Kurve zeigt, dass auch dieselbe Person in den Jahren zufriedener ist, in denen sie öfter Wein oder Sekt trinkt. Selbst wenn man alle Effekte wieder bei konstanter Gesundheit der Befragten misst, bleibt für den Konsum von Wein und Sekt ein kleiner positiver Effekt. Bei Bier und Spirituosen sind die Effekte hingegen weniger eindeutig. Und vergessen Sie nicht: Ich kann Ihnen zwar zeigen, ob ein bestimmtes Verhalten mit Zufriedenheit einhergeht. Doch ob Sie glauben, dass das Verhalten die Zufriedenheit wirklich bedingt, müssen Sie selbst entscheiden. Dass gerade Wein- und Sektgenuss mit höherer Zufriedenheit einhergehen, kann auch daran liegen, dass wer öfter einen Sekt aufmacht, öfter etwas zu feiern hat. Dann erklären diese angenehmen Anlässe die höhere Zufriedenheit, nicht jedoch der damit einhergehende höhere Alkoholkonsum. Das ändert zwar nichts an der Beobachtung, dass wer öfter einen trinkt, auch zufriedener ist; doch es bedeutet, dass die höhere Zufriedenheit nicht direkt mit dem Alkohol zusammenhängt. Ist der Einfluss also kausal?

Um herauszufinden, ob Alkohol wirklich zufrieden macht, hatte eine Studie eine coole Idee. Zum 1. März 2010 wurde der nächtliche Verkauf von Alkohol außerhalb von Bars in Baden-Württemberg verboten. Prompt ging die Lebenszufriedenheit der Baden-Württemberger um 4 Punkte zurück, anders als in jedem anderen Bundesland und anders als in Baden-Württemberg in jedem anderen Jahr. Außerdem trat der Effekt nur bei Leuten auf, die tatsächlich Alkohol trinken.[120] Ich trinke gerne einen und finde es super, mir am Kiosk oder an der Tanke ein Bier holen zu können – zumindest bis zum nächsten Morgen, aber das ist ein anderes Thema. Doch dass es Menschen fast 4 Punkte unzufriedener machen soll, nachts außerhalb von Bars keinen Alkohol mehr kaufen zu können, scheint mir ein unglaubwürdig starker Effekt. Sicher festhalten kann man deswegen nur, dass höherer Alkoholkonsum nicht mit geringerer Zufriedenheit einhergeht, sondern alle Zusammenhänge sogar in die gegenteilige Richtung weisen.

Rauchen könnte aus denselben Gründen zufriedener machen wie Alkohol. So wie Trinker sich öfter in Kneipen treffen, könnten auch Raucher öfter in Gemeinschaft sein und deswegen mit ihrem Leben zufriedener. Um eine Kippe zu bitten ist – oder war zumindest – ja ein geradezu klassischer Eisbrecher. Wer mit anderen raucht, fängt vielleicht auch eher ein Gespräch an und lernt neue Freunde kennen. Doch anders als Trinken hängt Rauchen nicht positiv mit Zufriedenheit zusammen. Wer schon immer geraucht hat, ist sogar extreme 5 Punkte unzufriedener, als wer noch nie geraucht hat. Zur Hälfte kann man dies mit schlechterer Gesundheit und niedrigerem Einkommen der Raucher erklären. Doch es gibt nicht nur Gruppenunterschiede. Auch ist dieselbe Person in den Jahren einen Punkt unzufriedener, in denen sie eine Schachtel mehr als ansonsten raucht, selbst wenn sich an ihrer Gesundheit nichts ändert. Das ist natürlich ehrlich gesagt ein ziemlich kleiner negativer Effekt. Aber einen positiven Effekt des Rauchens, anders als bei Alkohol, kann man zumindest nicht feststellen, auch wenn es umgekehrt Schlimmeres zu geben scheint, als ein paar Zigaretten zu schmökern. Andere Untersuchungen bestätigen das.[121]

Was heißt das für Sie? Ja, wer Alkohol trinkt, ist zufriedener. Das liegt aber vor allem daran, dass Leute keinen Alkohol trinken, wenn es ihnen gesundheitlich schlecht geht. Ich würde also nicht von einem direkten kausalen Effekt sprechen. Tatsächlich unzufriedener sind jedoch gewohnheitsmäßige Raucher. Und auch wenn dieselbe Person mehr raucht, geht es ihr ein ganz klein bisschen schlechter. Gewöhnen Sie sich das Rauchen also nicht dauerhaft an, und wenn, dann rauchen Sie nicht so viel. Hingegen scheint Alkohol der Lebenszufriedenheit nicht zu schaden. Aber schieben Sie die Schuld für Ihren nächsten Kater trotzdem bitte nicht auf mich.

4.7 Engagement, Freunde, Sport, Kunst, Ausgehen: Gut ist, was Sie in Kontakt mit anderen Menschen bringt

Erinnern Sie sich noch? Anfangs meinte ich, Sie müssten von Statistik lediglich die Konzepte Effektstärke und Konfidenzintervall verstehen? Ich gebe zu, jetzt fällt mir noch was sein. Denn in den Niederungen der Statistik lauert ein Problem. Es hat den merkwürdigen Namen Multikollinearität – wieder ein Wort, das sich nur Wissenschaftler ausdenken können. Es ist aber eigentlich nicht kompliziert. Multikollinearität bedeutet einfach, dass verschiedene Einflüsse miteinander einhergehen. Deswegen ist schwer auseinanderzuhalten, was von beidem eine Wirkung hat. Wenn es beispielsweise bei Sonnenschein immer warm ist, ist schwer zu beurteilen, ob Sonne oder Wärme einen bestimmten Einfluss hat, denn das eine gibt es kaum ohne das andere. Und wenn Menschen in Jahren, in denen sie öfter Freunde treffen, auch anderweitig engagierter sind, beispielsweise öfter Sport machen oder sich ehrenamtlich engagieren, dann ist schwer zu messen, was davon einen Einfluss hat, denn der eine Einfluss taucht meistens mit dem anderen auf. Idealerweise müssten wir darum wissen, ob man zufriedener ist, wenn man sich einer bestimmten Aktivität mehr widmet, ohne gleichzeitig einer anderen Aktivität öfter nachzugehen. Glücklicherweise kann man das durch die große Menge der Daten auseinanderhalten. In Grafik 45 sehen Sie, was passiert, wenn man mehr Zeit mit einer bestimmten Aktivität verbringt, ohne sich gleichzeitig mehr mit einer anderen Aktivität zu beschäftigen.

Die Effekte mancher Aktivitäten sind nun nicht mehr so stark wie vorher. Einige Freizeitbeschäftigungen sind also positiv, weil sie mit anderen zufriedenheitssteigernden Aktivitäten einhergehen. So haben wir bereits gesehen, dass Menschen immerhin um bis zu 1,3 Punkte zufriedener sind, wenn sie sich wöchentlich statt nie sozial engagieren. Nun zeigt sich: Zum Teil liegt dies daran, dass man in Jahren mit mehr En-

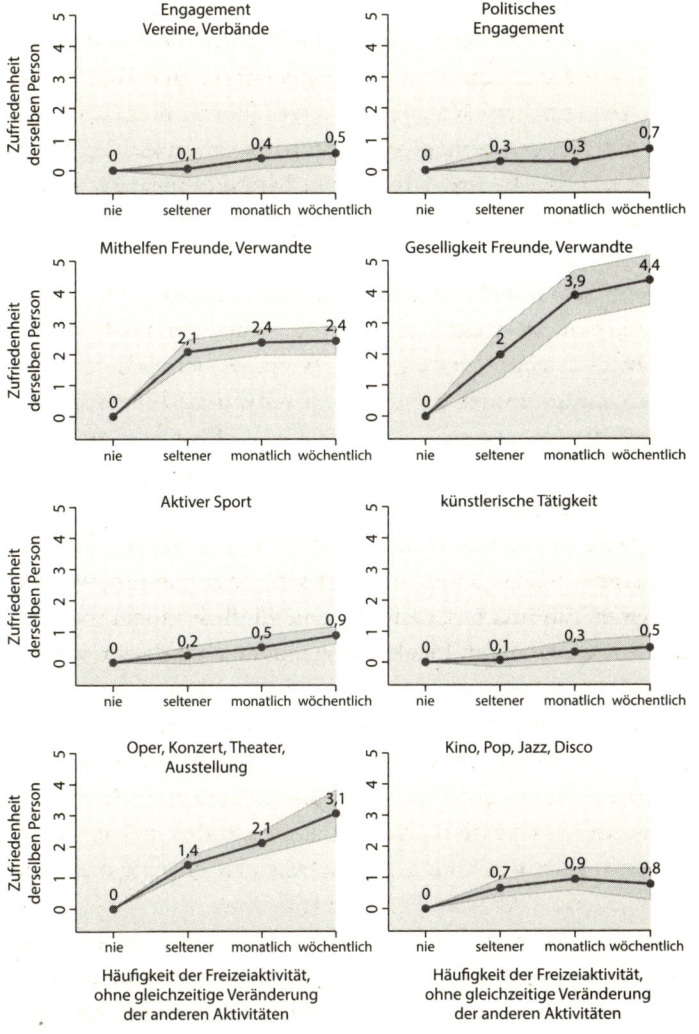

Grafik 45: Freizeit

gagement auch anderen zufriedenheitssteigernden Aktivitäten mehr nachgeht. Hält man diese anderen Aktivitäten konstant, so wie die hier berechneten Effekte es tun, ist man nur noch schwache 0,5 Punkte zufriedener, wenn man sich sehr oft in Vereinen und Verbänden engagiert, und nur noch 0,7 Punkte, wenn man sich politisch engagiert. Engagement bringt insofern etwas, aber eben nicht furchtbar viel und vor allem deshalb, weil nicht das Engagement selbst zufrieden macht, sondern in der Regel andere zufriedenheitssteigernde Aktivitäten damit verbunden sind.

Soziale Kontakte behalten jedoch ihren positiven Einfluss. Das zeigt die zweite Reihe an Grafiken. Wer Freunden und Verwandten wöchentlich hilft statt nie, ist um 2,4 Punkte zufriedener, selbst wenn er an seinen sonstigen Aktivitäten nichts ändert. Und wer öfter Freunde und Verwandte trifft, ist sogar um sehr starke 4,4 Punkte zufriedener, unabhängig davon, wie oft er andere Aktivitäten in seinem Leben unterbringt. Sich mit Freunden zu treffen bringt also selbst dann etwas, wenn man ansonsten schon sehr aktiv ist. Anders sieht es mit Sport und Kunst aus. Wer mehr Sport oder künstlerische Aktivitäten in seinem Leben unterbringt, ohne ansonsten etwas zu ändern, wird maximal 0,9 bzw. 0,5 Punkte zufriedener – ein schwacher Effekt. Auf Sport kommen wir im Gesundheitskapitel noch zu sprechen. Dort wird sich zeigen: Sport ist für die eigene Zufriedenheit weniger wichtig als beispielsweise Ernährung. Hier sieht man aber schon einmal, dass Sport wenig bringt, wenn damit nicht auch anderes einhergeht, beispielsweise andere Menschen zu treffen.

Auch künstlerisch tätig zu sein ändert kaum etwas an der eigenen Zufriedenheit. Die Idee von Kunsttherapie ist, mit Kunst das Leben von Menschen erträglicher zu machen. Doch in den Daten gibt es keine Anzeichen dafür, dass das auch klappt. Wobei dieser Schluss auch nicht ganz unproblematisch ist. Denn wenn Menschen erst künstlerisch tätig werden, wenn sie schon eine Depression haben, kann es wirken, als ob künstlerische Tätigkeit sogar negativ mit Zufriedenheit einhergeht.

Kunst zu konsumieren scheint hingegen zufrieden zu machen. Wer wöchentlich die Oper, ein klassisches Konzert, das Theater oder eine Ausstellung besucht, ist in diesen Jahren starke 3,1 Punkte zufriedener, als wenn er das nie macht. Das haben andere Wissenschaftler ebenfalls herausgefunden. Sie haben es jedoch dadurch erklärt, dass wer mehr Hochkultur konsumiert, öfter Kontakt mit anderen Menschen hat. Da ich alle Effekte unter Kontrolle der anderen berechne, kann ich ausschließen, dass der Einfluss sich dadurch erklärt. Aber vielleicht geht es auch nicht darum, Leute zu treffen, die man schon kennt, sondern, die man ansonsten gar nicht kennengelernt hätte, was in der Oper oder im Theater passieren kann.[122]

Dass der Konsum von Hochkultur glücklich macht und künstlerische Tätigkeit keinen Effekt hat, ist erstaunlich. Schließlich gibt es Bild des tief unglücklichen Künstlers: Denken Sie an van Gogh, der einen Teil seines Lebens im Irrenhaus verbrachte und sich ein Ohr abgeschnitten hat, oder an Edvard Munch, der sich zeitlebens mit Depressionen und Ängsten herumschlug. Ich kann mir auch nicht vorstellen, wie man Munchs »Der Schrei« oder Albrecht Dürers »Melencolia« ohne Depression erschaffen soll. Aber dass man sich das Ohr abschneidet, weil man in die Oper geht, ist ja tatsächlich eher unwahrscheinlich.

Proletarischer Spaß, dem ich eher zuneige, wie ins Kino, zu Pop-, Jazzkonzerten oder in »Discos« zu gehen (heute würde man »Clubs« sagen), bringt in jedem Fall nicht so furchtbar viel, maximal 0,8 Punkte, wenn man es wöchentlich statt nie macht. Vielleicht weil man danach manchmal drei Tage gerädert ist? Jedenfalls kann man sagen, dass Hochkultur mehr zur eigenen Zufriedenheit beisteuert als Populärkultur, aber auch nur, wenn man sie konsumiert statt produziert. Das liegt übrigens hier und bei allen anderen Aktivitäten nicht daran, dass wer sich einer Aktivität stärker widmet, mehr Geld hat, denn alle Effekte zeigen sich so ähnlich, wenn ich das raus-rechne.

Insgesamt bringen viele Aspekte von Freizeitgestaltung also recht wenig für die eigene Zufriedenheit. Vor allem ein Aspekt bleibt bestehen: soziale Kontakte. Denn viele der Aktivitäten haben nur noch einen schwachen Einfluss, wenn man heraus-rechnet, dass diese zufrieden machen, weil man dabei öfter Menschen trifft. Andere zu treffen hat allerdings auch dann noch einen positiven Einfluss, wenn man herausrechnet, dass es mit weiteren Aktivitäten einhergeht. Sport, Kunst, Enga-gement oder das Besuchen von Konzerten und Clubs schei-nen uns also vor allem zufriedener zu machen, weil wir dabei andere Menschen treffen. Wenn Sie auf elaborierte Freizei-taktivitäten eigentlich keine Lust haben, aber Ihre Freunde so oder so treffen, können Sie also davon ausgehen, dass Sie kaum Zufriedenheit einbüßen. Eine kleine Ausnahme ist das Konsumieren sogenannter Hochkultur. Denn das hat auch einen Einfluss, wenn man damit einhergehende Aspekte raus-rechnet. Aber wenn Sie aus diesem Kapitel eines mitnehmen wollen, dann das: Treffen Sie andere Menschen! Es geht mit Zufriedenheit einher, egal, wie man es misst.

5 Wohnen

5.1 Eine größere Wohnung macht kaum zufriedener

Mehr Zimmer, Balkon, endlich Platz. Also auch endlich zufrieden? Mitte der 1960er Jahre hatten Deutsche 22 m² Wohnfläche pro Person. Heute sind es doppelt so viel.[123] Doch werden Menschen dadurch zufriedener? Dafür spricht, dass jeder Platz braucht. Warum sollte eine größere Wohnung also *nicht* zufriedener machen? Vielleicht weil viele Deutsche – genauso wie bei Geld – schon den Punkt erreicht haben, an dem mehr nicht besser bedeutet. Vergessen Sie nicht: Man gewöhnt sich an alles. Als Student fand ich ein Zimmer von 20 m² riesig. Heute kann ich mir nicht vorstellen, weniger als 45 m² zu haben. Aber bin ich deswegen heute mit 45 m² zufriedener als früher mit 20 m²?

In Grafik 46 sehen Sie, wie zufrieden ein Single, ein Paar ohne Kind sowie mit einem und mit zwei Kindern ist, je nachdem, auf wie viel Quadratmetern sie wohnen. Dabei ist klar, dass Menschen mehr Wohnfläche haben, wenn sie mehr verdienen. Insofern könnten Menschen mit mehr Wohnfläche zufriedener erscheinen, was jedoch an ihrem höheren Einkommen liegen würde. Darum vergleiche ich hier nur die Lebenszufriedenheit derselben Person, die in größere oder kleinere Wohnungen umzieht, ohne dass sich etwas an ihrem Haushaltseinkommen ändert. Alle Effekte zeigen, was passiert, wenn man erst beengter als 90 Prozent der Befragten wohnt und dann in eine immer größere Wohnung zieht, bis man mehr Platz als 90 Prozent aller anderen hat.

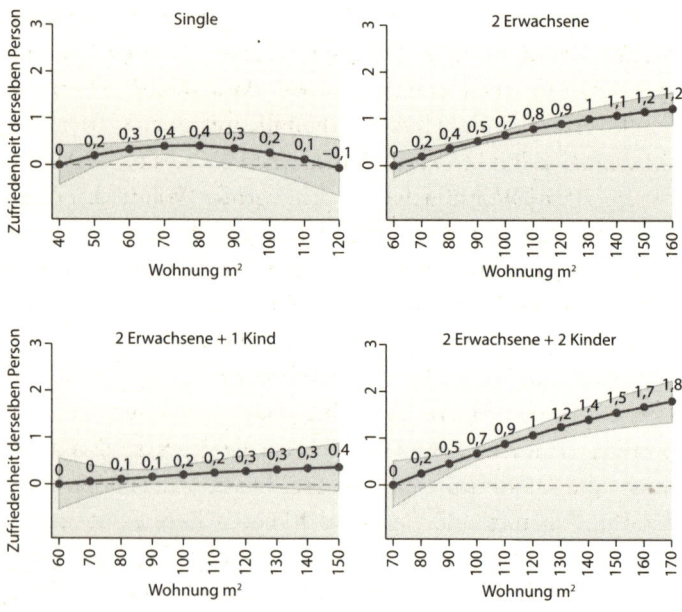

Grafik 46: Wohnungsgröße

Die Effekte zeigen: In eine größere Wohnung umzuziehen bringt erstaunlich wenig. Ein Single, dessen Wohnung mit 40 m² beengter ist als die von 90 Prozent aller anderen Singles, ist nur 0,4 Punkte zufriedener, wenn er stattdessen in eine Wohnung mit 70 oder 80 m² zieht. Selbst wenn er in eine Wohnung mit 120 m² zieht, und somit mehr Platz als 90 Prozent aller anderen Singles hat, wird er nicht zufriedener.

Von mehr Platz profitieren nur Paare ohne und mit zwei Kindern. Woran kann das liegen? Kinderlose Paare können sich eine größere Wohnung vielleicht besser leisten. Letztendlich brauchen sie pro Person auch nur so viel Platz wie ein Single alleine, etwa 60 m² pro Person. Hat ein Paar ein Kind, scheint jedoch merkwürdigerweise derselbe Platz ausreichend. Anscheinend kann man sich selbst in einer Wohnung von 60 m² noch gut um ein Kind kümmern. Erst mit zwei Kindern steigt mit dem Platz wieder die Zufriedenheit, vielleicht weil dann jedes Kind sein eigenes Zimmer bekommen kann. Am wichtigsten ist jedoch, dass alle Effekte nicht besonders stark sind. Selbst eine Familie mit zwei Kindern ist nicht einmal 2 Punkte zufriedener, wenn sie riesige 170 statt mickrige 70 m² Wohnfläche hat. Eine große Wohnung bringt insofern weniger, als man denkt. Dafür spricht auch, dass die Zahl der Zimmer fast vollkommen egal ist. Zieht eine Familie in eine Wohnung mit weitaus mehr Zimmern als Familienmitgliedern, wird sie kaum zufriedener als bisher.

Ich weiß, das klingt komisch. Ich hätte auch niemals gedacht, dass eine größere Wohnung relativ unwichtig ist. Die Wohnung ist auch nicht vollkommen egal. Es sind jedoch weniger die Quadratmeter, sondern Ausstattungsmerkmale, die zumindest mit einer minimal höheren Lebenszufriedenheit einhergehen. So sind Menschen unabhängig von ihrem Einkommen, ihrer Familiensituation und der Größe ihrer Wohnung um 0,4 Punkte zufriedener, wenn sie einen Garten haben, und 0,6 Punkte zufriedener bei einem Balkon oder einer Terrasse. Aber auch das sind keine riesigen Effekte.

Andere Untersuchungen bestätigen das. Der Umzug in ein größeres Domizil erhöht zwar kurzfristig die Zufriedenheit mit der Wohnung, aber nicht mit dem Leben. Ein paar Jahre später ist man in einer größeren Wohnung sogar unzufriedener. Forscher argumentieren, dass die Wohnungsgröße schnell ein sogenanntes positionales Gut wird. Mehr Platz hilft also, sich Menschen mit kleinerer Wohnung überlegen zu fühlen, weswegen man danach strebt.[124] Doch wie Sie noch sehen werden, macht der Versuch, andere zu überflügeln, generell nicht glücklich. Ein weiterer Grund, warum eine größere Wohnung nicht zufriedener macht, ist, dass man dafür mehr zahlen muss – dazu kommen wir jetzt.

5.2 Geben Sie nicht mehr als ein Viertel Ihres Einkommens für Miete aus!

Jeder will eine größere Wohnung. Und niemand will weniger Geld. Allerdings gibt es das eine meist nicht ohne das andere. Forschungsinstitute warnen sogar, fast 40 Prozent aller Haushalte in Großstädten und mit älteren Bewohnern seien finanziell überlastet, weil sie mehr als 30 Prozent ihres Einkommens für Miete ausgeben müssen.[125] Und das macht Menschen unzufrieden. Sehen Sie selbst, wie zufrieden Menschen sind, je nachdem, welchen Anteil ihres Einkommens sie für Miete ausgeben. Dabei ist klar, dass wer weniger Geld hat, alleine schon deswegen einen größeren Anteil davon für Miete ausgeben muss. Dies rechne ich heraus, indem ich nur vergleiche, was passiert, wenn derselbe Haushalt einen kleineren oder größeren Anteil seines Einkommens für Miete ausgibt, ohne dass sich sein Einkommen verändert.

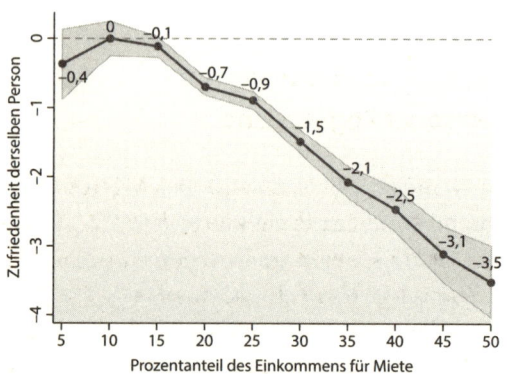

Grafik 47: Einkommensanteil für Miete

Menschen sind also am zufriedensten, wenn sie nur 10 Prozent ihres Einkommens für die Miete ausgeben müssen. Etwas mehr oder weniger ist auch nicht dramatisch. Selbst wer 25 Prozent seines Einkommens für Miete ausgibt, ist nur 0,9 Punkte unzufriedener, als er es war, während nur 10 Prozent seines Einkommens für die Miete draufgingen. Wer hingegen happige 50 Prozent seines Einkommens für die Miete ausgibt, ist starke 3,5 Punkte unzufriedener.

Sie können die beiden Effekte jetzt gegeneinander abwägen. Sie haben schon gesehen, wie eine größere Wohnung manche Menschen ein wenig zufriedener macht. Sie sehen hier aber auch, wie die Kosten dafür unzufriedener machen. Je nachdem, wie viel Fläche Sie derzeit schon bewohnen und wie viel Ihres Einkommens derzeit für Miete draufgeht, können Sie also überlegen, welcher Effekt in Ihrer Situation relevanter ist. Schauen Sie sich dazu an, wie viel Zufriedenheitszuwachs Ihnen mehr Quadratmeter bringen und wie viel Zufriedenheit Sie dafür opfern, weil Sie einen größeren Einkommensanteil zum Wohnen ausgeben. Und nachdem Sie wissen, auf wie viel Quadratmetern man wohnen sollte, schauen Sie sich an, wo man wohnen sollte.

5.3 Ostdeutsche sind unzufriedener und infizieren sogar Zugezogene

Soziologen haben es auch nicht leicht. Meine Mutter hatte einen Soziologieabschluss, aber nie ein klares Berufsbild. Anfang der 90er Jahre bekam sie eine Stelle in der thüringischen Stadt Gera. Jeden Sonntagabend fuhr sie aus Hannover hin, immer gab es Tränen. Deswegen wollten wir alle bald hinterherziehen. Doch jede Woche verschoben wir diese Pläne, bis irgendwann nicht wir zu meiner Mutter nach Ostdeutschland zogen, sondern sie zurück nach Hannover, obwohl sie dort erst einmal arbeitslos war.

Vielen Westdeutschen ging es wie uns. Lange wollte kaum ein Westdeutscher im Osten studieren. Und das Verrückte ist:

Dafür gibt es auch gute Gründe. Denn auf Ostdeutschland scheint ein Zufriedenheitsfluch zu lasten. Ostdeutsche sind – im Durchschnitt – viel unzufriedener. Sehen Sie selbst, wie zufrieden Menschen in den verschiedenen Bundesländern sind. Die grauen Punkte zeigen es für die 1990er Jahre, die schwarzen Punkte für 2019, dem letzten Jahr der Erhebung. Daran können Sie nicht nur sehen, wie zufrieden Menschen in den verschiedenen Bundesländern sind, sondern auch, wie die Zufriedenheit sich in jedem Bundesland seit den 1990er Jahren verändert hat. Bremen und das Saarland fehlen, weil in beiden Bundesländern nicht genügend Befragungen für eine zuverlässige Berechnung zur Verfügung stehen.

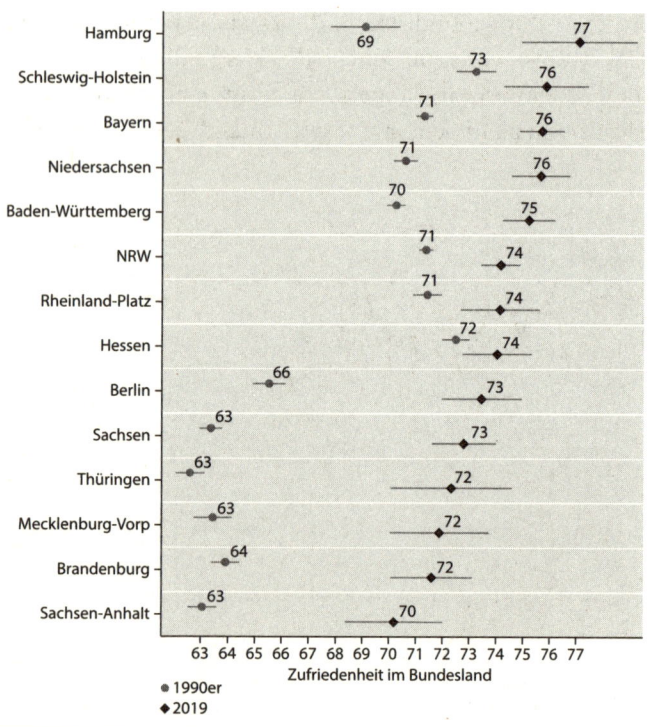

Grafik 48: Regionale Verteilung

Selbst 2019, also fast dreißig Jahre nach der Wiedervereinigung, haben Ostdeutsche eine viel niedrigere Lebenszufriedenheit als Westdeutsche. Während Hamburger ihr Leben mit 77 von 100 Zufriedenheitspunkten fristen, kommen Ostdeutsche in keinem einzigen Bundesland auf mehr als 73 Zufriedenheitspunkte. Selbst im unzufriedensten westdeutschen Bundesland Nordrhein-Westfalen lebt es sich immer noch einen Punkt besser als im zufriedensten ostdeutschen Bundesland. Ganz zu schweigen von den extremen 7 Punkten Gefälle zwischen dem traurigen Sachsen-Anhalt und dem zufriedenen Hamburg.

Und damit nicht genug. Denn in den 1990er Jahren ging es den Ostdeutschen noch schlechter. In keinem einzigen rein ostdeutschen Bundesland hatten die Menschen damals mehr als mickrige 64 von 100 Zufriedenheitspunkten. In Westdeutschland müssen Sie lange suchen, um eine derart unzufriedene Person zu finden; in Ostdeutschland ist es der Durch-

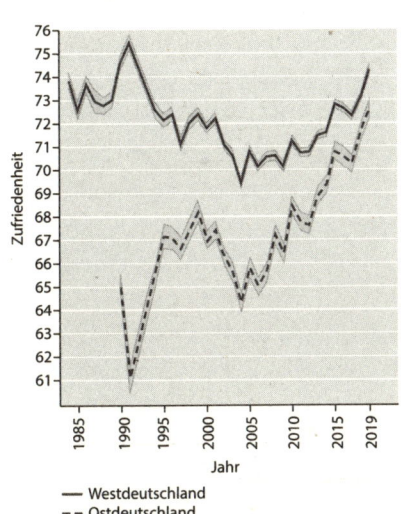

Grafik 49: Entwicklung bei Ost- und Westdeutschen

schnitt. Immerhin holen die Ostdeutschen auf. Sie sind also zwar immer noch unzufriedener, doch der Abstand ist nicht mehr so groß, wie Sie in Grafik 49 sehen.

Jetzt könnte man boshaft feststellen, dass es den Westdeutschen super ging, solange sie die Ostdeutschen noch nicht an den Hacken hatten. Zwar stieg ihre Zufriedenheit nach der Wiedervereinigung 1991 noch einmal auf mehr als 75 Punkte. Doch dann ging es bis 2004 rapide in den Keller, bis auf unter 70 Punkte. Dieser Rückgang um mehr als 5 Punkte ist extrem, vergleichbar damit, dass jeder Westdeutsche arbeitslos wird.

Ostdeutsche waren von Anfang an viel unzufriedener. Und vom ersten zum zweiten Jahr ihrer Befragung stürzte ihre Zufriedenheit noch einmal ab. Wahrscheinlich freuten sie sich 1990 zwar, zur BRD zu gehören. Doch daraufhin wurde ihr Leben völlig umgekrempelt und Arbeitslosigkeit breitete sich aus, die Gift für die Zufriedenheit ist. Während die Zufriedenheit der Ostdeutschen bis 1999 wieder anstieg, war die Stimmung im Jahr 2004 überall im Keller. Deutschland war der kranke Mann Europas, die westdeutsche Arbeitslosenquote lag bei ungefähr 10 Prozent, die ostdeutsche war sogar doppelt so hoch. Mit Hartz IV stand vielen der Verlust einer großzügigen Arbeitslosenhilfe bevor.

Doch am kältesten ist es immer, bevor es wärmer wird. 2005 kam die Wende. Seitdem geht es den Deutschen immer besser, und die Ostdeutschen holen auf. Den immer wieder genannten Grund dafür würden Sie niemals erraten: Hartz IV. Was als Symbol für Ungerechtigkeit bekannt wurde, hat anscheinend die Zufriedenheit erhöht. Denn kaum etwas ist so schlimm für Zufriedenheit wie Arbeitslosigkeit, und seit es Hartz IV gibt, ist diese stark zurückgegangen. Das erhöhte nicht nur die durchschnittliche Zufriedenheit, sondern senkte auch die ungleiche Verteilung der Zufriedenheit. Denn durch Hartz IV gibt es keine riesige Gruppe Arbeitsloser mehr, die viel unzufriedener ist als alle anderen.[126] Ich persönlich finde es problematisch, dass in Deutschland mit Hartz IV ein Niedriglohnsektor geschaffen wurde. Doch die Zufriedenheitsdaten sind ziemlich eindeutig: Da Arbeitslosigkeit nicht hauptsächlich durch den Einkommensverlust unzufrieden macht, ist ein schlecht bezahlter Job besser für die Lebenszufriedenheit als gar keiner. Selbst wer einen Ein-Euro-Job hat, ist noch zwei Punkte zufriedener, als er arbeitslos war.[127] Untersuchungen bestätigen, dass das vor allem den Ostdeutschen half. Sie sind zwar nach wie vor unzufriedener, aber nicht mehr so sehr wie früher. Heute sind vor allem noch jene Ostdeutsche unglücklich, die in der DDR aufgewachsen sind.[128]

Während also 1991 Westdeutsche gigantische 15 Punkte zufriedener waren als Ostdeutsche, ist der Unterschied auf weniger als 2 Punkte zusammengeschmolzen. Es gibt insofern in Deutschland auch eine Wiedervereinigung der Lebenszufriedenheit, denn zumindest in Bezug auf Lebensqualität hat die Angleichung der Lebensverhältnisse geklappt, und zwar nicht, weil die Westdeutschen unzufriedener, sondern weil die Ostdeutschen zufriedener werden.

Doch woran liegt die weiterhin etwas niedrigere Zufriedenheit der Ostdeutschen? Erstaunlicherweise kann man sie kaum mit den dort schlechteren Lebensumständen erklären. Zwar sind Ostdeutsche tatsächlich öfter arbeitslos, haben im Schnitt weniger Geld und machen schlechtere Jobs. Doch selbst wenn man Menschen mit demselben Beschäftigungsverhältnis und Einkommen vergleicht, sind die Ostdeutschen unzufriedener. Komisch ist auch, dass Ostdeutsche nicht nur generell unzufriedener sind, sondern auch mehr Sorge vor Verbrechen, Wirtschaftskrisen und sogar um den Weltfrieden haben.[129] Noch merkwürdiger kann es nicht werden? Doch! Denn nicht nur sind die Ostdeutschen unabhängig von ihren Lebensumständen unzufriedener. Selbst ein Westdeutscher wird unzufriedener, wenn er nach Ostdeutschland zieht. Hier sehen Sie die Effekte eines Umzugs von dem zufriedensten Bundesland Hamburg in die verschiedenen anderen Bundesländer.

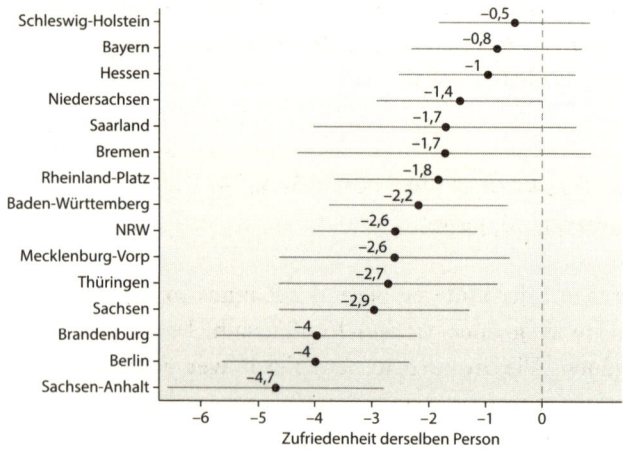

Grafik 50: Umzug von Hamburg nach …

Nicht nur sind Ostdeutsche also unzufriedener, sondern sie infizieren sogar Zugezogene. Wobei auch ein Umzug vom glücklichen Hamburg oder dem fast genauso zufriedenen Schleswig-Holstein nach NRW oder Baden-Württemberg unzufriedener macht. Dabei ging ich als Kölner immer davon aus, in der schönsten Stadt der Welt zu leben. Aber gut, diesem Irrtum sind wohl ganz besonders die Kölner erlegen. Nichts ist hingegen so schlimm, wie nach Sachsen-Anhalt zu ziehen. Man verliert dadurch selbst dann noch fast 5 Lebenszufriedenheitspunkte, wenn sich gleichzeitig weder Einkommen noch Beschäftigungsstatus ändern, denn diese halte ich hier konstant. Durchschnittlich verliert ein Westdeutscher im Schnitt 2,2 Punkte, wenn er nach Ostdeutschland zieht, und das sogar, wenn sich an seinem Einkommen und Beschäftigungsstatus nichts ändert. Aber vergessen Sie nicht, dass dies ein Durchschnittswert für den gesamten Beobachtungszeitraum ist. Seit dem Jahr 2010 geht ein Umzug nach Ostdeutschland nur noch mit einem Zufriedenheitsrückgang von 0,5 Punkten einher. Das bedeutet trotzdem, dass die Ostdeutschen nicht nur unzufriedener sind, sondern sogar Zugezogene unzufriedener machen. Vielleicht war es ganz gut, dass wir damals in Hannover geblieben sind.

5.4 Landbewohner sind zufriedener – wenn sie alt sind

Das Gras auf der anderen Seite des Zaunes ist ja bekanntermaßen immer grüner. Städter kaufen sich die *Landlust*, um von grünen Wiesen zu träumen. Doch wer an den grünen Wiesen lebt, beschwert sich über Güllegestank und darüber, dass alle coolen Bars weit weg sind.

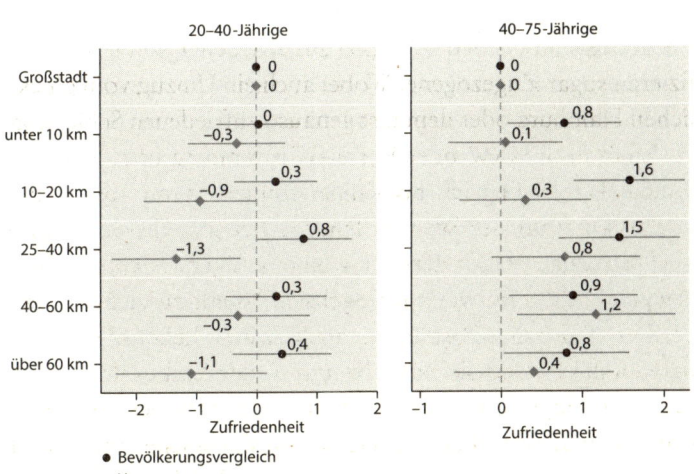

Grafik 51: Stadt und Land

Doch wer ist wirklich zufriedener, Stadt- oder Landbewohner? Das kommt aufs Alter an. Die schwarzen Balken in Grafik 51 zeigen links für 20- bis 40-Jährige und rechts für 40- bis 75-jährige, wie zufrieden diejenigen sind, die schon immer weiter weg von einer Großstadt lebten. Die grauen Balken zeigen, was mit der Lebenszufriedenheit desselben jüngeren (links) und älteren Menschen (rechts) passiert, wenn er aus der Großstadt wegzieht, ohne dass sich sein Gehalt oder seine Familiensituation ändern. Sie sehen also in Schwarz, ob eingeschworene junge (links) und ältere (rechts) Landbewohner zufriedener als Großstadtbewohner sind. In Grau sehen Sie, was ein Umzug aufs Land mit Jungen und Alten macht.

Links zeigen die schwarzen Effekte, dass junge Menschen, die schon immer weiter weg von der Großstadt lebten, genauso zufrieden sind wie Großstadtbewohner. Doch die grauen Effekte zeigen, dass dieselbe junge Person tendenziell unzufriedener wird, wenn sie aus der Stadt wegzieht. Wer beispielsweise von der Großstadt 25 bis 40 Kilometer weit aufs Land zieht, ist 1,3 Punkte unzufriedener, auch wenn sein Einkommen und seine Familiensituation gleich bleiben, denn die halte ich hier konstant.

Unter Älteren (rechts) sind auch diejenigen zufriedener, die schon immer auf dem Land wohnten. Als Älterer kann man zudem seine Zufriedenheit steigern, indem man aus dem Zentrum einer Großstadt 40 bis 60 Kilometer weit aufs Land zieht. Wer jung ist, wird also etwas zufriedener, wenn er in eine Großstadt zieht. Wer älter ist, kann seine Zufriedenheit ein wenig steigern, wenn er aus der Großstadt wegzieht. Aber denken Sie daran, dass keiner der Effekte sehr stark ist. Ob man in der Stadt oder auf dem Land wohnt, entscheidet also nicht sehr stark über die eigene Zufriedenheit, wie auch andere Forscher zeigen.[130] Wer näher an Grünanlagen oder Geschäften wohnt, ist auch nicht per se zufriedener. Etwas zufriedener ist dahingegen, wer leichter zu einer Sport- oder Gaststätte kommt. Dass es einfacher ist, Kalorien zu verbrennen oder aufzunehmen, scheint also gut zu sein – aber betrachten Sie das jetzt nicht als wissenschaftlich gesicherte Interpretation.

Ach, und erinnern Sie sich noch an die verrückte Savannentheorie, die ich schon einmal angesprochen habe? Diese nimmt nicht nur an, dass intelligentere Leute weniger Freunde brauchen, sondern auch, dass sie besser in der Stadt zurechtkommen. Die Forscher dahinter argumentieren, dass Menschen früher in kleinen Gruppen zusammenlebten. Das ist auch unbestritten. Doch jetzt kommt der verrückte Teil: Die Forscher nehmen an, dass dümmere Leute sich schlechter an neue Gegebenheiten anpassen und damit auch schlechter an die höhere Bevölkerungsdichte von Städten. Intelligentere Menschen seien hingegen in der Lage, sich auf neue Situationen einzustellen, und kämen deswegen mit höherer Bevölkerungsdichte besser klar. Entsprechend müssten Dümmere auf dem Land und Intelligentere in der Stadt zufriedener sein. Das hört sich so verrückt an, dass man es sich kaum ausdenken kann.[131] Aber das muss ja nicht bedeuten, dass die Theorie falsch ist. Schließlich haben Sie auf den vorherigen Seiten eine Menge Ergebnisse gesehen, die verrückt klingen, jedoch von den Daten gedeckt sind. Die Idee der sogenannten Savannentheorie ist hingegen nicht nur bizarr, sondern auch falsch. Denn Menschen mit niedrigerer Bildung sind zwar auf dem Land wirklich zufriedener. Doch wer mit niedrigerer Bildung aufs Land zieht, wird dadurch nicht zufriedener als wer es mit höherer tut. Die Savannentheorienerzähler sollten insofern lieber selbst in die Savanne gehen, als weiter hanebüchene Theorien zu entwickeln.

Nachdem wir uns jetzt angesehen haben, wie Familie, Arbeit, Freizeit, Freunde und der Wohnort mit Zufriedenheit korrelieren, schauen wir uns mal ein Thema an, über das man wunderbar streiten kann: Wie gehen politische Einstellungen mit der eigenen Zufriedenheit einher?

6 Politik

6.1 Wer unzufrieden ist, wählt weit rechts oder weit links

Was haben zufriedene Menschen und konservative Parteien gemeinsam? Beide wollen keine Veränderung. Stellen Sie sich einen typischen CDU-Wähler vor. Ich sehe einen älteren Menschen, der sich etwas aufgebaut hat und dem es eigentlich gut geht. Entsprechend will er keine Veränderung. Und das versprechen ihm konservative Parteien. Hingegen wollen linke, rechte oder ökologische Parteien gerade *nicht*, dass die Welt gleich bleibt. Denn sie wollen die Welt eben linker, rechter oder ökologischer machen und wenden sich damit an alle, die

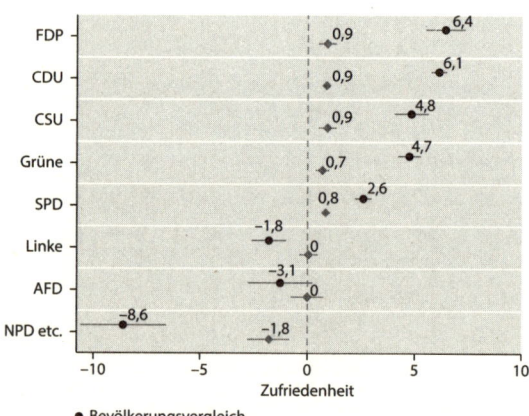

Grafik 52: Parteipräferenz

mit dem Status quo unzufrieden sind. Stellen Sie sich einen Linken-Wähler vor. Wahrscheinlich sehen Sie jemanden, der grummeliger als der CDU-Wähler ist, weil er meint, dass es in Deutschland zu viel Ungleichheit gibt. Tatsächlich zeigen die schwarzen Balken in Grafik 52, dass CDU-, FDP-, CSU-, Grünen- oder SPD-Anhänger am zufriedensten sind. Die grauen Balken zeigen, dass auch dieselbe Person in den Jahren zufriedener ist, in denen sie diesen Parteien zuneigt.

Es stimmt also wirklich: Verglichen mit Menschen, die noch nie eine Parteipräferenz hatten, sind eingeschworene CDU-, FDP- und CSU-Anhänger viel zufriedener. Und auch wer schon immer die Grünen mochte, ist viel zufriedener, als wer noch nie eine bestimmte Partei gut fand. Ebenso ist dieselbe Person in Jahren zufriedener, in denen sie die etablierten Parteien gut findet. Mir scheint plausibel, dass es gerade Anhängern von CDU, FDP und CSU gut geht. Denn sie wollen eben nicht, dass sich etwas ändert – sieht man davon ab, dass FDP-Wähler weniger Steuern zahlen wollen, was man allerdings auch nur wollen kann, wenn es einem schon recht gut geht. Bei den Grünen scheint mir eine andere Erklärung naheliegender: Umweltschutz muss man sich leisten können. Wem es schlecht geht und wer eigene Sorgen hat, hat nicht unbedingt den Kopf für Umweltschutz frei. Das zeigt sich auch an den Einkommensdaten des SOEP: FDP-Liebhaber leben in Haushalten mit mehr als 1000 Euro Einkommen pro Person mehr als der Durchschnitt; wer die Grünen oder konservative Parteien gut findet, hat immer noch circa 500 Euro mehr als der Durchschnitt.

Wer linken und rechten Parteien zuneigt, steht hingegen zwar de facto etwas schlechter da, doch noch mehr fühlt er sich so. Wer diese Parteien mag, ist auch generell besorgter, AfD-Wähler vor allem vor Ausländern.[132] Wer schon immer die NPD oder andere rechte Parteien wie die Republikaner super fand, ist sogar um extreme 8 Punkte unzufriedener, als wer noch nie eine Parteibindung hatte. Und in Jahren, in denen dieselbe Person eine Sympathie für extrem rechte Parteien hegt, ist sie auch um fast 2 Punkte unzufriedener als ansonsten. Andere Forscher bestätigen, dass zufriedene Personen Parteien der Mitte wählen, wie CDU/CSU, SPD, Grüne und FDP. Unzufriedene tummeln sich an den rechten und linken Rändern. Früher war das übrigens noch mehr so.[133]

Das bedeutet, die etablierten Parteien sollten sich die Lebenszufriedenheit von Menschen als Ziel zu eigen machen. Denn je besser es Menschen geht, desto mehr Sympathie bekommen sie. Für extrem rechte und linke Parteien gilt das Gegenteil: Je schlechter es Menschen geht, desto mehr Unterstützung fällt ihnen zu. Linkspartei und AfD würden also paradoxerweise profitieren, wenn es mehr Menschen schlecht geht. Aber dieses Ziel können sie wahrscheinlich nicht in ihr Wahlprogramm aufnehmen.

6.2 Patrioten sind zufriedener

Sie mussten in diesem Buch schon einiges verdauen. Oft genug haben wir gesehen, dass Menschen nicht immer durch das zufrieden werden, was viele für moralisch richtig halten. Auch für mich sind einige Ergebnisse schwer zu schlucken. Als Akademiker und Soziologe bin ich Teil eines grünen, linksliberalen Milieus, in dem Nationalismus einen schlechten Ruf hat. Wenn Sie sich auch so verorten, wird Ihnen das folgende Ergebnis nicht gefallen. Denn das SOEP hat Menschen gefragt, wie sehr sie sich als Deutsche fühlen. Grafik 53 auf der Folgeseite zeigt Ihnen, wie die Antworten darauf mit ihrer Lebenszufriedenheit einhergehen.

Je mehr sich jemand als Deutscher fühlt, desto zufriedener ist er mit seinem Leben. Wer sich beispielsweise »voll und ganz« als Deutscher fühlt, ist extreme 5,4 Punkte zufriedener, als wem es überhaupt nicht so geht. Was ich Ihnen hier nicht zeige, ist, dass dieser Zusammenhang auch innerhalb derselben Person auftritt: Wenn dieselbe Person sich patriotischer fühlt, ist sie auch bis zu 4,4 Punkte zufriedener. Wie kann das sein?

Wenn Sie dieses Buch lesen – wenn Sie überhaupt Bücher lesen –, sind Sie wahrscheinlich Teil einer gebildeten Elite, die sich selbst als »kosmopolitisch« ansieht. Kosmopoliten meinen, dass Menschenrechte nicht an Deutschlands oder Europas Grenze enden. Deswegen finden sie, dass Flüchtlinge keine Menschen zweiter Klasse sind. Doch nicht alle denken so. Sogenannte Kommunitaristen sagen, dass ihre Familie, ihr Stadtviertel, ihre Region und ihr Land ihnen wichtiger sind als der Rest der Welt. Wenn Sie bei einem Feuer erst Ihre eigene Familie retten oder bei einem Fußballspiel Ihren lokalen Verein anfeuern, sind Sie auch ein kleiner Kommunitarist.

Und das ist nicht per se schlecht. Denn zuerst an seinen Nächsten zu denken war sinnvoll, als Menschen in kleinen Gemeinschaften mit anderen Gruppen konkurrierten. Damals waren jene Gemeinschaften erfolgreicher, in denen Menschen sich halfen. Kommunitarismus, verstanden als auf Gruppen bezogenes Gemeinschaftsgefühl, ist insofern evolutionär adaptiv

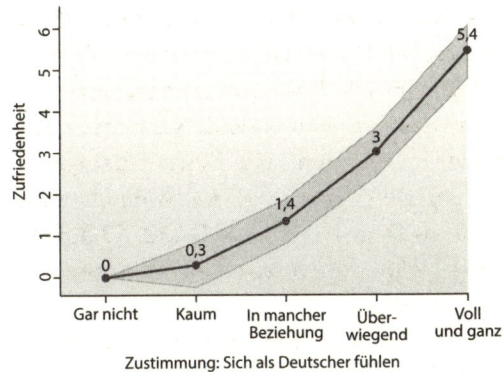

Grafik 53: Patriotismus

163

und natürlich. Gibt es keinen Kommunitarismus, geht alles vor die Hunde, weil jeder nur an sich denkt und keiner an seine Nachbarn.[134] Doch was in kleinen Gemeinschaften natürlich ist, beruht in Nationalstaaten auf faulem Zauber. Denn Gemeinschaften definieren sich dadurch, dass jeder jeden kennt. Zwei zufällig herausgepickte Deutsche kennen sich jedoch nicht. Ein Offenburger hat mit seinem 25 Kilometer entfernten Nachbarn im französischen Straßburg vielleicht mehr gemeinsam als mit einem Flensburger, obwohl beide deutsch sind. Der Historiker Benedict Anderson nennt moderne Nationalstaaten deswegen »eingebildete Gemeinschaften«.[135] Er meint, man fühlt sich nur als Deutscher, Franzose oder Engländer, weil einem das lange genug eingeredet wurde, nicht weil man mit anderen Mitgliedern der eigenen Nation tatsächlich eine große Gemeinschaft bildet. Doch eingebildet oder nicht, erst der Glaube an solche fiktiven Gemeinschaften macht landesweite Kooperation möglich. Beispielsweise ermöglicht die Illusion einer nationalen Gemeinschaft, dass Menschen circa die Hälfte ihres Einkommens abgeben, damit Unbekannte es bekommen. Das heißt dann Steuern. Und weil die Bereitschaft zu teilen an eine eingebildete Gemeinschaft geknüpft ist, gibt es riesiges Theater, wenn Menschen argwöhnen, deutsche Steuergelder könnten Griechen oder Flüchtlingen zugutekommen, denn die sind eben nicht Teil der eingebildeten Gemeinschaft. Damit Menschen zumindest innerhalb eines Landes bereit sind zu teilen, müssen sie dafür belohnt werden, und diese Belohnung lautet wiederum: Gemeinschaftsgefühl. Insofern ist nicht verwunderlich, dass Patrioten zufriedener sind, denn sie haben ein Gemeinschaftsgefühl, das eine Belohnung für (begrenzte) Solidarität darstellt und sich insofern gut anfühlen muss, sonst wäre es ja keine Belohnung.[136] Ob es uns also passt oder nicht: Patrioten sind zufriedener. Auch wenn ihr Gemeinschaftsgefühl auf einer Illusion beruht, sind manche Illusionen anscheinend glücksfördernd.

6.3 Weltreise: Das Wichtigste ist, dass Menschen sich frei fühlen können

Jetzt machen wir mal etwas ganz anderes. Statt immer nur mit deutschen Daten zu arbeiten, zeige ich Ihnen, wann Menschen weltweit zufrieden sind. Doch das ist gar nicht so einfach. So ist sich die Forschung zwar weitgehend einig, unter welchen individuellen Umständen Menschen zufrieden sind. Das haben Sie auch daran gemerkt, dass die Literatur die meisten von mir gefundenen Effekte bestätigt. Doch die Forschung, in welchen Ländern Menschen zufrieden sind, ist demgegenüber ein gigantisches Durcheinander. Sie hat nämlich ein Problem: Es gibt zu wenig Länder.

Der World Values Survey fragt die Lebenszufriedenheit von über 420 669 Menschen ab. Doch diese Befragungen kommen aus nur 105 Ländern. Will man wissen, ob Menschen in bestimmten Ländern zufriedener sind, hat man entsprechend nur 105 Messungen. Solch kleine Fallzahlen werden stark durch Ausreißer beeinflusst. Die vier skandinavischen Länder Schweden, Dänemark, Norwegen und Finnland haben beispielsweise sehr gleich verteilte Einkommen und eine sehr zufriedene Bevölkerung. Doch ist das deswegen eine generelle Regel oder eine Ausnahme? Bei so kleinen Fallzahlen hängen die Antworten eben von wenigen Ländern ab.

Um bessere Berechnungen anzustellen, müsste man die Menschheitsgeschichte mehrmals ablaufen lassen und immer wieder messen, ob Länder mit gleich verteilten Einkommen zufriedener sind. Doch es gibt nur eine Menschheitsgeschichte, aus der wir Schlüsse ziehen können, so dass die Datenbasis natürlicherweise begrenzt ist. Jeder wissenschaftliche Ländervergleich kennt dieses Problem. In der Politikwissenschaft gibt es beispielsweise die Regel, dass Demokratien keine Kriege führen. Doch ist es Zufall, dass das bisher nicht passiert ist, oder steckt dahinter eine generelle Regel? Weil die Geschichte zu wenig Datenmaterial liefert, kann man es nicht genau berechnen, und deswegen ist Forschung darüber, in welchen Ländern Menschen zufrieden sind, automatisch ungenauer als Forschung, die zeigt, wann Individuen zufrieden sind. Doch verschaffen Sie sich erst einmal selbst einen Eindruck. Die folgende Grafik zeigt, wie viele von 100 möglichen Zufriedenheitspunkten Menschen sich in verschiedenen Ländern durchschnittlich geben.[137]

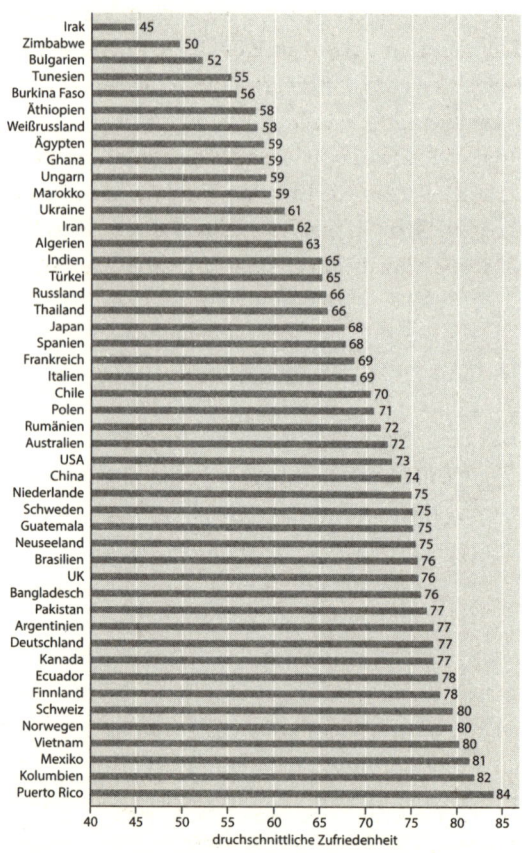

Land	Zufriedenheit
Irak	45
Zimbabwe	50
Bulgarien	52
Tunesien	55
Burkina Faso	56
Äthiopien	58
Weißrussland	58
Ägypten	59
Ghana	59
Ungarn	59
Marokko	59
Ukraine	61
Iran	62
Algerien	63
Indien	65
Türkei	65
Russland	66
Thailand	66
Japan	68
Spanien	68
Frankreich	69
Italien	69
Chile	70
Polen	71
Rumänien	72
Australien	72
USA	73
China	74
Niederlande	75
Schweden	75
Guatemala	75
Neuseeland	75
Brasilien	76
UK	76
Bangladesch	76
Pakistan	77
Argentinien	77
Deutschland	77
Kanada	77
Ecuador	78
Finnland	78
Schweiz	80
Norwegen	80
Vietnam	80
Mexiko	81
Kolumbien	82
Puerto Rico	84

druchschnittliche Zufriedenheit

Grafik 54: Zufriedenheit unterschiedlicher Nationen

Versuchen Sie einmal, unter diesen Ländern eine Regel zu finden, was mit Zufriedenheit einhergeht. Es ist nicht einfach. Denn nach Puerto Rico sind die zufriedensten Länder Mexiko und Kolumbien, beide relativ korrupt, gewalttätig und arm. Darauf folgen allerdings nach Vietnam alsbald Norwegen und die Schweiz, die ganz im Gegenteil außerordentlich unkorrupt, friedlich und reich sind. Einerseits scheinen viele südamerikanische Länder zufrieden. Andererseits stehen neben Norwegen und der Schweiz auch Finnland, Kanada, Neuseeland, Großbritannien, Schweden und die Niederlande gut da. Und eben auch Deutschland, das ziemlich weit vorne liegt. Aber eine Gemeinsamkeit dieser unterschiedlichen Länder liegt nun wirklich nicht auf der Hand.

Auch die besonders unzufriedenen Länder haben nur wenig gemeinsam. Dass die Menschen im Irak sehr unzufrieden sind, ist wenig überraschend. Vor allem in afrikanischen, islamischen und ehemals kommunistischen Ländern scheinen Men-

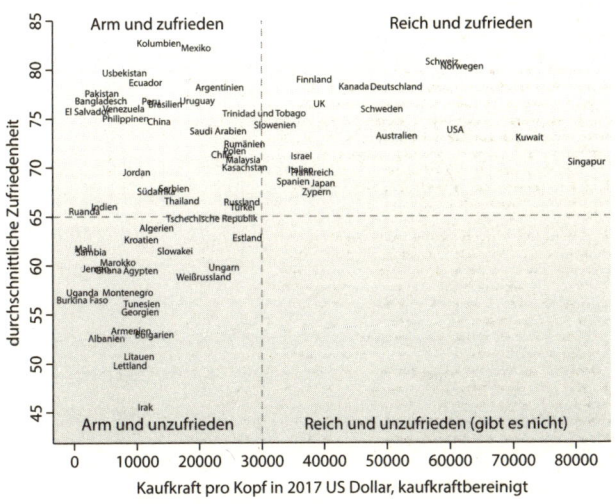

Grafik 55: Bruttoinlandsprodukt

167

schen unzufrieden. Ein paar verallgemeinerbare Regeln gibt es zumindest. Die offensichtlichste Vermutung ist vielleicht, dass Menschen in reichen Ländern zufriedener sind. Das stimmt zumindest halb. In Grafik 55 sehen Sie den Zusammenhang.

Die untere Achse zeigt, wie hoch der Wohlstand eines Landes ist. Beispielsweise hat ein Deutscher durchschnittlich eine Kaufkraft, mit der er in den USA des Jahres 2017 für 51 430 Dollar hätte einkaufen können.[138] Und wenn Sie sich jetzt denken, dass Deutsche dann ja ziemlich reich sind, so kann ich nur sagen: Genau so ist es! Aber weiter im Text. Alle Werte sind an die Kaufkraft der USA angepasst. Das berücksichtigt, dass Menschen in Entwicklungsländern weniger Geld brauchen, weil die Preise dort niedriger sind. Umso weiter ein Land rechts steht, desto mehr können die Bewohner dieses Landes sich also leisten, obwohl das Leben in reicheren Ländern teurer ist. Auf der linken Achse sehen Sie demgegenüber, wie zufrieden die Bevölkerung der mehr oder weniger reichen Länder im Durchschnitt ist.

Man sieht, dass man in armen Ländern zwar nicht automatisch unglücklich, in reichen jedoch automatisch glücklicher ist. Überall, wo ein Mensch durchschnittlich mehr als 30 000 Dollar pro Jahr hat, liegt die durchschnittliche Lebenszufriedenheit über 65 von 100 möglichen Punkten. Doch umgekehrt sind nicht alle armen Länder unzufrieden. Mexiko und Kolumbien sind arm, doch sie haben die zufriedenste Bevölkerung. Es gibt also Länder unten links (arm und unzufrieden), oben links (arm und zufrieden) und oben rechts (reich und zufrieden). Was es *nicht* gibt, sind Länder unten rechts. Denn kein reiches Land hat eine unzufriedene Bevölkerung. Armut garantiert insofern nicht Unzufriedenheit, doch Reichtum garantiert Zufriedenheit.

Das liegt wahrscheinlich daran, dass reiche Länder ihre Bevölkerung zumindest mit dem Nötigsten versorgen. In Ländern wie Deutschland gibt es keinen weitverbreiteten Hunger, kaum Gewaltverbrechen, und jeder kann eine Krankenversorgung bekommen. Doch sobald die Bevölkerung mit dem Nötigsten ausgestattet ist, kauft mehr Geld nicht mehr Zufriedenheit, wie wir auch an den individuellen Einkommen gesehen haben.[139] Dieses von Richard Easterlin zuerst herausgefundene Phänomen fassen einige Ökonomen heute mit der Regel zusammen, dass Länder mit mehr Wirtschaftswachstum kein höheres Zufriedenheitsniveau erreichen, seit sie ungefähr das Wohlstandsniveau der 1960er Jahren erreicht haben.[140] Ärmere Länder profitieren hingegen auch heute von Wirtschaftswachstum, weil ihr Lebensstandard noch unter dem der entwickelten Ländern in den 1960er Jahren liegt. Doch selbst in reichen Ländern gibt es noch einen Zusammenhang. Der ist allerdings nicht linear, sondern logarithmisch. Das heißt, in reichen Ländern bringt der Zuwachs von 30 000 auf 50 000 Dollar genauso viel Zufriedenheit wie in armen Ländern der Sprung von 3 000 auf 5 000 Dollar. Umso reicher

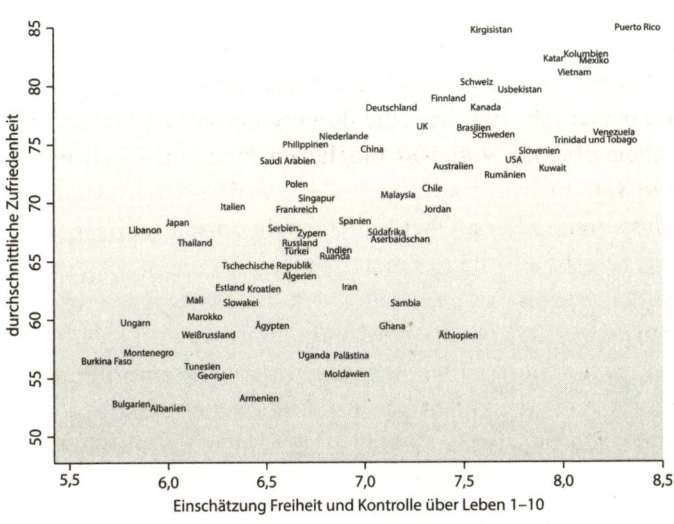

Grafik 56: Selbstbestimmtes Leben

man ist, desto mehr Geld braucht man also, damit die Zufriedenheit der Bevölkerung noch wächst.[141] Doch wieso haben einige arme Länder ebenfalls eine zufriedene Bevölkerung? Es hängt mit dem Gefühl von Freiheit zusammen. In Grafik 56 sehen Sie, für wie frei und selbstbestimmt die Bevölkerung eines Landes sich hält und wie zufrieden sie ist.[142]

Je freier und selbstbestimmter die Menschen eines Landes sich fühlen, desto zufriedener sind sie. Der Zusammenhang ist so stark, dass er 62 Prozent der durchschnittlichen Zufriedenheitswerte eines Landes erklärt.[143] Andere Forscher bestätigen das und stellen außerdem fest, dass man die durchschnittlich empfundene Freiheit und Selbstbestimmung eines Landes auch als dessen Ausmaß an Toleranz deuten kann.[144] Denn wenn Menschen in einer Gesellschaft frei und selbstbestimmt leben, können sie nicht unterdrückt werden. Haben wir also unsere Antwort? Erklärt sich hohe Zufriedenheit einfach dadurch, dass Menschen sich frei fühlen und ein selbstbestimmtes Leben haben, weil sie in einem entsprechend toleranten Land leben?

Eigentlich schon. Allerdings hat dieses Gefühl von Freiheit nur begrenzt etwas mit der tatsächlichen Regierungsform eines Landes zu tun. Das weltweit anerkannte Polity-5-Project codiert nach festgelegten Regeln, wie demokratisch ein Land ist.[145] Diese Daten zeigen, dass Menschen in manchen extrem undemokratischen Ländern trotzdem recht zufrieden sind, beispielsweise in Katar, Usbekistan, Saudi-Arabien oder Kuwait. Umgekehrt gibt es Länder, die objektiv gesehen demokratisch sind, aber trotzdem eine unzufriedene Bevölkerung haben, beispielsweise Litauen, Lettland und Bulgarien. Wichtig ist also nicht, ob Länder wirklich demokratisch sind, sondern ob Menschen sich dort frei fühlen, und das ist nicht dasselbe. In vielen de facto undemokratischen Ländern, beispielsweise den Golfstaaten oder China, fühlen Menschen sich nach den Daten sogar ähnlich frei und selbstbestimmt wie Deutsche und freier als Franzosen, obwohl Letztere ein messbar freieres Leben haben. Woran kann das liegen? Eine Möglichkeit ist, dass Menschen in de facto unfreieren Ländern selbst in einer anonymen Umfrage nicht zugeben, wenn sie sich unfrei fühlen. Doch dann müsste zu beobachten sein, dass in unfreieren Ländern die Antwort auf die Frage, wie frei man sich fühlt, öfter verweigert wird. Eine Inspektion der Daten zeigt jedoch, dass dies nicht der Fall ist. Eine andere Interpretation ist deswegen naheliegender: Möglicherweise vergleichen Menschen aus Schwellenländern ihr Leben mit dem noch viel unfreieren Leben ihrer Eltern, so dass ihr Anspruch niedriger ist. Menschen in de facto demokratischen Ländern hätten dann viel höhere Ansprüche an Selbstbestimmung und würden sich deswegen unfreier fühlen, obwohl sie objektiv gesehen freier sind. Chinesen fühlen sich vielleicht frei, weil sie seit 2016 wieder mehr als ein Kind haben dürfen; Deutsche könnten sich unfrei fühlen, weil ihr Elterngeld nach einem Jahr endet. Dass die Bevölkerung der Golfstaaten und Chinas sich für recht frei und selbstbestimmt hält, erklärt möglicherweise auch, warum westliche Länder mit ihrem Drängen auf Menschenrechte und Freiheit dort nicht weit kommen. Denn auch wenn es kaum vorstellbar erscheint: Menschen fühlen sich in vielen undemokratischen Länder einfach nicht gegängelt. Und dieses rein subjektive Gefühl der Freiheit entscheidet über Zufriedenheit, nicht die de facto vorhandene Demokratie.

Neben Wohlstand und subjektiv empfundener Freiheit gibt es noch eine dritte Variable, die eine zufriedene Bevölkerung garantiert. Das World Values Survey hat Menschen gefragt, ob man anderen vertrauen oder nie vorsichtig genug sein kann. Hier sehen Sie, welcher Prozentanteil der Bevölkerung anderen vertraut und wie zufrieden Menschen in diesem Land jeweils sind:

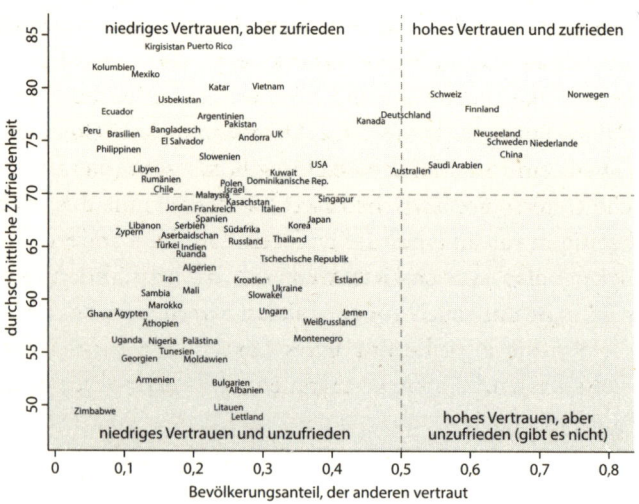

Grafik 57: Generalisiertes Vertrauen

Jedes Land, in dem zumindest die Hälfte der Bevölkerung vertraut, ist zufrieden. Doch während hohes Vertrauen Zufriedenheit garantiert, ist Misstrauen keine Garantie für Unzufriedenheit. Wieder haben zufriedene Länder wie Kolumbien und Mexiko eine sehr misstrauische Bevölkerung. Und auch die Bevölkerung anderer, meist südamerikanischer Länder, traut sich zwar kaum über den Weg, ist jedoch trotzdem ziemlich zufrieden. Dahingegen trauen sich Menschen in islamischen sowie afrikanischen Ländern und im ehemaligen Ostblock nicht und sind entsprechend unzufrieden. Nur unten rechts findet sich kein Land. Denn wo es eine vertrauensvolle Bevölkerung gibt, ist die Zufriedenheit automatisch hoch. Für Vertrauen stimmt also dasselbe wie für Wohlstand: wenig garantiert keine Unzufriedenheit, doch viel garantiert Zufriedenheit.

Reichtum, gefühlte Freiheit, Selbstbestimmtheit und hohes Vertrauen gehen also mit einer zufriedenen Bevölkerung einher. Doch nun haben wir ein Problem. Denn wenn beispielsweise reichere Länder auch Länder sind, in denen Menschen sich freier fühlen und vertrauen, was gibt dann wirklich den Ausschlag? Die folgende Grafik zeigt, wie viel zufriedener die Bevölkerung eines Landes ist, wenn empfundene Freiheit, Wohlstand, Vertrauen, die Demokratie und Ungleichheit jeweils eine Standardabweichung höher sind (das ist der typische Unterschied zwischen zwei Ländern), ohne dass sich gleichzeitig etwas an einer der anderen Variablen ändert. Die Grafik zeigt also, was passiert, wenn ein Faktor stärker ausgeprägt ist, ohne dass auch andere Faktoren ansteigen, beispielsweise wenn die Bevölkerung eines Landes sich freier fühlt, ohne dass das Land reicher, vertrauensvoller, demokratischer oder ungleicher wird.[146]

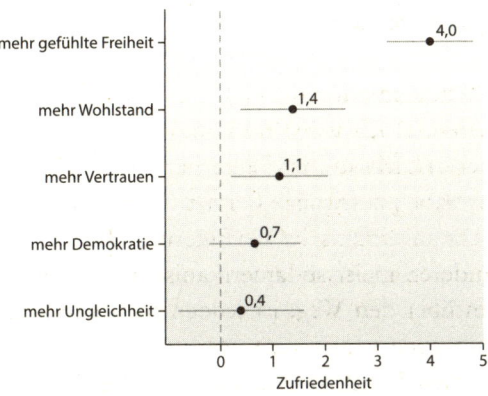

Grafik 58: Freiheit, Wohlstand, Vertrauen, Demokratie, Ungleichheit

Man sieht, dass der stärkste Einfluss auf Lebenszufriedenheit – unter Gleichhaltung aller anderen – von der empfundenen Freiheit ausgeht. Empfinden sich Menschen eines Landes eine Standardabweichung freier, sind sie auch starke 4 Punkte zufriedener, unabhängig davon, wie reich ihr Land ist, wie sehr sie sich vertrauen, wie demokratisch ihr Land ist und wie ungleich die Einkommen verteilt sind. Ist der Wohlstand eine

Standardabweichung höher, ist die Bevölkerung immerhin noch um 1,4 Punkte zufriedener. Vertraut sich die Bevölkerung eines Landes mehr, ist die Zufriedenheit 1,1 Punkte höher.

Während wahrgenommene Freiheit generell mit einer zufriedeneren Bevölkerung einhergeht und Vertrauen und Wohlstand immerhin dafür sorgen, dass man in einem Land nicht unzufrieden ist, haben andere Einflüsse nichts mit der Zufriedenheit der Bevölkerung zu tun, obwohl man das erwarten würde. Erstens geht, wie schon besprochen, das objektive Ausmaß an Demokratie nicht signifikant mit Lebenszufriedenheit einher. Das heißt, wenn die Bevölkerung eines Landes sich frei fühlt, erhöht das tatsächliche Ausmaß an Demokratie die Zufriedenheit nicht mehr. Umgekehrt geht das subjektive Gefühl von Freiheit und Selbstbestimmtheit selbst dann mit Zufriedenheit einher, wenn es nichts mit der tatsächlich vorhandenen Demokratie zu tun hat.

Auch ungleichere Länder sind nicht unzufriedener. Ein berühmtes Buch der britischen Gesundheitswissenschaftler Wilkinson und Pickett argumentierte 2010, dass Menschen in Gesellschaften mit gleich verteilten Einkommen ein besseres Leben haben.[147] Doch als ich während eines einjährigen Forschungsaufenthalts in Harvard Professor Jason Beckfield traf, war er verzweifelt über diesen Befund. Denn er hätte es zwar schön gefunden, ihn zu bestätigen. Doch wie er die Daten auch hoch- und runterrechnete, er fand den Zusammenhang einfach nicht.[148] Ich habe dann zu diesem Thema einige Publikationen in akademischen Fachzeitschriften veröffentlicht. Immer wieder fand ich, dass Jason auch in Bezug auf Zufriedenheit recht hat: Gleichere Länder sind nicht zufriedener. Andere Forscher haben dies mittlerweile bestätigt.[149] Es erklärt sich auch dadurch, dass einige der ungleichsten Gesellschaften, wie Mexiko, Kolumbien, Guatemala, Ecuador, Brasilien und Puerto Rico, eine sehr zufriedene Bevölkerung haben. Doch wieder sind einige Gesellschaften mit sehr gleichmäßig verteilten Einkommen unter den zufriedensten, vor allem Norwegen, Finnland, Schweden und Dänemark. Einen einfachen Zusammenhang zwischen Ungleichheit und Zufriedenheit gibt es also nicht.

Man könnte jetzt einwenden, dass mehr gefühlte Freiheit oder Vertrauen Menschen zufrieden erscheinen lassen, weil sie sich dann auch persönlich freier fühlen oder öfter vertrauen. Doch um solch individuelle Effekte soll es hier ja gerade nicht gehen, sondern um die Effekte eines Landes auf die Lebenszufriedenheit einer Person. Um diese Ländereffekte, unabhängig von den eigenen Einstellungen, herauszubekommen, habe ich in allen Berechnungen die individuellen Einstellungen konstant gehalten. Die Effekte zeigen also, dass ich sogar zufriedener in einem Land bin, in dem sich alle vertrauen, wenn ich selbst misstrauisch bin. In Bezug auf Freiheit können Sie es sich so vorstellen: Wenn alle anderen sich freier und selbstbestimmter fühlen, geht es mir selbst dann besser, wenn ich mich selbst nicht frei fühle. Das ist auch nicht so überraschend. Wer selber meint, dass Deutschland ihm nicht viel Freiheit bietet, hat hier schließlich unabhängig von seiner eigenen Meinung immer noch ein besseres Leben, als wer in einer tatsächlichen Diktatur lebt. Und genau das zeigen die Daten. Es geht also bei den Berechnungen immer nur um den Einfluss des Landes auf die eigene Zufriedenheit, unabhängig von den eigenen Einstellungen. Das auseinanderhalten zu können ist ein Vorteil ländervergleichender Forschung. Denn sie zeigt, wie die Eigenschaften der Bevölkerung eines Landes einen Menschen beeinflussen, unabhängig davon, wie er individuell drauf ist. Weitere Berechnungen zeigen, dass die Ergebnisse auch fast vollkommen unabhängig von individuellen Eigenschaften wie Bildung, Beziehungsstatus, Alter und Beschäftigungsstatus der Befragten sind.

Der berühmte Modernisierungsforscher Ronald Inglehart

meint aufgrund dieser Daten, dass Länder zwei Wege zur Zufriedenheit beschreiten können: Entweder sie werden reich, tolerant und frei, so wie die nordeuropäischen Länder, oder sie bleiben traditionell und sorgen dafür, dass ihre Bevölkerung sich mit weniger begnügt, so wie die südamerikanischen Länder. Das kann ein Land mit einer Religion erreichen, die Menschen rät, sich mit dem Vorhandenen zufriedenzugeben. Inglehart meint, Länder seien deswegen umso zufriedener, je wichtiger Gott im Leben ihrer Bevölkerung ist.[150] Doch diesen Zusammenhang kann ich in den Daten nicht finden. Andere Studien argumentieren, dass man in korrupten Länder unzufriedener sei.[151] Doch so logisch das auch erscheinen mag, auch diesen Zusammenhang kann ich mit den Daten nicht bestätigen. Wieder andere finden, dass Länder mit progressiverer Besteuerung und einem größeren Wohlfahrtsstaat zufriedener seien.[152] Doch dieser Zusammenhang kann sich einfach dadurch ergeben, dass beides auf die skandinavischen Länder zutrifft, welche allerdings möglicherweise eine Ausnahme bilden.

Ein weiterer Einwand könnte sein, dass sich stark von Land zu Land unterscheidet, was Menschen zufrieden macht. Doch die Forschung zeigt, dass dies nicht stimmt.[153] Was Menschen zufrieden macht, unterscheidet sich kaum von einem Land zum anderen. Alle Menschen brauchen dasselbe, nur ob sie es bekommen, unterscheidet sich von Land zu Land.

Zuletzt könnte man noch fragen, ob die eigene Zufriedenheit überhaupt von dem Land abhängt, in dem man lebt, oder vielmehr von einem selbst. Die Daten zeigen, dass 85 Prozent der mehr oder weniger hohen Lebenszufriedenheit von individuellen Eigenschaften abhängt, egal, in welchem Land man lebt. Wie zufrieden ich bin, hängt also nur zu 15 Prozent von den Umständen ab, die ich mit der Bevölkerung meines Landes teile, und zu 85 Prozent von mir selbst.[154]

Halten wir also fest: Menschen sind vor allem zufrieden,

wenn sie in einem Land leben, in dem die Bevölkerung meint, frei zu sein und Kontrolle über ihr Leben zu haben. Reichtum und Vertrauen eines Landes garantieren eine zufriedene Bevölkerung, doch ihre Abwesenheit bringt nicht automatisch Unzufriedenheit. Das objektiv messbare Ausmaß an Demokratie geht genauso wenig mit einer hohen Zufriedenheit einher wie gleich verteilte Einkommen.

7   Gesundheit

Wir stecken in einer Falle. Sie, ich, fast jeder. Denn kaum jemand hat Lust, im Winter oder bei Regen zu joggen. Doch
überall hören wir, dass wir mehr Sport treiben sollten. Also
machen wir entweder mit schlechtem Gewissen mit und finden es blöd, oder wir lassen es und fühlen uns umso blö-
der, denn wir sollten ja Sport treiben, und tatsächlich macht
immer nur auf dem Sofa sitzen auch nicht glücklich. Doch
wie viel zufriedener ist man wirklich, wenn man mehr Sport
treibt, dünner und gesünder wird? Die Antworten darauf
kommen mit dem Vorschlaghammer. Denn Sie werden
sehen, dass kaum etwas so stark die eigene Zufriedenheit
beeinflusst, wie sich gesund zu fühlen. Die obere Kurve zeigt,

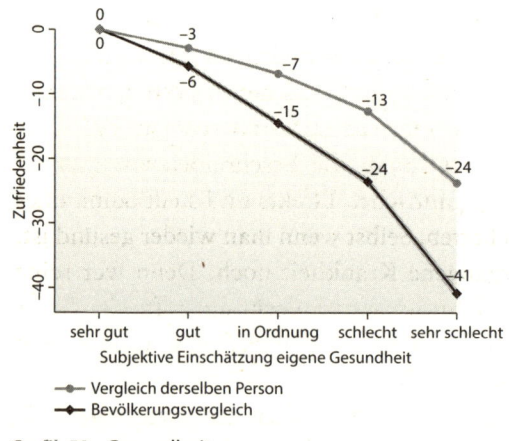

Grafik 59: Gesundheit

178

wie viel unzufriedener dieselbe Person in Jahren ist, in denen sie sich ungesünder einschätzt. Die untere Kurve zeigt, wie viel unzufriedener Menschen sind, die sich für ungesünder halten als andere.

Damit zeigt Grafik 59 den stärksten und eindeutigsten Einflussfaktor von Lebenszufriedenheit im ganzen Buch. Wer seine Gesundheit schon immer für sehr schlecht gehalten hat, ist unfassbare 41 Punkte unzufriedener, als wem seine Gesundheit schon immer als sehr gut erschien. Denken Sie daran, alles über 10 Punkte gilt im gesamten Buch als gigantischer Effekt. Gesundheit hat einen mehr als viermal so starken Effekt. Das ist zu viel, um es überhaupt noch mit der ansonsten von mir genutzten standardisierten Wortwahl zu beschreiben. Um noch einmal zu verdeutlichen, wie viel es ist: Weil die meisten Menschen sich in der Mitte der Zufriedenheitsskala verorten, machen 40 Punkte den Unterschied zwischen jemandem in den zufriedensten und unzufriedensten 10 Prozent aus. Es trägt also bei Weitem, wirklich bei Weitem, nichts so sehr zu Ihrer Zufriedenheit bei wie Ihre Gesundheit. Kennen Sie eine Person, die sich für sehr ungesund hält, können Sie fast sicher sein, dass sie auch sehr unzufrieden ist und umgekehrt.

Aber nicht nur zeigt sich, dass diejenigen, die schon immer ungesünder waren, auch viel unzufriedener sind. Auch ist dieselbe Person um 24 Punkte unzufriedener in Jahren, in denen sie ihre Gesundheit für sehr schlecht statt sehr gut hält. Das ist nach unserer Konvention für das Beschreiben von Effekten das 2,4-fache eines gigantischen Effekts und stellt damit alles Bisherige in den Schatten. Selbst wenn man wieder gesund ist, belastet einen vergangene Krankheit noch. Denn wer seine Gesundheit letztes Jahr als sehr schlecht einstufte, ist dieses Jahr selbst dann noch 5 Punkte unzufriedener, wenn es ihm schon wieder blendend geht.

Doch vielleicht führt nicht Krankheit zu Unzufriedenheit, sondern Unzufriedenheit zu Krankheit? Um die Kausalität rauszukitzeln, um also zu verstehen, wie Gesundheit Lebenszufriedenheit tatsächlich beeinflusst, kann man sich anschauen, wie viel unzufriedener Menschen sind, wenn sie Schmerzen haben – denn dass Unzufriedenheit konkrete Schmerzen bringt, ist kaum denkbar. Die untere Kurve zeigt, wie viel unzufriedener Menschen sind, die schon immer mit körperlichen Schmerzen zu kämpfen hatten. Die obere Kurve zeigt dahingegen, wie viel unzufriedener dieselbe Person in Jahren ist, in denen sie öfter Schmerzen hat.

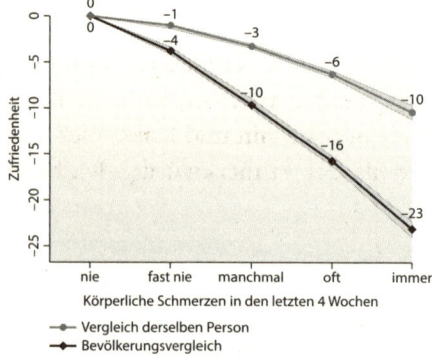

Grafik 60: Schmerzen

Wer schon immer unter Schmerzen gelitten hat, ist unfassbare 23 Punkte unzufriedener als die Gruppe derjenigen, die in den letzten Wochen keine Schmerzen hatte. Auch ist dieselbe Person gigantische 10 Punkte unzufriedener, als sie ansonsten ist, wenn sie in den vier Wochen vor der Befragung unter Schmerzen litt. Insofern kann man sagen, dass kaum etwas die Zufriedenheit so stark senkt wie Krankheit und Schmerz. Und auch hier passt der von der Literatur verwendete Ausdruck Narbeneffekte gut.[155] Denn Schmerzen und Krankheit hinterlassen nicht nur körperliche, sondern auch seelische Narben, eben Zufriedenheitsnarben. Das liegt *nicht* daran, dass ältere Menschen kränker und unzufriedener sind. Denn diesen Alterseffekt rechne ich ja immer raus. Doch während wir Alter bisher nur als zu eliminierenden Störfaktor betrachteten, schauen wir uns jetzt an, wie viel zufriedener oder unzufriedener Menschen je nach Lebensalter tatsächlich sind. Und da sind die Nachrichten ebenfalls schlecht, mit einer kleinen Ausnahme.

7.1 Im Alter geht es abwärts, außer Sie fühlen sich gesund

Ich hasse meinen Geburtstag. Meine Freunde wollen mir immer gratulieren, das ist ja auch nett. Doch ich habe mein Handy ausgestellt, grantele vor mich hin und lenke mich mit Computerspielen ab. Ich weiß, das ist merkwürdig. Ich habe

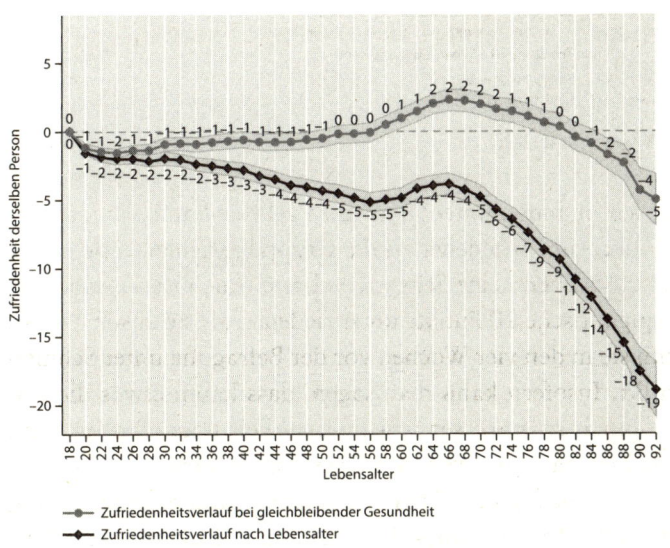

Grafik 61: Lebensalter

es allerdings einfach nie geschafft, mich über das Näherrücken von Gebrechlichkeit und Tod zu freuen.

Sie finden Altern auch blöd? Dafür gibt es mehr Grund, als man angesichts fröhlicher Geburtstagsfeiern denken könnte. Die untere der beiden Kurven in Grafik 61 zeigt, wie viel zufriedener oder unzufriedener derselbe Mensch je nach Alter ist, verglichen mit seiner eigenen Lebenszufriedenheit mit 18. Die obere Kurve erkläre ich gleich. Wenden wir uns erst mal der unteren zu und kriegen eine Depression.

Es ist so schlimm, wie es aussieht. Die untere Kurve zeigt, wie man – abgesehen von einer kleinen Pause zum Renteneintritt – mit zunehmendem Alter immer unzufriedener wird, bis man im zugebenermaßen biblischen Alter von 92 Jahren riesige 19 Punkte unzufriedener ist, als man mit 18 war. Wieder ein gigantischer Effekt und leider ein gigantisch negativer.

Aber was besagt die obere Kurve? Gibt es Hoffnung? Es gibt zumindest etwas, worauf man hoffen kann. Die obere Kurve zeigt den Verlauf der Lebenszufriedenheit, wenn man sich gleichbleibend gesund fühlt. Wer im Alter seine Gesundheit noch so positiv bewertet wie während seiner Jugend, wird bis Mitte/Ende 60 sogar tendenziell zufriedener und dann erst langsam immer unzufriedener, wobei dann erst ab 80 die Zufriedenheit unter das Niveau sinkt, das man mit 18 hatte. Es gibt also kein ehernes Gesetz, wonach mit dem Lebensalter die Zufriedenheit zurückgehen muss. Wer es schafft, sich weiter gesund zu fühlen, bleibt vom negativen Effekt des Alterns weitgehend verschont. Doch weil die meisten sich mit zunehmendem Alter eben doch weniger gesund fühlen, sinkt auch ihre Zufriedenheit. Aber es gibt auch eine gute Nachricht: Desto spätere Zeiträume ich mir ansehe, desto weniger geht die Lebenszufriedenheit mit dem Alter zurück. Ein Großteil des Effektes, dass es Menschen mit dem Alter schlechter geht, kommt also aus den 1980er und 1990er Jahren, vielleicht weil damals die medizinische Versorgung schlechter war. Insgesamt scheint jedenfalls älter zu werden seinen Schrecken zu verlieren und nicht mehr den stark negativen Effekt zu haben, den es früher einmal hatte.

Andere Untersuchungen bestätigen, dass die Zufriedenheit mit dem Alter abnimmt. Einige haben jedoch argumentiert, der Tiefpunkt sei vielmehr in der Mitte des Lebens, und danach steige die Zufriedenheit wieder.[156] Medien haben das gerne aufgegriffen. Doch dieses Ergebnis beruht auf fehlerhaften Berechnungen. Denn frühe Untersuchungen haben nicht die Lebenszufriedenheit derselben Person zu unterschiedlichen Zeitpunkten verglichen, sondern die Zufriedenheit junger, mittelalter und alter Menschen zum selben Zeitpunkt. Warum ist das problematisch? Stellen Sie sich vor, Sie messen im Jahr 2010, dass 80-Jährige besonders zufrieden sind. Sie könnten dann vermuten, dass die Zufriedenheit mit dem Alter steigt. Tatsächlich ist es aber ein sogenannter Kohorteneffekt. Denn wer 2010 80 Jahre alt war, wurde 1930 geboren. Und wer als Jugendlicher erlebt hat, wie Eltern und Bekannte starben und die Wohnung zerbombt wurde, dem kommt danach alles wie das Paradies auf Erden vor, also auch das Jahr 2010. Das liegt aber nicht daran, dass 80-Jährige besonders zufrieden sind, sondern daran, dass wer von den 1930er Jahren geprägt wurde, die Welt heute im Vergleich dazu positiv sieht. Wenn man nur eine Messung hat, kann man die beiden Effekte nicht trennen, denn 2010 sind alle 80-Jährigen 1930 geboren. Man weiß also nicht, ob ihre Zufriedenheit an ihrem Alter oder ihrem Geburtsdatum liegt. Dies ist das in der Statistik berühmte Alters-, Perioden-, Kohortenproblem. Ich habe mich jahrelang damit auseinandergesetzt – zur Nachahmung eher nicht zu empfehlen. Weitere Probleme sind beispielsweise, dass unzufriedene Menschen früher sterben (kaum zu glauben, aber wahr). Wenn man also nur die älteren Bevölkerungsgruppen mit den Jungen vergleicht, wirken die älteren zufriedener, denn nur die zufriedenen Menschen werden überhaupt alt. Doch uns interessiert ja nicht, ob zufriedene Menschen länger überleben, sondern ob dieselbe Person zufriedener ist, wenn sie selbst länger überlebt. Zu verstehen, wie Lebenszufriedenheit mit dem Alter einhergeht, ist also gar nicht so einfach, wie man erst mal vermuten könnten. Mir haben dabei Josef Brüderl, Professor für Methoden der empirischen Sozialforschung und Fabian Kratz geholfen. Josef Brüderl ist so etwas wie Deutschlands Datendetektiv. Manchmal schaut er sich an, was andere gemacht haben und entdeckt dabei Fehler. So ist es auch bei der Berechnung der U-Kurve der Zufriedenheit gewesen. Denn anders als man lange dachte, wird man eben nicht zuerst mit dem Alter unzufriedener, nur um dann wieder zufriedener zu werden. Dass es nicht so ist, konnten die beiden zeigen. Zum Glück hatte ich dasselbe Ergebnis wie Brüderl und Kratz. Aber erst als ich sah, dass es ihnen genauso ging wie mir, traute ich meinen eigenen Augen – beziehungsweise Berechnungen. Wichtig ist jedenfalls, dass, seit es genug Messungen von älteren Menschen mit unterschiedlichen Geburtszeitpunkten gibt, sich zeigt, dass man mit dem Alter unzufriedener wird, außer – das ist die eine große Ausnahme – man bleibt gesund. Dabei ist der gefühlte Gesundheitszustand übrigens viel wichtiger als der objektive. Wenn Sie objektiv krank sind, sich aber nicht so fühlen, haben Sie auch kein Problem.[157] Aber jetzt schauen wir uns mal an, was es bringt, objektiv gesünder zu sein.

7.2 Stärkere sind zufriedener

Viele gehen ins Fitnessstudio, um kräftiger zu werden. Doch sind dicke Muckis wichtig? Wenn man Türen eintreten, Kinder aus Lawinen retten oder Ochsenkarren ziehen will, dann auf jeden Fall. Doch wie oft machen Sie das? Die größte körperliche Anstrengung in meinem Job ist allerdings Tippen. Und damit dürfte es mir gehen, wie vielen anderen auch. Weil man Muskeln heute also kaum noch braucht, kann man sich schon fragen, ob die Typen im Fitnessstudio vielleicht einfach eine Neurose haben. Oder bringt Stärke selbst in einer Welt etwas, in der sie fast nutzlos geworden ist?

Das SOEP hat darauf eine Antwort. Denn es hat getestet, wie stark Menschen zugreifen können. Und die Literatur ist sich einig, dass das ein guter Indikator für generelle Körperkraft ist.[158] Bisher konnten wir nur sehen, dass zufriedener ist, wer sich als gesünder einschätzt. Aber ist man auch zufriedener, wenn man objektiv stärker ist? Um das zu beantworten, müssen wir Männer und Frauen getrennt auswerten. Denn selbst ein Mann, der schwächer als 80 Prozent aller anderen Männer ist, ist immer noch stärker als eine Frau, die *stärker* als 80 Prozent aller Frauen ist. Sie sehen in Grafik 62 deswegen, wie zufrieden links Frauen und rechts Männer sind, je nachdem, wie stark sie im Vergleich zu ihren Geschlechtsgenossen sind.

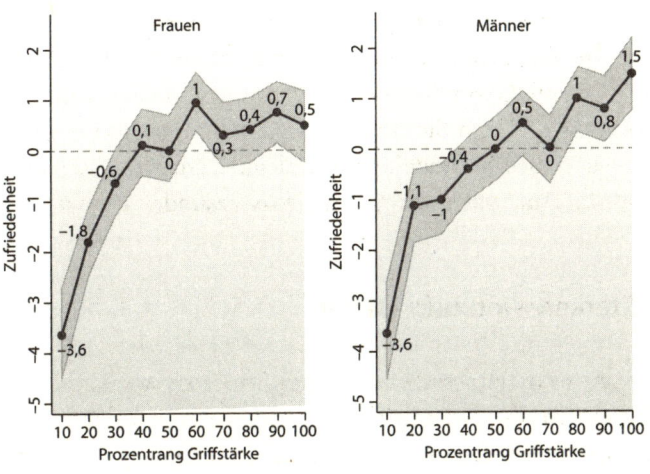

Grafik 62: Körperliche Stärke

Frauen, die schwächer sind als andere, sind viel unzufriedener. Eine Frau in den schwächsten 10 Prozent ist ganze 3,6 Punkte unzufriedener als eine in der Mitte. Doch während schwache Frauen unzufrieden sind, sind starke kaum signifikant zufriedener. Schwache Männer sind ebenfalls unzufrieden. Doch für sie reicht es nicht, in der Mitte zu sein. Denn anders als Frauen sind Männer auch umso zufriedener, je stärker sie sind. Die zehn Prozent der stärksten Männer sind noch mal 1,5 Punkte zufriedener als Männer in der Mitte der Stärkeverteilung. Sowohl schwache Männer als auch Frauen sind also unzufriedener. Doch nur Männer sind umso zufriedener, je stärker sie sind.

Woran mag das liegen? Ältere Menschen könnten schwächer und unzufriedener sein, dann würde das Alter beides erklären. Auch könnten große oder schwere Menschen stärker und zufriedener sein. Doch selbst wenn ich all das konstant halte, sind die Ergebnisse ähnlich und unterscheiden sich kaum zwischen Jüngeren und Älteren. Vielleicht macht Krankheit schwach und unzufrieden? Die Literatur zeigt tatsächlich, dass kräftigere Menschen gesünder sind und später sterben. Doch sie zeigt auch, dass die bessere Gesundheit stärkerer Menschen deren höhere Zufriedenheit nicht restlos erklärt.[159] Tatsächlich erklärt Gesundheit in den SOEP-Daten einen Teil der Effekte, vor allem aber bei Frauen. Während stärkere Frauen also gesünder und deswegen zufriedener sind, scheint es bei Männern noch um etwas anderes zu gehen. Möglicherweise gehört Stärke eher zum Idealbild eines Mannes, und Männer fühlen sich besser, wenn sie dem entsprechen. Dazu passt auch, dass ein Mann fast doppelt so viel Zufriedenheit hinzugewinnt wie eine Frau, wenn er über die Jahre stärker wird. Wird eine Frau stärker, ist sie hingegen nur zufriedener, insofern sich dabei auch ihre Gesundheit verbessert.

Sollten Sie jetzt also ins Fitnessstudio rennen? Das kommt darauf an. Wie immer müssen Sie sich fragen, ob Sie den Zusammenhang für kausal halten, ob Sie also meinen, dass er nur zufällig zustande kommt oder sich wirklich dadurch erklärt, dass Muckis die Zufriedenheit bedingen. Wenn Sie das Gefühl haben, sich durch mehr Kraft gesünder zu fühlen, wird das tatsächlich Ihre Zufriedenheit erhöhen, wenn man den Daten glauben darf. Als Frau scheint das allerdings nur zu klappen, wenn Sie im Moment besonders schwach sind. Als Mann können Sie zusätzlich zufriedener werden, indem Sie stärker als andere werden, selbst wenn Sie dadurch nicht gesünder werden. Vielleicht sind die Typen im Fitnessstudio also doch nicht so bescheuert. Ich gehe trotzdem nicht hin.

7.3 Größere sind zufriedener

Stellen Sie sich vor, Sie müssten anhand nur einer Information schätzen, wer bei der amerikanischen Präsidentschaftswahl die meisten Stimmen bekommt. Wonach würden Sie gehen? Wenn Sie einfach darauf tippen, dass der größere der beiden Kandidaten die meisten Stimmen bekommt, liegen Sie in zwei Dritteln der Fälle richtig.[160] Irgendetwas scheint also an Körpergröße dran zu sein, auch für Frauen, sonst würden sie nicht in so unbequemen Schuhen rumlaufen, nur um ein paar Zentimeter rauszuholen. Doch sind große Menschen wirklich zufriedener? Grafik 63 zeigt es. Alle Effekte sind relativ zur durchschnittlichen Körpergröße. Sie zeigen also, wie zufrieden Menschen sind, wenn sie kleiner oder größer als der typische Mann bzw. Frau sind.

Als Mann gibt es eine einfache Regel: Größere Männer sind zufriedener, viel zufriedener sogar. Wer mit 1,50 Meter um 30 Zentimeter kleiner ist als der Durchschnittsmann, ist auch extreme 6,2 Punkte unzufriedener. Wer hingegen den Durchschnittsmann um 20 Zentimeter überragt, ist mit seinen 2 Metern Körpergröße ganze 3,1 Punkte zufriedener. Frauen

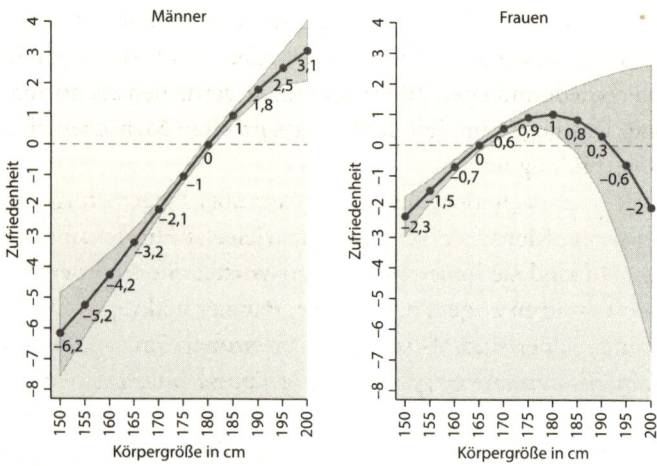

Grafik 63: Körpergröße

sind ebenfalls einen Punkt zufriedener, wenn sie die Durchschnittsfrau von 1,65 m überragen. Doch sobald sie größer als 1,80 m sind, scheint ihre Zufriedenheit langsam wieder abzunehmen, wobei die Konfidenzintervalle riesig werden, weil Körpergröße bei sehr großen Frauen nicht mehr zuverlässig mit Lebenszufriedenheit einhergeht. Doch warum gibt es den Zusammenhang bei Männern so eindeutig und bei Frauen, bis sie größer als der Durchschnitt sind? Ist das Leben größerer Menschen wirklich besser?

Ja, es geht Hochgewachsenen objektiv besser, und sie fühlen sich auch so. Die SOEP-Daten zeigen beispielsweise, dass größere Menschen mehr verdienen. Als Faustregel erhöht jeder Zentimeter Körpergröße das Einkommen um etwa 1 Prozent, so dass beispielsweise 1,50 Meter kleine Männer etwa 30 Prozent weniger verdienen als durchschnittlich große Männer (monatlich über 1000 Euro brutto), wohingegen Riesen mit 2 Metern etwa 20 Prozent mehr verdienen (monatlich circa 700 Euro). Sehr kleine Frauen (1,50 Meter) verdienen hingegen circa 20 Prozent und somit ungefähr 350 Euro weniger als normal große Frauen, wobei 1,80 Meter große Frauen wiederum etwa 20 Prozent mehr verdienen als normal große. Das liegt zum Teil daran, dass größere Menschen eine bessere Bildung haben.

Hier häuft sich also Ungerechtigkeit über Ungerechtigkeit, denn große Menschen scheint es in vielerlei Hinsicht besser zu gehen. Und sie haben noch einen Vorteil: Sie sind begehrter. Befragungen zeigen, dass Frauen Partner inakzeptabel finden, die kleiner sind als sie selbst. Sie wollen Partner, die im Schnitt 21 Zentimeter größer sind. Männer hingegen wollen nur 8 Zentimeter größer als ihre Partnerin sein. Sie finden, das sind blöde Kriterien? Ich auch. Doch Frauen mit größeren Männern sind tatsächlich mit ihren Beziehungen zufriedener, während die Beziehungszufriedenheit von Männern nicht von der Größe ihrer Partnerin abhängt. Große Menschen haben es also einfacher, weil sie mehr verdienen, eine bessere Bildung erhalten und begehrter sind. Da ist es kein Wunder, dass größere Männer mit ihrer Köpergröße zufriedener sind, während bei Frauen eine leicht überdurchschnittliche Körpergröße mit der höchsten Zufriedenheit einhergeht.[161] Aber woher kommt all das? Warum sind große Menschen in fast jeder Hinsicht erfolgreicher?

Forscher vermuten tief in uns vergraben einen mentalen Kurzschluss. Wir setzen Größe mit Durchsetzungsfähigkeit gleich, denn größere Menschen sind meist stärker und konnten sich deswegen besser durchsetzen. Die Vorliebe für Körpergröße hat insofern evolutionäre Wurzeln, wenn man der Literatur glaubt. So findet man keine einzige Gesellschaft, in der große Menschen nicht bevorzugt werden, und es wäre ein ziemlicher Zufall, wenn jede Kultur der Welt denselben Fehler macht. Selbst unter Affen, Elefanten, Hirschen, Vögeln und Fischen stehen größere Exemplare weiter oben in der sozialen Hierarchie.

Um zu testen, ob Menschen Körpergröße mit Durchsetzungsfähigkeit gleichsetzen, haben Forscher Bilder malen lassen, wie der Führer eines Landes einen Bürger trifft. Doppelt so viele malten den Anführer größer als den normalen Bürger. Auch sehen größere Männer sich selbst als bessere Anführer an.[162] Ein Artikel, der die bisherige Literatur sichtet, zeigt, dass Größere sich nicht nur selbst mehr wertschätzen, sondern auch von anderen stärker wertgeschätzt werden. Stellen Sie sich einfach das Gegenteil vor: Wenn niemand an Sie glaubt, nicht mal Sie selbst, wären Sie dann erfolgreich?

Die Literatur und Daten zeigen auch, dass Körpergröße noch stärker mit wahrgenommenem als mit objektivem Erfolg verbunden ist.[163] Größere Menschen sind also zufriedener, weil sie tatsächlich erfolgreicher sind, was wiederum daran liegt, dass sie selbst und andere überzeugter von sich sind. Und je größer sie sind, desto mehr glauben sie an sich, was wiederum, und das ist die Tragik des Ganzen, auf einem Irrtum beruht – schließlich gibt es wenige Jobs, die man als Riese wirklich besser machen kann, mir fällt eigentlich nur Profibasketball ein. Doch es gibt einen berühmten Spruch in der Soziologie, das sogenannte »Thomas-Theorem«, das auch hier zutrifft: Es ist egal, ob etwas real ist oder nicht, wenn Menschen es als real definieren, werden seine Konsequenzen real.[164] Es ist also gleichgültig, ob große Menschen wirklich bessere Anführer sind (sie sind es nicht). Solange alle daran glauben, verehren sie große Menschen, und dann darf man sich nicht wundern, dass Große tatsächlich zufriedener sind.

7.4 Dicke sind unzufriedener, abnehmen bringt trotzdem nichts

Marius Müller-Westernhagen ist kein netter Kerl. Kennen Sie sein Lied »Dicke«? Der Refrain geht so: »Ich bin froh, dass ich kein Dicker bin. Denn dick sein ist 'ne Quälerei. Ich bin froh, dass ich so 'n dürrer Hering bin. Denn dünn bedeutet, frei zu sein.« Nicht nett, oder? Aber es stimmt ja: Dicke haben einen schlechten Ruf. Doch ist man als Dicker wirklich unzufriedener? Sehen Sie selbst, wie zufrieden Männer und Frauen sind, wenn sie bis zu 40 Kilogramm über oder 20 unter ihrem Normalgewicht liegen.[165] Normalgewicht ist übrigens die Körpergröße minus 100. Wer 180 cm groß ist, dessen Normalgewicht ist also 80 Kilo.

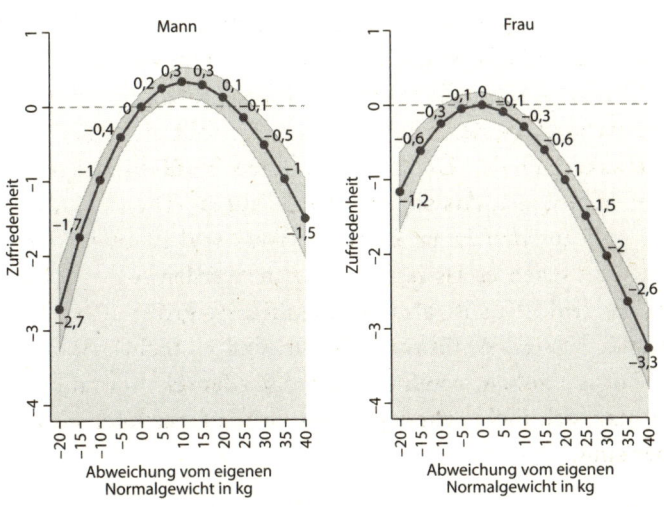

Grafik 64: Über- und Untergewicht

Sowohl Männer als auch Frauen sind tatsächlich unzufriedener, wenn sie über ihrem Normalgewicht liegen. Frauen sind mit 40 Kilo über ihrem Normalgewicht sogar starke

3,3 Punkte unzufriedener als Normalgewichtige, Männer immer noch mittelschwache 1,5 Punkte. Doch während Frauen stärker leiden, wenn sie zu dick sind, leiden Männer mehr, wenn sie zu dünn sind. Liegen sie 20 Kilo unter ihrem Normalgewicht, sind sie fast 3 Punkte unzufriedener, bei Frauen ist es nur etwas mehr als ein Punkt. Die bisherige Forschung bestätigt, dass dünne Männer und dicke Frauen besonders unzufrieden sind. Sie zeigt übrigens auch, dass gebildetere Menschen sich unabhängig von ihrem tatsächlichen Gewicht schneller für zu dick halten, also strenger mit ihrem Körper sind.[166] Warum aber sind Dickere unzufriedener? In einer englischen Stichprobe wird der Effekt dadurch erklärt, dass sie sich diskriminiert fühlen. Das passt zu einer zweiten Untersuchung, wonach Dicke sich umso schlechter fühlen, je dünner alle anderen sind. Sind alle anderen auch dick, macht es hingegen Männern überhaupt nichts mehr aus, selbst dick zu sein.[167] Während die Gründe etwas unklar sind, kann man

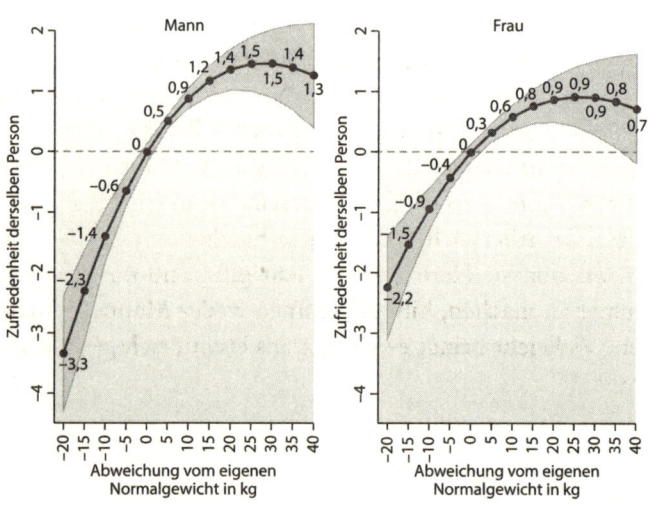

Grafik 65: Abnehmen und Zunehmen

jedenfalls ziemlich klar feststellen, dass Dicke unzufriedener sind. Sollte man also abnehmen, wenn man selbst dick ist? Wird dieselbe Person zufriedener, wenn sie abnimmt? Leider nicht. In Grafik 65 sehen Sie die entsprechenden Effekte.

Sie sind erstaunlich. Denn sie zeigen, dass derselbe Mann und dieselbe Frau zufriedener ist, wenn sie dicker statt dünner wird. Wer sich von weniger Gewicht mehr Zufriedenheit erwartet, wird also enttäuscht. Denn zwar stimmt es, dass vor allem dickere Frauen unzufriedener sind, wie wir gerade gesehen haben. Doch derselbe Mann – und etwas abgeschwächt auch dieselbe Frau – ist in Jahren mit Übergewicht zufriedener und in Jahren mit Untergewicht unzufriedener, als sie ansonsten ist. Dicke sind also tatsächlich unzufriedener, vor allem Frauen. Doch dieselbe übergewichtige Person wird unzufriedener, wenn sie abnimmt, und zufriedener, wenn sie zunimmt.[168]

Wie kann es sein, dass Dicke unzufriedener sind, man selbst aber unzufriedener wird, wenn man abnimmt? Möglicherweise macht Essensverzicht das Leben unangenehm, schließlich macht Hungern keinen Spaß. Dieser negative Effekt könnte den positiven Effekt eines besseren Körpergefühls wettmachen. Von Natur aus normalgewichtig zu sein wäre dann zwar eine super Sache. Doch selbst abzunehmen, würde vielmehr unzufrieden machen. Marius Müller-Westernhagen hat insofern recht, dass Dicksein vor allem für Frauen nicht toll ist. Aber er hat auch unrecht, denn als Mann lebt es sich als dünner Hering auch nicht gut. Und um es noch schlimmer zu machen, hilft Abnehmen weder Männern noch Frauen. Vielleicht bringt es wenigstens etwas, sich gesund zu ernähren?

7.5 Sich gesund zu ernähren ist wichtig

Niemand ist gegen gesunde Ernährung. Aber man kann auch zu weit gehen. Einige meiner Freunde übertreiben es jedenfalls mit ihrem *clean eating*, ihrer Paleo- und Keto-Diät und was es noch gibt. Ein Bekannter hat es mal genervt mit den Worten ausgedrückt: Bio reicht nicht mehr. Aber das Ganze hat ja auch eine gute Seite. Denn wer Zeit und Muße hat, sich so intensiv mit seiner Ernährung zu beschäftigen, kann eigentlich keine richtigen Probleme haben, oder? Doch haben die ganzen Ernährungskünstler überhaupt etwas davon? Sind diejenigen, die sich schon immer supergesund ernährt haben, wirklich zufriedener, und kann sogar dieselbe Person zufriedener werden, wenn sie stärker auf ihre Ernährung achtet? Sehen Sie selbst:

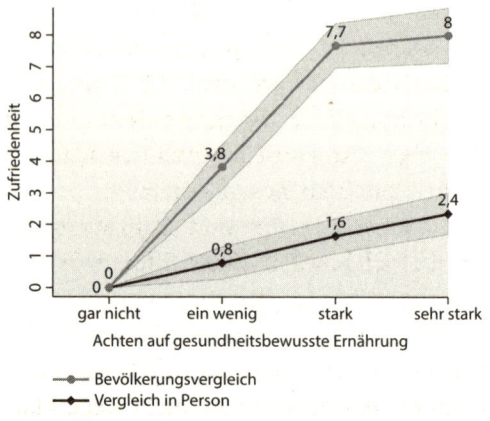

Grafik 66: Ernährung

Das sind extreme Effekte, die ich so krass nicht vermutet hätte. Der Teil der Bevölkerung, der schon immer auf eine gesundheitsbewusste Ernährung geachtet hat, ist circa 8 Punkte zufriedener als jener Teil, der das überhaupt nicht macht. Zudem ist dieselbe Person 2,4 Punkte zufriedener, wenn sie stärker auf gesunde Ernährung achtet.

Dabei müssen wir uns wahrscheinlich nicht einmal über das blöde Problem der umgekehrten Kausalität Sorgen machen. Bisher war manchmal unklar, ob Zufriedenheit wirklich von positivem Verhalten abhängt oder dieses vielmehr bedingt. Doch neuseeländische Forscher haben herausgefunden, dass wer sich gesünder ernährt, daraufhin tatsächlich zufriedener ist, umgekehrt jedoch vorherige Zufriedenheit nicht zu gesünderer Ernährung führt.[169] Ebenso fanden Forscher in einer riesigen Stichprobe, dass Australier zufriedener waren, wenn sie mehr Früchte und Gemüse aßen. Bei acht Portionen lag die Lebenszufriedenheit 2,4 von 100 Punkten höher. Die Wissenschaftler machten sich zunutze, dass australische Regionen zu unterschiedlichen Zeiten eine Werbekampagne für gesunde Ernährung durchführten. Die Daten zeigen nicht nur, dass diese Kampagne mit erhöhtem Obst- und Gemüsekonsum einherging, sondern auch, dass ausgerechnet dort die Menschen zufriedener wurden, wo sie mehr Obst und Gemüse aßen.[170] Selbst ein künstlicher Anreiz, sich gesund zu ernähren, scheint Menschen also zufriedener zu machen. Das spricht für einen wirklich kausalen Zusammenhang.

Übrigens sind auch Vegetarier 0,9 und Veganer sogar 2,3 Punkte zufriedener. Doch ein Teil dieses Effektes erklärt sich dadurch, dass wer auf Fleisch oder sogar tierische Produkte verzichtet, aus höheren Einkommensschichten kommt und deswegen zufriedener ist. Der generelle Effekt gesunder Ernährung ist jedoch durch das Einkommen nicht wegerklärbar. Insofern gibt es kaum einen Effekt, der so einfach und mühelos die Zufriedenheit zu erhöhen scheint, wie sich gesund zu ernähren. Nicht nur ist der Teil der Bevölkerung zufriedener, der es tut. Auch wird dieselbe Person zufriedener, wenn sie damit anfängt.

7.6 Sport bringt weniger, als Sie denken

Gehen Ihnen Sportler auch auf die Nerven? Wo sie laufen, radeln und skaten, versprühen sie das fiese Gefühl, dass man selbst mehr für seine Gesundheit tun sollte. Denn Sport ist wichtig. Oder etwa nicht?

Der erste Eindruck scheint eindeutig. Oder kennen Sie viele Sportler, die chronisch schlecht gelaunt sind? Doch vielleicht ist Ihnen mittlerweile klar, wo der Denkfehler liegen könnte. Denn dass Sportler zufriedener sind, heißt nicht, dass Unsportliche zufriedener werden, wenn sie mehr Sport treiben. Vielleicht macht nicht Sport zufrieden, sondern von Natur aus zufriedenere Menschen raffen sich eher zum Sport auf, oder es macht ihnen sogar Spaß; dahingegen meldet man sich mit einer Depression ja eher nicht zum Marathon an. In der folgenden Grafik zeigt die obere Kurve, ob jene, die schon immer sportlicher waren, zufriedener sind. Die untere Kurve zeigt hingegen, ob auch dieselbe Person mit mehr Sport zufriedener ist.

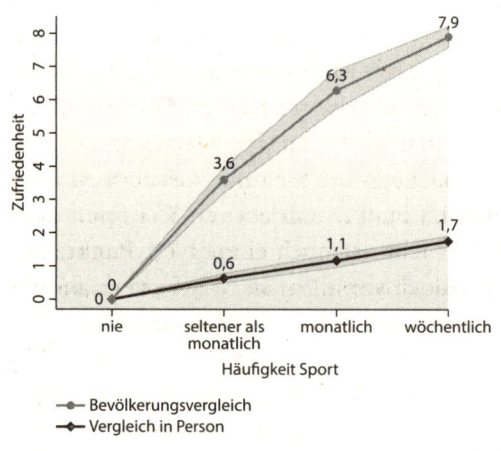

Grafik 67: **Sport**

Tatsächlich ist der Teil der Bevölkerung, der schon immer oft Sport gemacht hat, um extreme 8 Punkte zufriedener als der Teil, der noch nie Sport gemacht hat. Doch dieselbe Person ist nur 1,7 Punkte zufriedener in Jahren, in denen sie wöchentlich Sport macht. Andere Untersuchungen finden vergleichbare Effektstärken.[171] Sportler sind also tatsächlich viel zufriedenere Menschen. Doch eine unsportliche Person wird nur etwas zufriedener, wenn sie öfter Sport macht, schließlich ist der maximale Effekt von 1,7 Punkten nur mittelschwach. Kapitel 4.7 hat außerdem gezeigt, wie selbst dieser mittelschwache Effekt sich fast zur Hälfte dadurch erklärt, dass Menschen in sportlicheren Jahren auch andere zufriedenheitssteigernde Aktivitäten öfter machen. Rechnet man dies heraus, erhöht Sport die Zufriedenheit nur um maximal 0,9 Punkte.

Dabei weiß man zwar nicht, ob der Sport die Zufriedenheit oder die Zufriedenheit den Sport bedingt. Doch damit muss man sich auch nicht verrückt machen. Denn Forscher gehen einfach von einer positiven Feedbackschleife aus, bei der Sport die Lebenszufriedenheit erhöht und diese höhere Zufriedenheit wiederum sportliche Aktivitäten begünstigt.[172] Insofern ist eigentlich egal, was was bedingt. Denn so oder so spricht einiges dafür, dass man mit Sport seiner Zufriedenheit einen Anstoß geben kann, woraufhin die gesteigerte Zufriedenheit es einfacher macht, weiterhin Sport zu treiben. Ob Sport überhaupt etwas bringt, hängt auch von der Motivation dahinter ab. Wer sagt, er mache Sport für seine Gesundheit oder Fitness, ist immerhin 0,8 Punkte zufriedener. Wer Sport zum Spaß oder Ausgleich macht, ist noch einmal 1,1 Punkte zufriedener. Wer Sport jedoch vor allem als Wettbewerb ansieht oder damit seine Grenzen testen will, wird durch Sport nicht zufriedener. Wenn Sie mit Sport also an Ihr Limit kommen und besser als andere sein wollen, bringt das für Ihre Zufriedenheit nichts. Doch so oder so sind alle Effekte nicht besonders stark. Das heißt, wenn Sport Ihnen einfach keinen Spaß macht, Sie keinen Bewegungsdrang verspüren und eigentlich ganz zufrieden auf Ihrer Couch sind, spricht tatsächlich wenig dafür, in Sport sein Glück zu suchen.

Schaut man sich nun insgesamt an, wie Gesundheit, Ernährung, Sport und Körpergewicht mit Zufriedenheit einhergehen, so sollte man doch etwas demütig sein und sich klarmachen, dass wir unser Leben nur begrenzt in der Hand haben. Denn zwar ist unsere Gesundheit unfassbar wichtig für unsere Lebenszufriedenheit. Doch der Teil der Gesundheit, den man durch Abnehmen, gesunde Ernährung und Sport direkt kontrollieren kann, hat viel weniger Einfluss auf unsere Zufriedenheit als der letztlich tatsächlich empfundene Gesundheitszustand. Sie können also hoffen, dass Sie gesund bleiben, denn dann sind Sie auch zufrieden. Doch Sie können das nur begrenzt durch eigenes Handeln beeinflussen. Allerdings, und da kann Ihnen die Set-Point-Theorie helfen, erholen Sie sich selbst dann, wenn Sie ein Schicksalsschlag trifft, was ich Ihnen jetzt an einer Behinderung zeige.

7.7   Erholt man sich wirklich von einer Behinderung?

Philip Brickman nahm sich mit Ende 30 das Leben. Er hasste es, vor Gruppen zu sprechen. Als er seine Traumprofessur bekam, merkte er zu spät, dass er dies dort nicht vermeiden konnte. Vielleicht kann man das einen Schicksalsschlag nennen. Aber muss man sich deswegen gleich umbringen? Ironischerweise konnte das niemand besser beantworten als Philip Brickman selbst. Denn er erforschte, wie Menschen mit Schicksalsschlägen klarkommen. Seine berühmteste Untersuchung zeigt, dass selbst Querschnittgelähmte kaum unzufriedener sind, nachdem etwas Zeit vergangen ist.[173] Brickman erlebte nicht mehr, wie seine Idee, dass Menschen sich an fast alles gewöhnen, Psychologen weltweit infizierte. Diese

Gewöhnung ist schlecht, wenn man zufriedener werden will. Doch sie ist ein Segen bei Schicksalsschlägen. Warum genau Brickman sich das Leben nahm, wurde nie ganz geklärt. Doch verrückt ist, dass gerade die Person, die alle überzeugte, dass man sich von einem Schicksalsschlag erholt, sich selbst nach einem solchen Schicksalsschlag umbrachte, also vielleicht auch selbst nicht an sein eigenes Forschungsergebnis glaubte.

Brickmans Artikel erschien Ende der 1970er Jahre. Damals hatte die Forschung einen entscheidenden Nachteil. Sie konnte noch nicht die Zufriedenheit desselben Menschen vor und nach einer Behinderung vergleichen. Brickman konnte deswegen nur zeigen, ob Behinderte ähnlich zufrieden sind wie andere Personen. Heute können wir stattdessen berechnen, ob dieselbe Person unzufriedener ist, wenn sie ein schlimmes Handicap ereilt. Hier sehen Sie das Ergebnis für eine Behinderung, die im Alltag stark einschränkt.

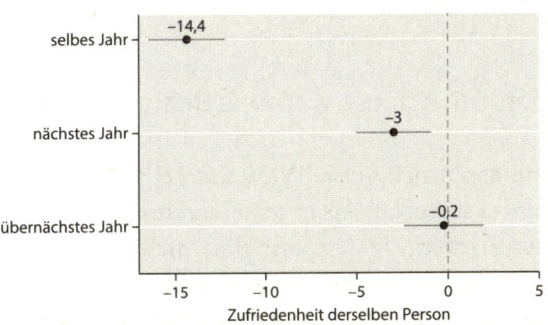

Grafik 68: Stark einschränkende Behinderung

Die Grafik zeigt, wie man in dem Jahr, in dem man eine stark einschränkende Behinderung bekommt, gigantische 14 Punkte unzufriedener ist. Doch schon ein Jahr später sind es nur noch 3 Punkte, und im übernächsten Jahr ist man genauso zufrieden, wie man ohne Behinderung war. Bei einer nur leicht einschränkenden Behinderung sinkt die Zufriedenheit im ersten Jahr sogar nur um 4 Punkte und erholt sich im zweiten Jahr fast vollständig. Selbst ein Behinderungsgrad von bis zu 50 Prozent hat kaum Konsequenzen, erst 100 Prozent kosten 5 Zufriedenheitspunkte, und das auch wieder nur im ersten Jahr. Man gewöhnt sich also sogar an eine schlimme Behinderung innerhalb eines Jahres weitgehend. Andere Untersuchungen bestätigen, dass eine Behinderung zwar ein ziemlicher Schlag ist, von dem man sich allerdings unfassbar schnell erholt. Und wenn Sie schon immer dachten, dass Männer die schlechteren Menschen sind, ist hier ein weiteres Argument: Während Frauen die Behinderung ihres Partners halb so schlimm trifft, wie selbst behindert zu werden, leiden Männer nicht, wenn ihre Partnerin behindert wird.[174]

Brickmans Pionieruntersuchung hatte also recht: Man gewöhnt sich sehr schnell an eine Behinderung. Doch der daraus gezogene Schluss, dass man sich an fast alles gewöhnt, war falsch. Denn wie wir mittlerweile gesehen haben, gewöhnt man sich zwar an vieles, aber an kaum etwas so schnell und grundlegend wie an eine Behinderung. So gewöhnt man sich beispielsweise auch an den positiven Effekt einer Heirat. Doch bis diese Gewöhnung komplett ist, ist man immerhin circa zehn Jahre lang zufriedener (vgl. Kapitel 2.6). Brickman und seine Kollegen haben die Welt insofern zu Recht darauf aufmerksam gemacht, dass Menschen sich an vieles gewöhnen. Doch sie haben sich zufälligerweise genau das Ereignis herausgesucht, bei dem die Gewöhnung mit am stärksten ist.

8 Lebensstil und persönliche Eigenschaften

8.1 Wer religiös ist, ist zufriedener

Ein Bewusstsein zu haben ist super; denn nicht zu wissen, dass man existiert, wäre ja blöd. Zu wissen, dass man existiert, bedeutet allerdings auch zu wissen, dass man irgendwann nicht mehr existiert. Und das fühlt sich nicht gerade gut an. Religion bietet dafür eine Lösung. Sie ermöglicht ein Bewusstsein zu haben, ohne ein Bewusstsein über die eigene Endlichkeit haben zu müssen.

Doch können Sie etwas mit Religion anfangen? Ich persönlich wünschte, ich könnte es. Ich würde gerne an einen großen Papa glauben, der auf uns aufpasst und uns später zu sich nimmt. Leider finde ich die Vorstellung zu absurd. Dabei wirbt die Bibel mit einem direkten Glückszuwachs. Das Alte Testament verkündet im »Buch der Sprüche« (es heißt tatsächlich so): »Wer auf das Wort des Herrn achtet, findet Glück.« Verglichen damit ist sogar Waschmittelwerbung subtil. Doch ist auch was dran? Haben Gläubige eine Abkürzung zum Glück gefunden? Und wenn ja, ist eine bestimmte Religion glücksfördernder als andere? Sehen Sie in Grafik 69 selbst, wie zufrieden Anhänger unterschiedlicher Religionen sind und ob dieselbe Person zufriedener ist, wenn sie einer bestimmten Religion angehört.

Katholiken und Protestanten sind, ebenso wie andere Christen, tatsächlich zufriedener als Menschen, die nie einer Religionsgemeinschaft angehörten. Dahingegen sind Anhänger

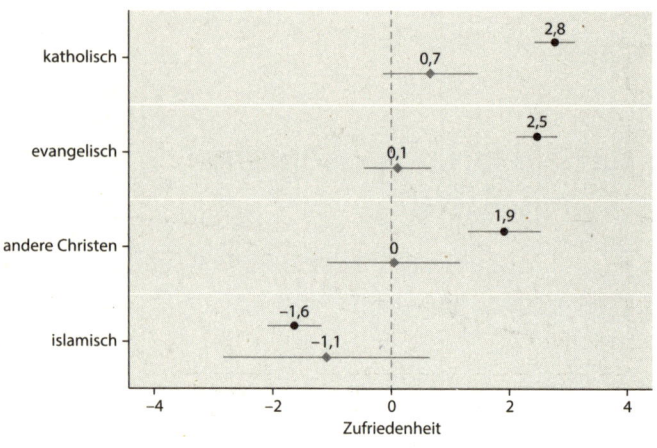

katholisch — 2,8 / 0,7
evangelisch — 2,5 / 0,1
andere Christen — 1,9 / 0
islamisch — −1,6 / −1,1

−4   −2   0   2   4
Zufriedenheit

● Bevölkerungsunterschiede
◆ Veränderung nach Beitritt

Grafik 69: Religionsgemeinschaft

des Islam sogar etwas unzufriedener als Nichtgläubige. Jedoch zeigen die grauen Balken, dass dieselbe Person kaum zufriedener wird, wenn sie einer Glaubensrichtung beitritt. Das heißt, Christen sind als Gruppe zufriedener, doch man erreicht diese Zufriedenheit nicht, indem man einer von ihnen wird. Das gilt übrigens gleichermaßen für Männer und Frauen. Und wenn Sie sich fragen, warum Muslime als Gruppe unzufriedener sind: Es liegt an ihrem im Schnitt niedrigeren Einkommen. Vergleiche ich nur Menschen gleichen Einkommens, zeigen sich auch Muslime ganze 4 Punkte zufriedener als Menschen, die genauso viel Geld haben, aber nicht religiös sind. Das ändert jedoch nichts daran, dass der Beitritt zu einer Religionsgemeinschaft allein wenig bringt. Denn für die Zufriedenheit ist die aktive Teilnahme an einer Religionsgemeinschaft viel wichtiger als die reine Zugehörigkeit. Das sehen Sie hier anhand des Zusammenhangs zwischen Zufriedenheit und Häufigkeit des Kirchgangs:

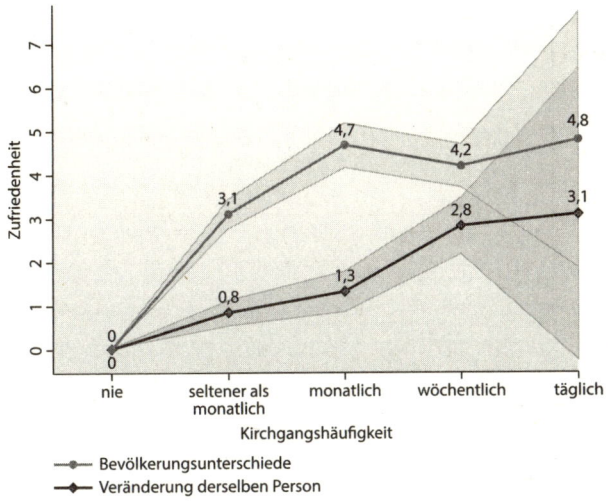

Grafik 70: Kirchgangshäufigkeit

Der Bevölkerungsvergleich zeigt anhand der oberen Kurve, dass wer schon immer monatlich zur Kirche gegangen ist, ganze 4,7 Punkte zufriedener ist, als wer zeitlebens nie den Gottesdienst besuchte. Und auch wenn dieselbe Person öfter zum Gottesdienst geht, wird sie dadurch zufriedener. Weniger die reine Hinwendung zu einer Religion bringt also mehr Zufriedenheit als vielmehr die aktive Teilnahme. Aber der Effekt wird noch besser. Denn die Literatur zeigt, dass man sich an den positiven Effekt religiöser Teilnahme nicht gewöhnt. Das heißt, solange man öfter in die Kirche geht, bleibt man auch weiterhin zufriedener.[175] Damit kann man der Set-Point-Theorie ein Schnippchen schlagen und seine Zufriedenheit langfristig erhöhen. Das geht sogar so weit, dass kranke und alte Menschen zufriedener werden, wenn man sie bewusst dazu anleitet, religiöser zu werden.[176]

Religion und soziale Kontakte bilden einen potenten Glückscocktail. Umso religiöser man ist, desto mehr profitiert man davon, in der Kirche andere Religiöse zu treffen. Vor allem macht Religiosität also zufriedener, weil sie einen mit ähnlich gesinnten Menschen zusammenbringt. Einer der drei großen Soziologen (neben Max Weber und Karl Marx) ist der schon erwähnte Émile Durkheim. Dessen Berühmtheit fußt vor allem auf dieser Idee. Durkheim wollte wissen, warum Menschen sich umbringen. Und ihm fiel auf: Religion schützt Menschen davor. Aber nicht, weil Religionen predigen, dass man sich nicht umbringen soll, sondern weil sie Menschen zusammenbringen, die sich deswegen als Teil einer Gemeinschaft Gleichgesinnter fühlen können. Und je stärker Religion die Möglichkeit bietet, sich durch gemeinsamen Glauben und gemeinsame Praktiken als Teil einer Gemeinschaft zu fühlen, desto weniger bringen ihre Anhänger sich um.[177]

Man kann Émile Durkheim sogar so interpretieren, dass die positive Wirkung religiöser Gemeinschaften zur Erfindung Gottes führte. Denn wenn Menschen zusammenkommen und gemeinsame Riten aufführen, beispielweise um ein Kreuz herum singen und tanzen, dann geht es ihnen aufgrund des dabei entstehenden Gemeinschaftsgefühls so gut, dass sie sich kaum erklären können, warum sie gerade so zufrieden sind. Ihnen ist klar, dass es etwas außerhalb ihrer selbst ist, denn sie fühlen den Einfluss nur in der Gemeinschaft. Doch weil niemand versteht, dass er sich aufgrund der Gemeinschaft so gut fühlt, verwechseln Menschen die schöne Wirkung des Gemeinschaftsgefühls mit der Anwesenheit Gottes. Sie merken nicht, dass es ihnen gut geht, weil sie in einer Gemeinschaft sind, und vermuten stattdessen, dass es an Gottes Anwesenheit liegt. Insofern kann man mit Émile Durkheim vermuten, dass Gott erfunden wurde, weil Menschen eine Erklärung dafür finden wollten, dass sie sich in einer Gemeinschaft so viel besser fühlen.[178]

Insofern Religion Gemeinschaft stiftet, hilft sie auch, wenn es im Leben schlecht läuft. Wer beispielsweise arbeitslos wird, jedoch oft in die Kirche geht, dessen Zufriedenheit sinkt weniger stark und erholt sich schneller, als wer arbeitslos wird, ohne sich auf eine religiöse Gemeinschaft stützen zu können.[179] Ob Sie sich deswegen ein Kreuz ins Wohnzimmer hängen, müssen Sie selbst entscheiden. Ich würde bezweifeln, dass das etwas bringt, denn Religiosität kann man nicht einfach anknipsen. Zudem bringt extreme Religiosität anscheinend weniger, wenn alle anderen nicht so religiös sind. Denn zwar ist der positive Einfluss einer Konfessionsgemeinschaft auf die Zufriedenheit nach dem Jahr 2005 fast genauso groß wie vorher. Täglich in die Kirche zu gehen, hat aber nach dem Jahr 2005 einen weniger starken Effekt als vorher. Die Ergebnisse und Studien zeigen jedoch zumindest, dass der durch Religiosität entstehende Sinn und die damit einhergehenden sozialen Kontakte guttun und helfen, Krisen zu durchstehen.

8.2 Intelligente Menschen sind zufriedener, vor allem als Männer und wenn sie mehr Geld haben

Niemand will dumm sein. Aber ist Intelligenz überhaupt wichtig für ein zufriedenes Leben? Vielleicht hilft es sogar, keine besondere Blitzbirne zu sein? Das SOEP führt keinen kompletten IQ-Test durch. Doch es nutzt zwei Tests, die eine gute Annäherung an Intelligenz liefern. Beim Tiere-Nennen-Test muss man innerhalb von 90 Sekunden so viele Tiere wie möglich nennen. Wer zu einer bestimmten Kategorie möglichst schnell möglichst viele Ausprägungen nennen kann, hat gute exekutive Hirnfunktionen, kann sich also durch Abrufen und Artikulieren relevanten Wissens schnell an neue Situationen anpassen. Entsprechend nutzen Neurologen diesen Test, um kognitive Beeinträchtigungen zu diagnostizieren. Bei einem zweiten Test müssen Teilnehmer möglichst schnell Zahlen mit bestimmten Zeichen assoziieren. Dies zeigt, wie schnell man zwei Kategorien verbinden kann. Anders als die schnelle Nennung von Tiernamen kann man diesen Zeichen-Zahlen-Test kaum lernen, denn er misst die grundlegende Verarbeitungsgeschwindigkeit des Gehirns.

Zusammengenommen bieten die beiden Tests eine gute Annäherung an Intelligenz, einerseits, indem sie erlernbares Wissen und sprachliche Fähigkeit testen; anderseits, indem sie die weitgehend biologisch determinierte Verarbeitungsgeschwindigkeit des Gehirns prüfen.[180] Die Grafiken unten zeigen, wie zufrieden Männer und Frauen sind, wenn sie sich in den schlechtesten, zweitschlechtesten, drittschlechtesten 10 Prozent befinden, bis hin zu den besten 10 Prozent.

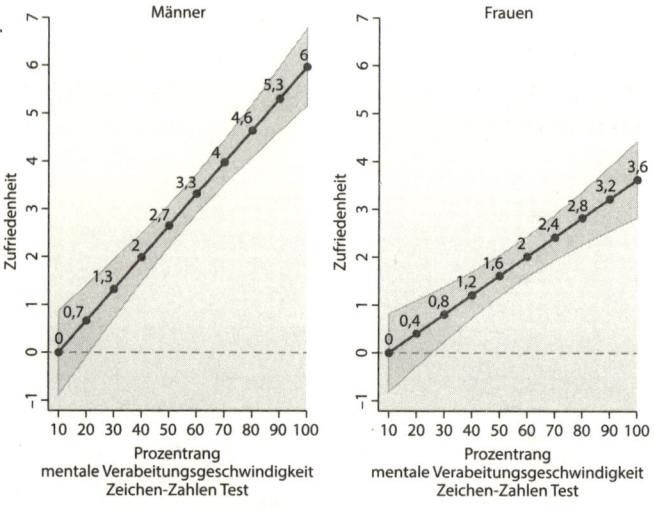

Grafik 71: Zeichen-Zahlen-Test

Das ist wirklich erstaunlich. Jene 10 Prozent der Männer, die am schnellsten Zeichen und Zahlen verknüpfen, sind ganze 6 Punkte zufriedener als die langsamsten 10 Prozent. Bei Frauen ist der Zuwachs der Lebenszufriedenheit mit den mentalen Kapazitäten nur etwas mehr als halb so stark. Typischerweise weichen zwei Menschen allerdings auch nur um etwa 30 Prozentränge voneinander ab, was für Männer mit 2 und für Frauen mit 1,2 Zufriedenheitspunkten einhergeht. Trotzdem bleibt merkwürdig, dass die Lebenszufriedenheit von Männern stärker mit Intelligenz einhergeht als die von Frauen.

Nicht ganz so stark sind die Unterschiede zwischen Männern und Frauen beim Einfluss der Sprachgewandtheit. Auch hier sieht man, dass das intelligenteste Zehntel der Männer 4,9 Punkte zufriedener ist als die langsamsten 10 Prozent. Bei Frauen ist der Zuwachs an Lebenszufriedenheit mit der Sprachgewandtheit erneut nicht ganz so stark, beträgt jedoch immer noch 3,7 Punkte. Vergessen Sie allerdings nicht, dass auch hier ein Sprung von den langsamsten zu den schnellsten 10 Prozent unrealistisch ist. Zwei Menschen unterscheiden sich typischerweise nur um 30 Prozentränge voneinander, was für Männer mit 1,6 und für Frauen mit 1,2 Lebenszufriedenheitspunkten einhergeht.

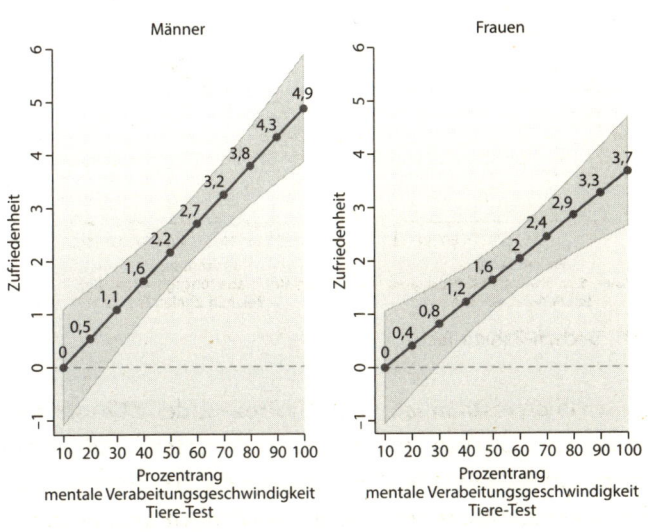

Grafik 72: Tiere-Nennen-Test

Intelligentere Menschen sind also wirklich zufriedener und Männer noch mehr als Frauen. Doch der Effekt ist nicht gigantisch. Typischerweise unterscheiden sich zwei Menschen aufgrund ihrer Intelligenz nur um 1 bis 2 Zufriedenheitspunkte. Entsprechend dokumentieren auch Überblicksartikel zum Stand der Literatur eher schwache Zusammenhänge. Doch warum sind intelligentere Menschen überhaupt zufriedener? Die Literatur argumentiert, dass sie bessere Jobs haben, mehr verdienen und auch in Haushalten leben, in denen mehr verdient wird. Das kann die Effekte tatsächlich weitgehend erklären. Unter all jenen, die gleich viel verdienen, sind intelligentere Männer kaum noch und intelligentere Frauen überhaupt nicht zufriedener. Intelligenz geht also nicht per se mit Zufriedenheit einher. Vielmehr sind intelligentere Menschen wohlhabender und deswegen zufriedener.

Langfristig verhilft Intelligenz allerdings nicht nur zu hohem Einkommen. So konnte eine Studie zeigen, dass sehr alte Menschen ihr Leben positiver bewerten, wenn sie drei Jahre vorher eine höhere mentale Verarbeitungsgeschwindigkeit hatten.[181] Die Forscher vermuten, dass wer im Alter mental fitter ist, selbst als Greis noch mehr aus sich machen kann. Der ultimative Test für solche Zusammenhänge ist ein Experiment. Denn wenn Intelligenz und Zufriedenheit wirklich zusammenhängen, müsste auch zufriedener werden, wessen Intelligenz man künstlich erhöht. Und tatsächlich: Psychologen haben die mentale Verarbeitungsgeschwindigkeit einer Gruppe trainiert, um sie mit einer untrainierten Gruppe zu vergleichen. Die trainierte Gruppe war selbst fünf Jahre nach dem Training noch immer 30 Prozent seltener depressiv.[182] Intelligenz scheint also nicht nur mit Zufriedenheit einherzugehen, sondern sie tatsächlich zu bedingen. Am Anfang funktioniert der Zusammenhang dadurch, dass wer intelligenter ist, materiell besser dasteht. Zum Lebensende hin scheint Intelligenz vielmehr dem geistigen Verfall vorzubeugen und dadurch zufriedener zu machen.

Dass Männer noch stärker von Intelligenz profitieren als Frauen, ist ein so brandheißes Ergebnis, dass ich mich kaum traue, einen Erklärungsversuch zu unternehmen. Es kann nicht daran liegen, dass Männer ihre Intelligenz stärker in Einkommen konvertieren, weil sie öfter arbeiten, denn die Unterschiede zeigen sich auch nach Kontrolle des Einkommens. Es scheint auch nicht so zu sein, dass Männern Intelligenz auf dem Partnermarkt stärker hilft als Frauen. Denn die Testergebnisse zeigen nicht, dass intelligente Männer öfter verheiratet sind. Man kann deswegen nur festhalten: Intelligentere Menschen sind zufriedener und intelligentere Männer noch etwas mehr als intelligentere Frauen. Woran das liegt, möge jemand anders herausfinden – ich habe das Gefühl, mir mit den bisherigen Ergebnissen schon genug Verdruss eingehandelt zu haben. Wobei das nächste Kapitel mir wahrscheinlich auch schon wieder Ärger bringt.

8.3 Wer ist zufriedener: Männer oder Frauen?

Überall wird debattiert, ob, wann und wie Frauen benachteiligt sind. Immer mehr fragen allerdings, ob nicht auch Männer manchmal den Kürzeren ziehen. Vielleicht kann man diese Debatte beenden, wenn man weiß, welches der beiden Geschlechter zufriedener ist? Die überraschende Antwort lautet: keines. Mickrige 0,3 Lebenszufriedenheitspunkte haben Frauen auf der Hunderterskala mehr, ein schwacher und insofern vernachlässigbarer Effekt. Männer und Frauen sind insgesamt also ähnlich zufrieden. Doch was sie zufrieden macht, unterscheidet sich. Sie haben beispielsweise schon gesehen, dass Väter zufriedener sind, wenn sie länger arbeiten, Mütter hingegen nicht. Auch profitieren Männer fast doppelt so sehr wie Frauen von einem Karrieresprung. Doch bei vielen Einflüssen sind die Unterschiede kleiner, als man vielleicht ver-

mutet. So profitieren weder Männer noch Frauen nennenswert von Kindern.

Wenn wir wirklich wissen wollten, ob Menschen durch
etwas zufriedener werden, haben wir uns Veränderungen in
deren Lebensverlauf angeschaut. Das geht auch hier. Denn
wir können beobachten, ob dieselbe Person nach einer Geschlechtsumwandlung zufriedener wurde. Die Daten zeigen,
dass tatsächlich 4,6 Punkte zufriedener ist, wer zur Frau
wurde; wer hingegen zum Mann wurde, verlor 1,7 Zufriedenheitspunkte. Von mehr als 700 000 Beobachtungen gibt es
allerdings nur etwa 143, welche die Zufriedenheit nach einer
Geschlechtsumwandlung dokumentieren. Deswegen sind die
Effekte nicht besonders eindeutig. Insgesamt kann man also
festhalten, dass weder Männer noch Frauen wesentlich zufriedener mit ihrem Leben sind.

Dafür werden mich Feministinnen nicht bejubeln. Denn ihr
Job besteht darin zu erzählen, dass Frauen schlechter behan-
delt werden, und insofern müsste es ihnen schlechter gehen.
Ich kann allerdings auch nur wiedergeben, was sich in den
Daten findet. Und dass weder Männer noch Frauen pauschal
ein besseres Leben haben, sondern ihre Zufriedenheit von un-
terschiedlichen Faktoren abhängt, zeigt sich nicht nur in den
Daten, sondern ebenfalls in der Literatur.[183]

8.4 Bisexuelle sind unzufriedener, Homosexuelle auch

Ich wohne mitten in Kölns Schwulenviertel. Aus Gründen, die
mir selbst nicht klar sind, habe ich früher immer in schwulen Wohngemeinschaften gelebt. In meinem Mikrokosmos
ist Homosexualität so normal, dass ich mir kaum vorstellen
kann, wie schwer das Leben für Homosexuelle bis vor Kurzem war. Bis 1994 war Sex zwischen Männern eine Straf-

tat. Erst seit 2001 können Homosexuelle eine eingetragene Partnerschaft eingehen. Heute beschwert sich keiner meiner schwulen Freunde mehr, dass sein Leben schwieriger sei. Ganz im Gegenteil erzählen sie, wie viel unkomplizierter es doch sei, wenn dieselben Geschlechter aufeinandertreffen. Wer den Männer-Frauen-Dating-Eiertanz mitgemacht hat, kann da vielleicht sogar zustimmen. Aber ist das nur in merkwürdigen Großstädten so? Ist eine von der Norm abweichende sexuelle Orientierung also generell ein Nachteil? Hier sehen Sie, wie zufrieden homo- und bisexuelle Männer und Frauen verglichen mit heterosexuellen sind.

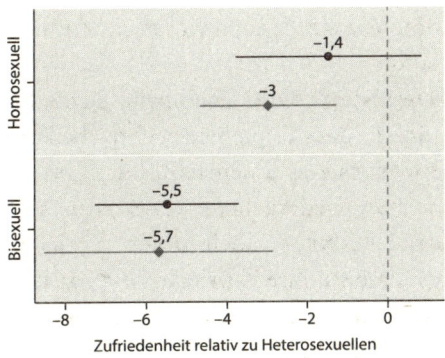

Grafik 73: Homo- und Bisexualität

Die Effekte zeigen: Lesbische Frauen sind 1,4 Punkte unzufriedener als heterosexuelle, aber der Effekt ist aufgrund der geringen Fallzahl nicht signifikant. Schwule Männer sind jedoch ganze 3 Punkte unzufriedener als heterosexuelle Männer. Außerdem sind bisexuelle Frauen um extreme 5,5 Punkte unzufriedener und bisexuelle Männer ebenso um 5,7. Zwar ist die Stichprobe nicht besonders groß, was die großen Konfidenzintervalle erklärt. Aber auch die Forschung zeigt, dass homo- und bisexuelle Männer und Frauen tendenziell ein schlechteres Leben haben. Neuere Untersuchungen vermuten, dass Bisexuelle unzufriedener sind, weil ihre Zufriedenheit im Laufe des Lebens schneller abnimmt.[184] Doch diesen Effekt finde ich in den Daten nicht. Dass Homosexuelle unzufriedener sind, kann man vielleicht noch durch Diskriminierung erklären. Doch es ist und bleibt merkwürdig, dass Bisexuelle unzufriedener sind, und es passt auch nicht zu klassischen wirtschaftswissenschaftlichen Annahmen. Ökonomen meinen, dass mehr Auswahl per se besser ist: Wer die Wahl zwischen Tomaten und Gurken hat, kann nicht schlechter dastehen, als wer nur Gurken hat. Doch dieses Argument scheint hier nicht zu stimmen. Vielmehr scheinen Menschen aus irgendeinem Grund unzufriedener, wenn sie sich zu beiden Geschlechtern hingezogen fühlen. Dabei habe ich wie immer etliches rausgerechnet: Dass Bisexuelle unzufriedener sind, liegt weder an deren Einkommen, Alter, Bildung noch am Beschäftigungsverhältnis. Ich kann also nicht genau sagen, warum Bisexuelle unzufriedener sind, sondern es nur feststellen.

Zumindest für homosexuelle Frauen zeigt die Literatur hingegen dasselbe Ergebnis wie die SOEP-Daten: Ihr Leben ist anders, aber nicht schlechter. Sie haben weniger Kontakt zu ihrer Familie, dafür mehr Kontakt zu Freunden, eine etwas höhere Bildung und verdienen mehr als Männer, jedoch weniger als ihre heterosexuellen Pendants. In ihrer Persönlichkeit unterscheiden homosexuelle Männer sich kaum und homosexuelle Frauen gar nicht von ihren heterosexuellen Geschlechtsgenossen, allen Vorurteilen zum Trotz.[185]

Ein Vorurteil kann ich allerdings bestätigen: Falls Sie schon immer vermutet haben, dass mehr Frauen bisexuell sind als Männer, dann haben Sie recht, denn das zeigen die Daten tatsächlich. Immerhin 1,6 Prozent aller Frauen beschreibt sich als bisexuell, gegenüber nur 0,6 Prozent aller Männer. Frauen sind damit 2,7-mal so oft bisexuell wie Männer, wohingegen 35 Prozent mehr Männer exklusiv homosexuell sind. Eine Erklärung dafür könnte sich im nächsten Kapitel finden: Egal, ob Männer oder Frauen, alle finden Frauen attraktiver.

8.5 Attraktive Menschen sind zufriedener, vor allem wenn Frauen sie attraktiv finden

Ich hatte früher lange Haare. Doch mit Anfang 20 fielen sie aus. So schlimm fand ich das gar nicht. Doch als mein Döner-Mann auf einmal wieder Haare hatte und mir von einer Haartransplantation erzählte, wollte ich es auch ausprobieren. Was hat mich dazu gebracht? Ich dachte, vielleicht bin ich zufriedener, wenn ich besser aussehe. Dass gutes Aussehen zufrieden macht, hört sich nach dem schlimmsten Vorurteil an. Schließlich sollte es doch auf Charme, Intelligenz, vielleicht sogar Freundlichkeit oder moralische Werte ankommen. Es wäre auch unfair, schließlich ist das eigene Aussehen größtenteils Zufall. Außerdem könnte gutes Aussehen sogar hinderlich sein. Jeder kennt Geschichten wie von Marilyn Monroe. Die sah so umwerfend aus, dass alle mit ihr ins Bett wollten. So geriet sie auch an Männer, die ihr nicht guttaten. Dieses Problem wäre bei mir zugegebenermaßen unwahrscheinlich, egal, wie viele Haare ich habe.

Aber wie will man überhaupt beurteilen, wer gut aussieht? Das SOEP hat einfach die Interviewer gebeten, das Aussehen der Befragten einzuschätzen und im Fragebogen einzutragen. Unten sehen Sie, wie zufrieden als mehr oder weniger attraktiv eingeschätzte Menschen mit ihrem Leben sind. Wir wissen, ob der Interviewer ein Mann oder eine Frau war. Links sehen Sie also, ob Männer und Frauen zufriedener sind, wenn weibliche Interviewer sie attraktiv finden. Rechts sehen Sie, wie die

Zufriedenheit von Männern und Frauen mit dem Urteil von Männern einhergeht. Sie können die Bewertungen wie Schulnoten lesen: Wer eine 1 bekommt, ist am attraktivsten, wer eine 5 bekommt... nun ja.[186]

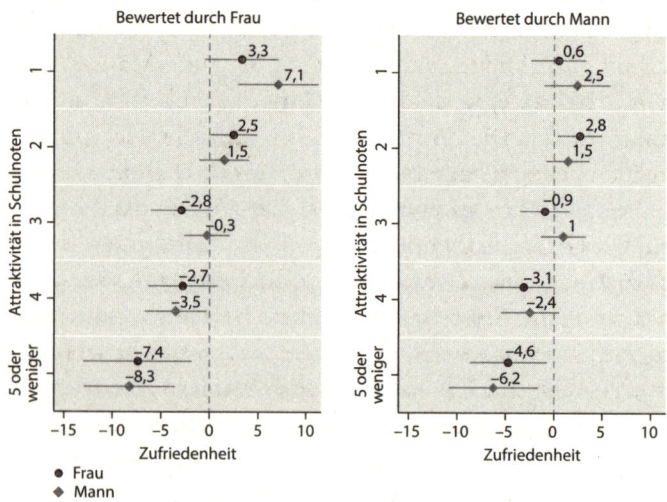

Grafik 74: Körperliche Attraktivität

Sowohl Männer als auch Frauen sind viel zufriedener, wenn Frauen sie attraktiv finden. Links sehen Sie, wie Männer extreme 7,1 Punkte zufriedener sind, wenn Frauen sie sehr attraktiv finden, und auch Frauen sind noch 3,3 Punkte zufriedener, wenn andere Frauen sie für sehr attraktiv halten.

Rechts sehen Sie hingegen, dass es sehr viel unwichtiger ist, ob Männer jemanden attraktiv finden. Stufen Männer eine Frau als extrem attraktiv ein, ist diese überhaupt nicht zufriedener; ein Mann ist es nur um 2,5 Punkte, und der Einfluss ist statistisch nicht signifikant. Für Vertreter beider Geschlechter ist also wichtiger, dass Frauen sie attraktiv finden. Dass es Männer weniger kümmert, ob andere Männer sie für attraktiv halten, ist vielleicht noch zu verstehen. Doch dass auch für Frauen vor allem das Urteil anderer Frauen zählt, ist schon überraschend.

Leider wird auch umgekehrt ein Schuh draus. Frauen und Männer, die von Frauen als sehr unattraktiv eingestuft werden, sind extreme 7,4 und 8,3 Punkte unzufriedener. Finden Männer dahingegen eine Frau unattraktiv, ist diese immerhin noch um 4,6 Punkte unzufriedener und auch Männer sind es um 6,2 Punkte, wenn andere Männer sie überhaupt nicht attraktiv finden. Die Zufriedenheit von Menschen scheint also ziemlich abhängig davon zu sein, wie attraktiv andere sie finden. Bei Männern kann es gigantische 15,4 Punkte ausmachen, bei Frauen immer noch 11,6. Dieser Effekt ist so groß, dass man ihn beispielsweise durch Einkommen kaum kompensieren kann. Selbst wer 9000 statt 1000 Euro monatlich verdient, ist nicht so viel zufriedener, wie wer sehr attraktiv statt gar nicht attraktiv ist. Wir haben insofern eine wichtige Menschheitsfrage geklärt: Aussehen ist wichtiger als Geld.

Aber kann das wirklich sein? Es widerspricht einigen Zufriedenheitsforschern, beispielsweise Martin Seligman.[187] Andere empirische Untersuchungen bestätigen jedoch, dass attraktive Menschen zufriedener sind. Eine Studie zeigt, dass wer doppelt so attraktiv ist wie jemand anders, auch 8 bis 15 Prozent zufriedener ist.[188] Ungefähr die Hälfte der höheren Zufriedenheit hübscher Menschen kann man mit den vielen Vorteilen erklären, die Attraktivität bringt. Attraktive Menschen werden für kompetenter, selbstsicherer und emotional intelligenter gehalten; sie werden eher eingestellt und verdienen dann mehr; sie können besser überzeugen und bekommen schneller Hilfe von Fremden.[189] Ökonomen meinen im Wesentlichen, schöne Menschen seien zufriedener, weil sie auf zwei Märkten erfolgreicher sind: dem Arbeitsmarkt und dem Partnermarkt. Romantisch, nicht wahr? Aber man muss den Tatsachen ins Auge sehen, ob man sie ungerecht findet oder nicht.

Doch könnte nicht auch die umgekehrte Kausalität eine Rolle spielen? Dann wären nicht attraktivere Personen zufriedener, sondern zufriedenere Personen attraktiv. Empirische Studien stellen tatsächlich fest, dass der Zusammenhang zwischen Zufriedenheit und bewertetem Aussehen vor allem auftritt, wenn Menschen die Kleidung und den Schmuck tragen, die sie typischerweise tragen. Das würde bedeuten, dass nicht nur gutes Aussehen zufrieden macht, sondern der Zusammenhang auch dadurch zustande kommt, dass zufriedene Menschen sich stärker um ihr Aussehen kümmern. Insofern scheint es wirklich logisch, dass nicht nur gutes Aussehen die Zufriedenheit erhöht, sondern auch Zufriedenheit zu einem besseren Aussehen beiträgt.[190] Wer immerzu schlechte Laune hat, wird schließlich nicht als besonders attraktiv wahrgenommen. Doch das würde nichts daran ändern, dass attraktivere Menschen immer noch zufriedenere Menschen sind. Und es spricht sogar etwas dafür, dass Aussehen auch kausal zufriedener macht. Denn eine Untersuchung mit dem Titel *Zufriedenheit durchs Messer* hat gezeigt, dass Menschen zufriedener nach einer Schönheitsoperation sind. Überblicksartikel der bisherigen Literatur stellen das ebenfalls fest, selbst Jahre später.[191] Es hört sich also oberflächlich an, aber scheint durchaus plausibel, dass Schönheit zu Zufriedenheit führt.

Jetzt fragen Sie sich vielleicht noch, wer denn überhaupt wen am schönsten findet. Dabei kommt wieder etwas ziemlich Verrücktes heraus. Am schönsten finden Frauen andere Frauen (Note 2,8), am zweitschönsten finden Männer Frauen (Note 2,9), und zuletzt sind Frauen und Männer sich einig, dass Männer am unattraktivsten sind (Note 3,1). Andere Untersuchungen zeigen ebenfalls, dass Frauen von allen am schönsten gefunden werden.[192] Und ja, es stimmt: Je älter man wird, desto weniger attraktiv ist man. Innerhalb von etwa 60 Jahren verliert man einen Notenpunkt auf der Skala. Bei Frauen geht es ab circa 35 abwärts, bei Männern ist der genaue Beginn des Niedergangs weniger eindeutig. Doch jetzt mal genug von diesem oberflächlichen Quatsch – wenden wir uns den inneren Werten zu. Wäre ja schön, wenn die auch zählen.

8.6 Einstellungen: Was zufriedene und unzufriedene Menschen unterscheidet

Zeichnen sich zufriedenere Menschen durch besondere Einstellungen aus? Ist dieselbe Person sogar zufriedener, wenn sie sich bestimmte Einstellungen angewöhnt? Das vermutet zumindest die Gegenbewegung zur Set-Point-Theorie, die wir bereits unter dem Namen Positive Psychologie kennengelernt haben. Diese Bewegung um die Psychologen Martin Seligman, Ed Diener und Sonja Lyubomirsky ignoriert nicht, dass man sich an Geld, eine Heirat oder eine Behinderung gewöhnt. Doch die Positive Psychologie vermutet, dass man seine Zufriedenheit trotzdem langfristig positiv beeinflussen kann, wenn man sich die richtigen Einstellungen angewöhnt. Und da muss etwas dran sein. Denn ansonsten hätte die kognitive Verhaltenstherapie nicht Millionen Depressiven geholfen, negative Denkmuster zu durchbrechen. Denkbar ist somit, dass alles, was wir uns bisher angeschaut haben, beispielsweise dass beruflicher Erfolg oder eine Heirat zufriedener machen, nur oberflächliche Verhaltensweisen waren, deren positiver Einfluss letztlich auf dahinterstehende Einstellungen zurückgeht. Wer also Einstellungen hat, die eine Heirat in positivem Licht erscheinen lassen, der könnte wegen dieser Einstellungen und nicht wegen der Heirat an sich zufriedener sein.[193] Dann müsste man sehen, dass einige Einstellungen einen enormen Einfluss auf die Zufriedenheit haben. Doch was sind die Einstellungen, die zufriedene Menschen kultivieren, und in welchen Gedanken stecken unzufriedene Menschen fest?

Die schwarzen Effekte in Grafik 75 zeigen, wie viel zufriedener oder unzufriedener Menschen sind, die schon immer bestimmte Einstellungen hatten. Die grauen Effekte zeigen, ob auch dieselbe Person zufriedener ist, wenn sie sich bestimmte Einstellungen angewöhnt hat. Jede Effektstärke ist der Effekt einer sogenannten Standardabweichung. Das ist der typische Unterschied zwischen zwei Personen.

Fangen wir unten an, bei dem Einfluss, der am stärksten mit hoher Zufriedenheit einhergeht: Wer schon immer in dem Ausmaß glücklicher war, wie zwei Menschen sich dies-

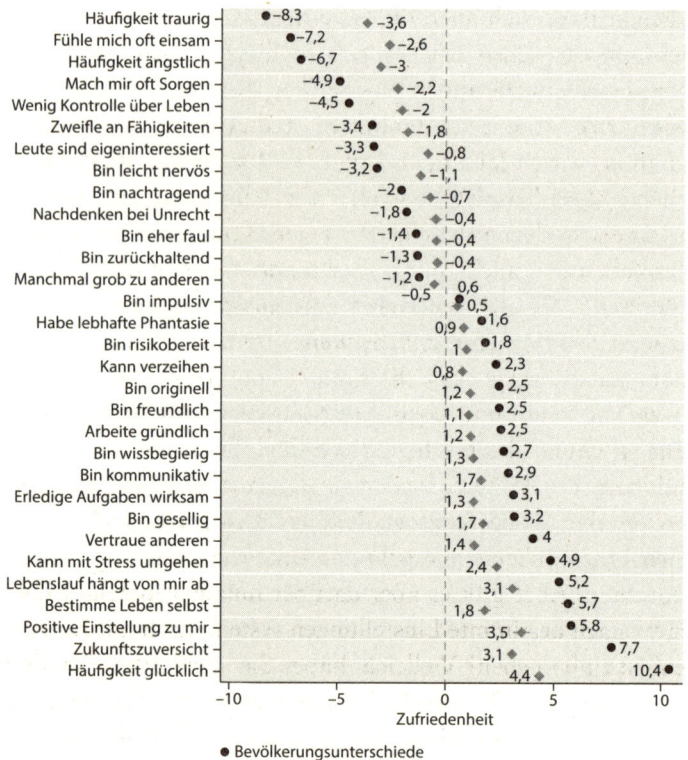

Grafik 75: Einstellungen

218

bezüglich typischerweise unterscheiden, der ist auch gigantische 10,4 Punkte zufriedener. Insofern ist relativ egal, ob man Glück oder Zufriedenheit vergleicht, denn de facto geht beides sowieso miteinander einher. Doch jetzt schauen Sie sich alle schwarzen Effekte in Ruhe an. Sie zeigen Ihnen, welche langfristigen Lebenseinstellungen Menschen auszeichnen, die dauerhaft zufriedener oder unzufriedener sind als andere. Finden Sie, viele der positiven oder negativen Eigenschaften lassen sich zusammenfassen in dem Sinne, dass bestimmte Gruppen von Eigenschaften zufriedene oder unzufriedene Menschen auszeichnen?

Schauen Sie sich auch die grauen Effekte an. Diese zeigen nicht, ob Menschen mit bestimmten Einstellungen dauerhaft zufriedener sind als andere, sondern ob dieselbe Person zufriedener wird, wenn sie bestimmte Einstellungen in ihrem Leben annimmt. In den Jahren, in denen dieselbe Person öfter glücklich ist, ist sie beispielsweise auch um 4,4 Punkte zufriedener. In Jahren, in denen dieselbe Person die Zukunft zuversichtlicher sieht, ist sie auch um 3,1 Punkte zufriedener und so weiter.

Je länger Sie sich die vielen Ergebnisse anschauen, desto mehr fragen Sie sich möglicherweise, ob man sie zusammenfassen kann. Einiges ist ja halbwegs banal. Dass glücklichere, zuversichtlichere und positivere Menschen zufriedener sind, kann ja kaum überraschen. Auch dass Traurige, Ängstliche und Sorgenvolle unzufrieden sind, haut wohl niemanden vom Hocker. Es bestätigt letztlich nur, dass Zufriedenheit mit einem guten Leben einhergeht und Unzufriedenheit mit einem schlechten. Aber gibt es aber darüber hinaus generelle Muster, wonach bestimmte Einstellungen systematisch mit Zufriedenheit einhergehen? Vielleicht haben Sie nach Inspektion der Daten eine kleine Theorie? Ich finde, man kann aus den vielen Einstellungen herauslesen, dass zwei große Einstellungsmuster mit Zufriedenheit verbunden sind. Erstens das Gefühl von Kontrolle über das eigene Leben, zweitens Geselligkeit.

Kontrollüberzeugung

Viele der positivsten Effekte haben eines gemeinsam: Sie hängen mit dem Gefühl von Kontrolle über das eigene Leben zusammen. Umgekehrt spiegeln viele der negativsten Effekte die Überzeugung, das eigene Leben nicht aktiv gestalten zu können. Explizit sehen Sie das daran, dass Menschen, die wenig Kontrolle über ihr Leben zu haben glauben, 4,5 Punkte unzufriedener als andere sind. Ebenso ist dieselbe Person 2 Punkte unzufriedener, wenn sie meint, weniger Kontrolle über ihr Leben zu haben. Auch wer bei Schwierigkeiten an sich zweifelt und insofern meint, Probleme nicht lösen zu können, ist viel unzufriedener. Wer umgekehrt meint, sein Leben selbst zu bestimmen, ist 5,7 Punkte zufriedener als andere und 1,8 Punkte zufriedener, als er selbst ohne diese Überzeugung. Ähnliches zeigt sich für Menschen, die meinen, ihren eigenen Lebenslauf zu bestimmen.

Die bisherige Forschung bestätigt, dass das Gefühl von Kontrolle über das eigene Leben extrem wichtig ist, geradezu lebenswichtig. Mitte der 1970er Jahre veröffentlichten Ellen Langer und Judith Rodin eine Studie, für die sie das Leben auf zwei Gängen eines Altersheimes mit einem Filmeabend und Blumen verschönerten. Doch in einem der beiden Gänge konnten die Bewohner selbst entscheiden, wann sie Filme anschauen und welche Pflanzen sie wollten. Außerdem mussten sie ihre Pflanzen selbst gießen. Sie hatten insofern mehr Kontrolle über ihr Leben. Die Bewohner des anderen Gangs bekamen ebenfalls Pflanzen und einen Filmeabend. Doch konnten sie weder die Termine der Filmvorführungen noch ihre Pflanzen aussuchen, und sie waren auch nicht für die Pflanzen verantwortlich. 18 Monate später zeigte sich nicht nur, dass die Bewohner mit mehr Kontrolle zufriedener und aktiver waren; sie waren auch doppelt so oft überhaupt noch am Leben.[194] Während solche Studien gut darin sind, kausale Mechanismen zu identifizieren, kann Umfrageforschung zeigen, ob Effekte verallgemeinerbar sind. Wenn beides zusammenkommt, kann man sich eines kausalen Effektes am sichersten sein. Da Experimente und Umfragedaten hier in dieselbe Richtung weisen, kann man insofern von einem positiven Effekt von Kontrolle auf das eigene Leben ausgehen.[195]

Auch erklärt Kontrollüberzeugung, warum Optimisten so viel zufriedener sind. Optimismus könnte schlecht sein, wenn man als Optimist immer wieder mit einer Welt konfrontiert wird, die die eigenen positiven Erwartungen enttäuscht. Das könnte belastender sein als pessimistische Erwartungen, die positiv übertroffen werden. Doch das ist nicht so. Denn Pessimisten glauben, weniger Kontrolle über ihr Leben zu haben. Nehmen sie ein Problem wahr, gehen sie davon aus, dass es permanent, allgegenwärtig und ihretwegen auftritt. Optimisten vermuten hingegen, dass Probleme sich lösen lassen, nur punktuell auftreten und nichts mit ihrer Person zu tun haben.[196] Deswegen meinen Optimisten, mehr Kontrolle zu haben, auch wenn das gar nicht stimmt. Denn manche Probleme lassen sich ja tatsächlich nicht lösen, treten immer wieder auf und liegen an einem selbst. Es ist also paradox: Zu vermuten, eine Kontrolle zu haben, über die man in Wirklichkeit gar nicht unbedingt verfügt, macht zufriedener. In diesem Sinne macht eine falsche Sicht der Realität zufriedener.

So können Depressive zwar teils genauer einschätzen, wie viel Kontrolle sie über ihr Leben haben. Dafür sind sie allerdings, nun ja, depressiv.[197] Dass der positive Effekt von Optimismus auf Lebenszufriedenheit tatsächlich kausal ist und über Kontrollüberzeugung funktioniert, zeigen auch Interventionsstudien.[198] In einer wurden Menschen gebeten, aufzuschreiben, wie ihr Leben in Zukunft bestmöglich aussehen könnte. Und es zeigt sich, dass dies die Zufriedenheit erhöht. Auch wer angehalten wurde, sich auszumalen, wie toll er die eigene Zukunft gestalten kann, war danach zufriedener. Selbst wenn man also die Selbstsicherheit und Kontrollüberzeugung einer Person künstlich erhöht, steigt ihre Zufriedenheit.[199] Einige Studien brachten Teilnehmern einen hoffnungsvolleren Blick auf die Zukunft bei. Dies verursachte so gravierend positive Verbesserungen, dass nun sogar bezweifelt wird, ob Psychotherapeuten überhaupt noch vergangene Probleme thematisieren sollten. Sinnvoller wäre es möglicherweise, einfach den Optimismus und die Kontrollüberzeugung von Patienten zu steigern.[200]

Geselligkeit

Einsamkeit ist der zweite große Zufriedenheitskiller. Denn viele Antworten zeigen: Wer sich schon immer einsam fühlte, ist viel unzufriedener. Wer hingegen gesellig und kommunikativ ist, ist auch viel zufriedener.

Wir alle brauchen Kontakt zu Menschen, das haben die vorherigen Kapitel gezeigt. Doch wessen Bedürfnis nach Kontakt durch die eigenen Einstellungen blockiert wird, dem geht es offenkundig sehr viel schlechter. Wer beispielsweise den Eindruck hat, andere seien eigeninteressiert statt hilfsbereit, ist unzufriedener. Wer anderen nicht vertraut, ist ebenso unzufriedener, was die Literatur bestätigt.[201] Ländervergleichende Studien zeigen nicht nur, dass Länder mit mehr Vertrauen mehr Wirtschaftswachstum haben und entsprechend reicher sind. Sie zeigen sogar, dass die Zufriedenheit der gesamten Bevölkerung um gigantische 10 Punkte höher ist, wenn alle Menschen sich vertrauen, statt es überhaupt nicht zu tun.[202] Es spricht einfach viel dafür, dass netter zwischenmenschlicher Umgang extrem hilfreich ist. Und gerade da können die Deutschen meiner Meinung nach eine Menge lernen.

Man kann die USA ja für vieles kritisieren. Aber vom alltäglichen Miteinander kann Deutschland sich etwas abschneiden. Als ich einmal in den USA meinen Kaffee bestellte, bat ich die 60-jährige Verkäuferin, den Kaffeebecher nicht zu voll zu machen, damit ich keinen gigantischen Koffeinrausch bekomme, der mich wie ein Duracell-Häschen durch den Rest des Tages hibbeln lässt. Sie tätschelte mir die Schulter, strahlte mich an und antwortete: »Aber darum geht es doch, mein Süßer!« Aufgrund dieser Begegnung war mein ganzer Tag schöner. Und so geht es anderen auch. Versuchsteilnehmer, die in einem Kaffeeladen kurz mit der Verkäuferin plauschten, waren danach zufriedener, als wenn sie einfach nur ihren Kaffee kauften. Ebenso waren Menschen zufriedener, wenn sie in einem Experiment gebeten wurden, sich in öffentlichen Verkehrsmitteln zu unterhalten. Man muss also kein per se geselliger Mensch sein. Es reicht, sich einen kleinen Anstoß zu geben, um mit anderen Menschen in Kontakt zu kommen, schon ist man etwas zufriedener.[203]

Was weniger Bedeutung hat, als man denkt

Allerdings haben auch viele Einstellungen kaum eine Bedeutung, obwohl man das vermuten würde. Wer zurückhaltender, gröber oder fauler ist, ist beispielsweise erstaunlicherweise kaum unzufriedener. Wer impulsiv ist, ist sogar minimal zufriedener. Schauen Sie doch einmal selbst, was Sie überraschend finden. Und wenn Sie möchten, schauen Sie sich die Liste immer mal wieder an, um sich klarzumachen, welche Einstellungen mit der eigenen Zufriedenheit einhergehen, schließlich scheinen manche Einstellungsveränderungen sich mehr zu lohnen als andere.

Es geht allerdings auch einen Tick einfacher. Denn Psychologen haben uns einen riesigen Gefallen getan. Sie haben herausgefunden, dass alle menschlichen Eigenschaften sich zu fünf großen Merkmalen zusammendampfen lassen. Und wie diese grundlegenden fünf Persönlichkeitseigenschaften Lebenszufriedenheit beeinflussen, zeige ich Ihnen jetzt.

8.7 Die großen fünf Persönlichkeitseigenschaften und Zufriedenheit

Wenn Sie Ihre großen fünf Persönlichkeitseigenschaften noch nicht kennen, machen Sie doch einen Test. Googeln Sie einfach »big five personality test«, es dauert nur ein paar Minuten und kostet nichts. Machen Sie das am besten, bevor Sie weiterlesen, damit Sie alle Fragen unvoreingenommen beantworten.

Worum geht es bei den Big Five? Es geht darum, dass Menschen sich durch fünf Eigenschaften auszeichnen, die wiederum selbst nicht aufeinander reduzierbar sind. Wenn man jemanden als aufgeschlossen bezeichnet, ist das ja beispielsweise fast dasselbe, wie wenn man ihn als offen bezeichnet. Doch wie viele unterschiedliche Persönlichkeitsmerkmale kann man auf wie wenige reduzieren? Die Antwort lautet: 17 953 auf fünf. Der Psychologe Gordon Allport hat 1925 aus über einer halben Million Einträgen eines Wörterbuches 17 953 Begriffe rausgefiltert, die Menschen beschreiben. Der Psychologe Warren Norman schaffte es, diese Bezeichnungsflut auf fünf Eigenschaften zu reduzieren, die heute immer noch gebraucht werden, um Menschen zu charakterisieren.[204] Dass nur fünf Eigenschaften jeden Menschen beschreiben sollen, klingt unglaublich, wenn nicht sogar beleidigend, oder? Doch irgendwas muss dran sein. Denn seit fast 100 Jahren reduzieren Psychologen immer wieder alle Eigenschaftsbezeichnungen auf wenige, und jedes Mal landen sie bei denselben fünf. Als man bemerkte, dass das sogar in jeder Sprache funktioniert, glaubten immer mehr Psychologen, die fünf Grundbausteine menschlicher Persönlichkeit gefunden zu haben.[205] Aber was für fünf Eigenschaften sind das?

Der erste grundlegende Unterschied zwischen Menschen ist ihre mehr oder weniger hohe Aufgeschlossenheit. Wer aufgeschlossener ist, ist auch origineller, hat eine lebhafte Fantasie, ist wissbegieriger, offener für neue Erfahrung, neugieriger, hinterfragt Bestehendes und ist seltener konservativ oder vorsichtig. Aufgeschlossene probieren mehr Neues, sind aber auch schneller von Bestehendem gelangweilt. Falls es Sie interessiert: Ich bin extrem offen. Das ist eine super Eigenschaft, wenn ich ein neues Projekt anfange oder einen neuen Menschen kennenlerne. Es nervt allerdings, wenn ich etwas zu Ende bringen will oder mich mit einem alten Freund treffe, der gerade nichts Spannendes zu erzählen hat. Denn dann verliere ich schneller als andere das Interesse. Wenn ich anfange, ein neues Buch zu schreiben, bin ich beispielsweise Feuer und Flamme. Wenn ich es zu Ende bringen muss, fluche ich hingegen die ganze Zeit. Das ist der Vor- und Nachteil einer offenen Persönlichkeit.

Zweitens zeichnen Menschen sich durch mehr oder weniger Gewissenhaftigkeit aus. Wer gewissenhaft ist, ist auch fast immer motiviert, erfolgsorientiert und gründlich, erledigt seine Arbeit nicht halbseiden oder schlampig, lässt nicht locker, bis er seine Ziele erreicht hat, ist organisiert und hat eine hohe Kontrolle über sich. In Ihrem Bekanntenkreis sind das die Leute, auf die man sich verlassen kann, die dafür allerdings auch nicht so spontan sind wie andere.

Drittens sind manche Menschen besonders kommunikativ und gesprächig. Sie sind dann auch fast immer gesellig und können gut aus sich herausgehen. Psychologen erklären das durch den Charakterzug Extraversion. Wer extravertiert ist, fühlt sich unter Menschen wohler und hat ein großes Mitteilungsbedürfnis. Wer es nicht ist, kann gut alleine sein, muss nicht alles mit jedem besprechen und bezeichnet sich als schüchtern. Ihre extravertierten Freunde unterhalten oder nerven eine ganze Party, während Ihre introvertierten Freunde abgesagt haben, weil sie mit sich selbst beschäftigt sind. Ich bin da allerdings nicht objektiv, ich bin selbst recht extravertiert.

Dann gibt es noch eine vierte Eigenschaft: Wer selten grob zu anderen ist, kann auch gut verzeihen, ist höflich, hilfsbereit, denkt an andere, und geht auch bei anderen davon aus, dass sie selbst so sind. Diese Menschen wollen sich nicht durchsetzen, wenn dadurch menschliche Bindungen kaputtgehen. In einer Gehaltsverhandlung haben sie mehr Angst vor schlechter Stimmung, als davor, nicht das Maximale für sich herauszuholen. Denn diese Menschen haben die vierte große Charaktereigenschaft: Verträglichkeit. Nicht verträglich ist, wer andere vor den Kopf stößt, wenn es einer Sache dient, von der er überzeugt ist. Gäbe es nur solche Menschen, wäre die Welt kälter, egoistischer und letztlich ein großer Wettbewerb. Doch eine Welt, in der alle verträglich sind, wäre auch nicht ideal. Denn dann würden sich neue Ideen nicht durchsetzen, weil jeder Angst hätte, damit jemandem vor den Kopf zu stoßen.

Während jede der bisherigen vier Persönlichkeitseigenschaften eine positive und negative Seite hat, scheint die fünfte einfach nur lästig. Manche Menschen sind emotional labiler, verletzlicher, unsicherer, besorgter und gestresster, denn sie sind: neurotisch. Wenig Neurotizismus geht nicht per se mit positiven Emotionen einher, sondern mit emotionaler Stabilität und weniger Sensibilität. Insofern ist denkbar, dass Neurotizismus auch eine positive Seite hat. Denn wer alles stärker empfindet, ist vielleicht auch für die guten Seiten des Lebens empfänglicher.

Wichtig an diesen fünf Eigenschaften ist, dass sie nicht weiter aufeinander reduzierbar sind. Aufgeschlossenheit hat beispielsweise nichts damit zu tun, ob man gesellig, verträglich, neurotisch oder gewissenhaft ist. Keines der beiden Geschlechter ist signifikant gewissenhafter. Doch Frauen sind 13 Prozent einer Standardabweichung aufgeschlossener, 21 Prozent extravertierter, 43 Prozent neurotischer und 32 Prozent verträglicher als Männer.[206] Insofern gibt es zwar Geschlechterunterschiede, doch zwei zufällig herausgepickte Individuen unterscheiden sich mehr als doppelt so stark wie der Durchschnitt aller Männer vom Durchschnitt aller Frauen. Mit anderen Worten: Die Unterschiede zwischen Individuen sind, immer mehr als doppelt so groß wie die Unterschiede zwischen den Geschlechtern.

Doch wem geht es denn nun besser? Sind gesprächigere Menschen besser drauf? Ist Gewissenhaftigkeit gut, oder sollte man lieber fünfe gerade sein lassen? Ist es besser, verträglich zu sein oder sich durchzusetzen? Ist Offenheit gut, oder hält man sich besser an Altbekanntes? Sind emotional stabile Menschen zufriedener? Wieder zeigen die schwarzen Balken in Grafik 76, ob Menschen mit einer bestimmten Eigenschaft zufriedener sind als andere. Die grauen Balken zeigen stattdessen, ob dieselbe Person zufriedener wird, wenn sie eine Eigenschaft stärker als ansonsten hat.

Die schwarzen Balken zeigen deswegen, dass wer schon immer verträglicher, aufgeschlossener, gewissenhafter oder extravertierter als andere war, auch um jeweils circa 2 Punkte zufriedener ist. Der verträgliche, extravertierte, gewissenhafte

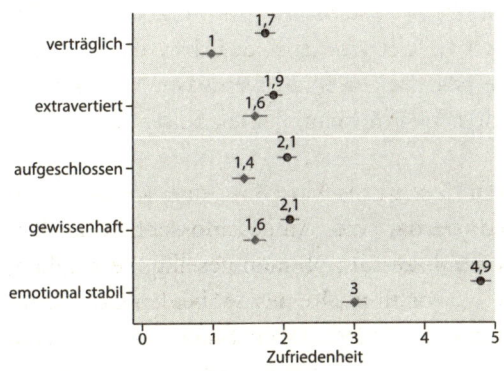

Grafik 76: Persönlichkeitseigenschaften

227

und aufgeschlossene Teil der Bevölkerung ist also auch der zufriedenere Teil der Bevölkerung. Ebenso ist dieselbe Person 1 bis 1,6 Punkte zufriedener, wenn eine dieser Eigenschaften in ihrem Leben gerade besonders ausgeprägt ist.

Doch während vier der Eigenschaften somit positiv sind, haben Neurotiker ein Problem. Wer schon immer eine Standardabweichung neurotischer als andere war, ist auch fast extreme 5 Punkte unzufriedener als andere. Und in Jahren, in denen dieselbe Person neurotischer ist, ist sie auch um fast 3 Punkte unzufriedener. Nicht nur sind Neurotiker insofern unzufriedener, auch schwankt ihre Zufriedenheit stärker, was insofern nicht überraschend ist, als dass Neurotizismus emotionale Instabilität bedeutet.[207]

Unklar ist allerdings wieder hier die Kausalität. Wir können nicht sicher sein, ob bestimmte Eigenschaften wirklich ein zufriedenes Leben bedingen oder ob zufriedene Menschen vielmehr diese Eigenschaften entwickeln. So könnten aufgeschlossene Menschen zufriedener sein. Es kann aber auch umgekehrt sein, dass wer zufrieden ist, weniger mit sich selbst beschäftigt und darum eher offen für Neues ist. Einige Untersuchungen zeigen tatsächlich, dass zufriedene Menschen weniger Schwierigkeiten haben, emotional stabiler, extravertierter, aufgeschlossener, verträglicher und gewissenhafter zu sein. Andere argumentieren, dass diese Eigenschaften nicht generell, sondern nur in bestimmten Lebenslagen zufrieden machen.[208] So scheinen Extravertierte vor allem zufriedener, wenn auch andere extravertiert sind, ihr Verhalten also der Norm entspricht.[209] Es mag sein, dass einige Eigenschaften nur unter bestimmten Bedingungen förderlich sind und auch von Zufriedenheit abhängen, statt nur zu ihr zu führen. Doch wer in einem Versuch dazu gebracht wurde, seine Erlebnisse mit anderen Menschen zu teilen, der wurde zufriedener, als wer sie nur aufgeschrieben hat.[210] Das spricht dafür, dass Extravertiertheit selbst dann zufriedener macht, wenn man sie sich künstlich angewöhnt. Und bei allen unklaren Ergebnissen bezweifelt niemand, dass Neurotizismus Gift für ein zufriedenes Leben ist.

Frauen könnten stärker von Verträglichkeit profitieren, da sie immer noch seltener im Berufsleben stehen. Männer könnten mehr von Gewissenhaftigkeit haben, weil diese gerade im Berufsleben hilft. Doch Männer und Frauen profitieren von und leiden an denselben Persönlichkeitseigenschaften gleichermaßen. Insgesamt kann man also recht genau sagen, welche Persönlichkeitseigenschaften mit einem zufriedenen Leben einhergehen. Zufriedenere Menschen sind aufgeschlossener, gewissenhafter, extravertierter, verträglicher und vor allem sind sie nicht neurotisch.

8.8 Zufriedene Menschen spielen keine Nullsummenspiele

Der eine will Geld, der andere Liebe, der nächste Pinguine retten. Doch sind einige Lebensziele kompatibler mit einem zufriedenen Leben? Sind Menschen zufriedener, die Wert auf beruflichen Erfolg legen? Die viel herumkommen wollen? Denen Familie wichtig ist? Oder sogar diejenigen, die sich für eine bessere Welt engagieren?

In Grafik 77 sehen Sie wieder anhand der schwarzen Effekte, ob wer bestimmte Lebensziele schon immer stärker als andere verfolgt hat, auch schon immer zufriedener war. Die grauen Effekte zeigen stattdessen, ob dieselbe Person zufriedener ist, wenn sie bestimmte Ziele stärker verfolgt als ansonsten.

Man kann diese Ergebnisse über einen Kamm scheren: Wessen Lebensziele auf Konkurrenz hinauslaufen, ist kaum zufriedener. Doch warum? Auf Konkurrenz hinauslaufende Ziele, beispielsweise sich viel leisten zu können oder beruf-

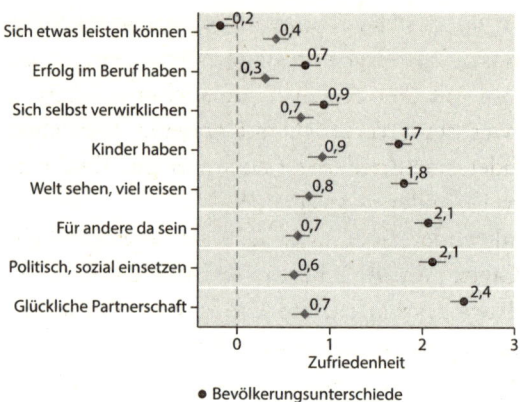

Grafik 77: Lebensziele

lich erfolgreich zu sein, bezeichnet der Zufriedenheitsforscher Bruce Headey als Nullsummenspiele. Denn man kann sie nur gewinnen, wenn andere verlieren. Wer beispielsweise mehr verdient, vermittelt seinen Mitmenschen das Gefühl, weniger zu verdienen. Das ist zwar blöd für die anderen, aber warum hilft es einem nicht mal selbst?

Stellen Sie sich vor, Sie schaffen es, mehr als andere zu verdienen. Das ist schön für Sie. Doch das Problem ist: Weil andere von Ihrem Erfolg angespornt sind, befinden Sie sich in einem ewigen Überbietungswettbewerb, den nur eine Person gewinnt: der reichste Mensch der Welt. Dabei verschiebt sich der Vergleichsmaßstab umso stärker, je mehr Sie Ihre Ziele erreicht haben. Sie haben es geschafft und besitzen endlich eine Jacht? Nun vergleichen Sie sich nicht mehr mit Strandbesuchern, sondern Jachtbesitzern. Und schon sind Sie wieder nur einer von vielen, denn wahrscheinlich haben Sie nicht die größte Jacht. Sie wurden vom mittleren ins obere Management befördert? Etwas später vergleichen Sie sich mit dem Vorstand und stehen wieder nur in der Mitte oder sogar darunter. Und selbst der reichste Vorstandsvorsitzende mit der größten Jacht muss sich Sorgen machen. Denn seine Konkurrenten scharren mit den Hufen. Untersuchungen zeigen deswegen, dass wer beim Vergleich mit anderen Menschen schlecht abschneidet, unzufrieden ist; doch wer gut abschneidet, ist auch nicht besonders zufrieden.[211]

Erfolgreicher als andere sein zu wollen, ist deswegen kein guter Weg zum Glück. Warum streben wir trotzdem danach? Evolutionär sind wir geschaffen, um Erfolg statt Zufriedenheit anzustreben. Unsere Zufriedenheit ist unseren Genen egal, solange wir Nachwuchs zeugen. Doch das bringt ein Problem: Wir verfolgen enthusiastisch Ziele, die uns erfolgreicher erscheinen lassen, aber eben nicht langfristig zufriedener machen.[212] Wie entkommen wir dieser Falle? Indem wir uns Ziele setzen, bei denen unser Erfolg nicht der Misserfolg eines anderen ist. Wem eine glückliche Partnerschaft, Kinder, gesellschaftliches Engagement oder andere Menschen wichtig sind, der nimmt anderen nichts weg, wenn er seine Ziele erreicht. Entsprechend sind diese Ziele mit keinem anstrengenden Wettbewerb verbunden. Niemand ist Ihnen auf den Fersen, weil Sie sie erreichen. Entsprechend entspannter können Sie sein, wenn Sie sie verfolgen.[213]

Doch vielleicht sind erst wohlhabende Menschen überhaupt in der Lage, keine wettbewerbsorientierten Ziele zu haben? Vielleicht können sie es sich leisten, beruflichen Erfolg und Einkommen als weniger wichtig zu erachten? Das klingt plausibel, doch die Ergebnisse zeigen sich ebenfalls, wenn man nur Befragte mittleren Einkommens vergleicht. Übrigens unterscheidet sich auch kaum, welche Ziele Männer und Frauen glücklich machen. Mit einer Ausnahme: Frauen, denen Berufserfolg wichtig ist, sind überhaupt nicht zufriedener, Männer zumindest etwas. Das liegt daran, dass viele Frauen nicht arbeiten. Unter den arbeitenden Frauen ist das Ergebnis ähnlich wie bei Männern. Außerdem zeigt sich interessanterweise speziell unter vollzeitarbeitenden Frauen, dass ein Kinderwunsch nichts zur Zufriedenheit beiträgt. Männer mit Kinderwunsch sind hingegen immer zufriedener, vielleicht weil sie sich darauf verlassen, dass die Frau die Erziehungsarbeit erledigt.

Die gute Nachricht ist jedenfalls, dass angesichts dieser Ergebnisse Altruismus und Egoismus kein Gegensatz sind. Denn wer Ziele verfolgt, die anderen nicht schaden, ist auch selbst zufriedener. Wer hingegen probiert, besser als andere zu sein, wird auch selbst eher nicht zufrieden. Das scheint ein generelles Muster in den Daten zu sein, wie man auch an Narzissten sieht. Diese halten sich für den Mittelpunkt der Welt und wünschen sich, dass ihre Konkurrenten scheitern, so dass sie glänzen. Doch Narzissten sind um ganze 2 Punkte unzufriedener. Wer andere für Versager hält, ist noch einen Punkt unzufriedener, ebenso wie wer meint, er sollte als große Persönlichkeit angesehen werden. Wer sich also selbst für den Größten hält, ist tatsächlich einfach unzufriedener mit seinem Leben. Ein Tipp von mir, der in meinem Leben wunderbar funktioniert: Merken Sie sich das einfach, wenn jemand großspurig rüberkommt oder sich für den Mittelpunkt der Welt hält: Er bezahlt für diese Einstellung mit Lebenszufriedenheit. Geben Sie sich also am besten gar nicht mit Angebern ab. In Wirklichkeit sind es arme Würstchen.

8.9 Zufriedene Menschen sind vor allem mit ihrem Lebensstandard, ihrer Familie und ihrer Gesundheit zufrieden

Auf welche Aspekte Ihres Lebens sollten Sie achten? Hauptsache gesund? Oder besser reich? Oder beliebt? Leute sind mit unterschiedlichen Aspekten ihres Lebens unterschiedlich zufrieden. Aber vielleicht ist für die generelle Lebenszufriedenheit egal, ob ich mit meinem Einkommen zufrieden bin. Vielleicht ist wichtiger, dass ich mit meiner Ehe oder meinem Freundeskreis zufrieden bin? Welche Teilaspekte von Lebenszufriedenheit gehen also mit genereller Lebenszufriedenheit einher? Die schwarzen Punkte zeigen wieder, wie viel zufriedener jene Personen sind, die mit einem Teilaspekt ihres Lebens schon immer besonders zufrieden waren. Die grauen Ef-

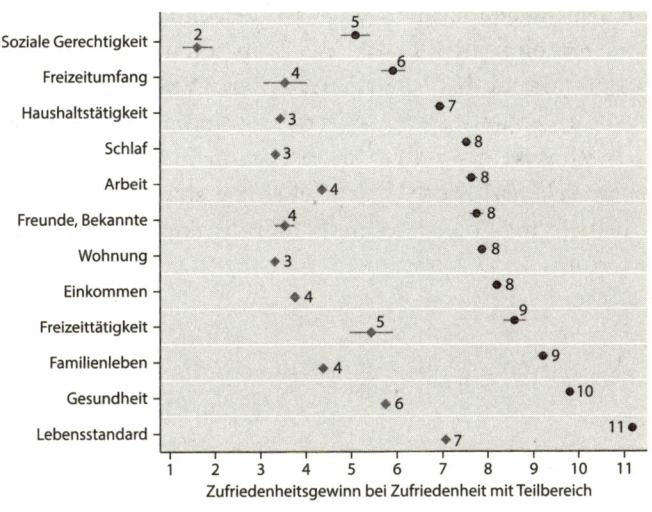

Grafik 78: Zufriedenheit mit Lebensbereichen

233

fekte zeigen, wie viel zufriedener dieselbe Person ist, wenn sie mit einem Teilaspekt ihres Lebens zufriedener ist als ansonsten.

Wer schon immer mit seinem Lebensstandard zufriedener war, ist auch um 11 von 100 Punkten zufriedener als all jene, die mit ihrem Lebensstandard schon immer unzufriedener waren. Und in den Jahren, in denen eine Person zufriedener mit ihrem Lebensstandard ist, ist sie auch 7 Punkte zufriedener als ansonsten. Andere Untersuchungen zeigen sogar, dass Männer, die mit ihrem Lebensstandard nicht zufrieden sind, früher sterben – anders als Frauen.[214] Überraschend, oder? Denn die vorherigen Kapitel haben doch gezeigt, dass materielle Ziele nicht so wichtig für die Lebenszufriedenheit sind. Doch wenn man darüber nachdenkt, passt es. Denn erst wer mit seinem Lebensstandard zufrieden ist, kann an andere denken und scheint dann besonders zufrieden. So würde ich die Daten zumindest interpretieren. Fast genauso wichtig scheint allerdings, mit seiner Gesundheit zufrieden zu sein. Wer das schon immer war, ist 10 Punkte zufriedener als andere und fast 6 Punkte zufriedener als er selbst, während er unzufriedener über seine Gesundheit war. Insgesamt kann man auch vermuten, dass erst einmal wichtig ist, mit Aspekten seines eigenen Lebens zufrieden zu sein. Denn wer beispielsweise mit der sozialen Gerechtigkeit in Deutschland zufrieden ist, ist trotzdem kaum mit seinem gesamten Leben zufriedener.

Übrigens, wenn ich Männer und Frauen einzeln auswerte, scheinen mal wieder die schlimmsten Vorurteile bestätigt. Männer sind zufriedener, wenn sie mit ihrem Einkommen und ihrer Arbeit zufrieden sind, Frauen, wenn sie mit ihrer Haushaltstätigkeit zufrieden sind. Aber Vorsicht, das liegt wieder nicht daran, dass vollzeitarbeitende Männer und Frauen unterschiedlich ticken, sondern daran, dass mehr Männer Vollzeit arbeiten. Wenn man weniger arbeitet, wie es für die meisten Frauen der Fall ist, dann ist Arbeit auch weniger wichtig. Vergleicht man hingegen die Ergebnisse nur für vollzeitarbeitende Männer und Frauen, unterscheidet sich kaum, wie wichtig verschiedene Lebensbereiche für die Zufriedenheit von Männern und Frauen sind.

9   Wer ist der richtige Partner?

Jetzt kommen wir zur letzten Frage des Buches: Wer macht Sie glücklich? Doch wie soll ich berechnen, wer der richtige Partner für Sie ist? Ich kenne Sie doch gar nicht! Darum kann ich tatsächlich nur berechnen, mit was für einem Partner Menschen generell zufriedener sind. Dabei zeigen die schwarzen Effekte in Grafik 79, ob diejenigen zufriedener sind, deren Partner bestimmte Eigenschaften hat, gegenüber allen, deren Partner andere Eigenschaften hat. Die grauen Effekte zeigen, ob man zufriedener ist, wenn sich die Eigenschaften des eigenen gleichbleibenden Partners in eine bestimmte Richtung ändern. Welche Eigenschaften des Partners tragen also wie zur eigenen Zufriedenheit bei?

Wenn Sie einen Partner haben, der schon immer zuversichtlicher als andere in die Zukunft geschaut hat, ist auch Ihre eigene Zufriedenheit 2,2 Punkte höher. Wenn Ihr Partner in einem bestimmten Jahr zuversichtlicher in die Zukunft schaut, ist in diesem Jahr Ihre Zufriedenheit auch um 0,7 Punkte erhöht. Generell kann man sagen, dass fast alle Eigenschaften, die Ihre eigene Zufriedenheit erhöhen, auch Eigenschaften sind, die Ihr Partner haben sollte.[215] Nicht nur sind Sie beispielsweise zufriedener, wenn Sie zuletzt oft glücklich waren (siehe Kapitel 8.6). Auch bekommen Sie – unabhängig davon, wie oft Sie selbst zuletzt glücklich waren – einen zusätzlichen Zufriedenheitsboost, wenn Ihr Partner ebenfalls glücklich ist. Das Glück Ihres Partners färbt insofern positiv auf Sie ab, ganz egal, ob es Ihnen selbst gerade gut oder schlecht geht. Fast alle Eigenschaften, mit denen Sie sich selbst einen Gefallen tun, sind also auch an Ihrem Partner positiv für Sie.

Nicht nur sind Sie beispielsweise zufriedener, wenn Sie meinen, Kontrolle über Ihr Leben zu haben (siehe Kapitel 8.6). Auch kriegen Sie unabhängig von Ihrer eigenen Kontrollüberzeugung einen Extraboost an Zufriedenheit, wenn Ihr Partner ebenfalls das Gefühl hat, Kontrolle über sein Leben zu haben. Auch wenn Ihr Partner eine positive Einstellung zu sich selbst hat, zuversichtlich ist, mit Stress umgehen und vertrauen kann, wissbegierig ist, wenn er also ver-

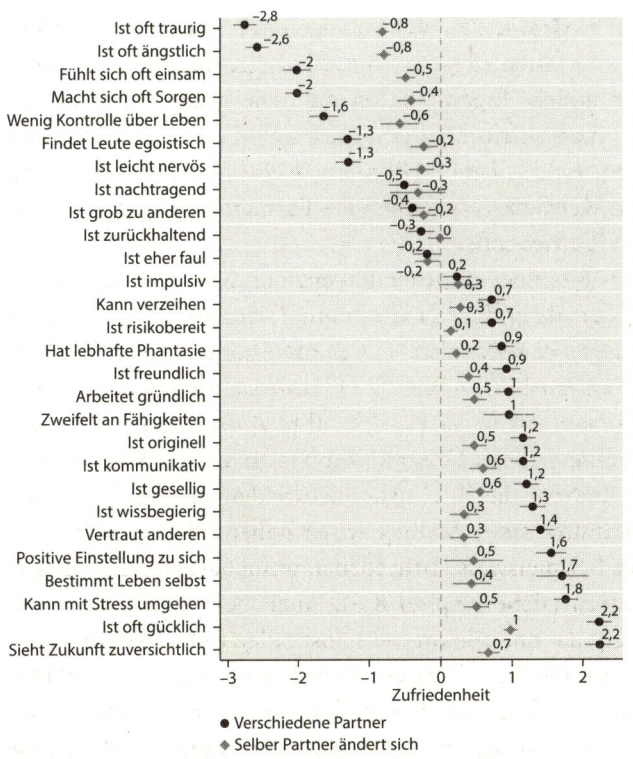

Grafik 79: Einstellungen des Partners

einfacht gesagt das Gefühl hat, Kontrolle über sein Leben zu haben, selbstsicher und gesellig ist, wird nicht nur sein Leben besser, sondern auch Ihres. Dass der Optimismus Ihres Partners mit Ihrer Zufriedenheit einhergeht, liegt auch daran, dass eine gute Partnerschaft nicht darauf beruht, den Partner realistisch einzuschätzen, sondern ihn positiver zu sehen, als er wirklich ist.[216] Insofern ist eine glückliche Partnerschaft eine, in der man ein unrealistisch positives Bild voneinander hat. Es ist also ein weiteres Beispiel dafür, dass eine falsche Sicht der Realität mit mehr Zufriedenheit einhergehen kann als eine realistische Weltsicht. Doch auch negativ wird ein Schuh draus. Wenn Ihr Partner oft besorgt, ängstlich, traurig oder einsam ist, wenn er meint, keine Kontrolle über sein Leben zu haben, an sich zweifelt oder andere für egoistisch hält, dann sinkt nicht nur seine, sondern auch Ihre Zufriedenheit, selbst wenn Sie seine negativen Einschätzungen gar nicht teilen.

Auch hierin unterscheiden sich Männer und Frauen wieder kaum. Doch vergessen Sie nicht, was bizarrerweise in Kapitel 2.3 (Hausarbeit), 3.3 (Einkommen) und 3.5 (Arbeitszeit) herausgekommen ist. Während wir hier sehen, dass Männern und Frauen dieselben grundlegenden Eigenschaften ihres Partner guttun, haben die vorherigen Kapitel gezeigt, dass sie sich darin unterscheiden, welches *tatsächliche Verhalten* ihres Partners am meisten zu ihrer Zufriedenheit beiträgt.[217]

Jetzt fragen Sie sich vielleicht, ob man auch die Eigenschaften des Partners auf die großen fünf Eigenschaften herunterbrechen kann. Fährt man mit einem verträglichen, gewissenhaften, extravertierten, aufgeschlossenen oder gar einem neurotischen Partner besser? Wieder sehen Sie rechts anhand der schwarzen Effektstärken, wie es Ihnen geht, wenn Ihr Partner eine dieser Eigenschaften schon immer besonders stark hatte. Die grauen Effekte zeigen, was mit Ihrer Lebenszufriedenheit passiert, wenn Ihr Partner im Laufe der Zeit verträglicher, gewissenhafter, extravertierter, aufgeschlossener oder emotional stabiler wird.

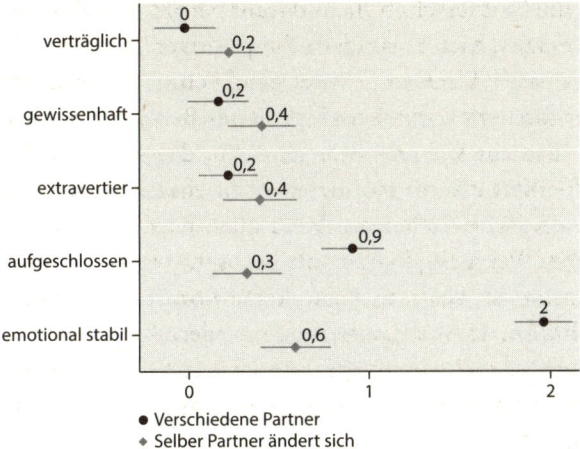

Grafik 80: Persönlichkeitseigenschaften des Partners

Treue, Warmherzigkeit und Humor suchen Deutsche bei ihren Partnern am meisten. Dahingegen stehen Ziele wie beruflicher Erfolg nicht so hoch im Kurs.[218] Insofern ist erstaunlich, dass man mit einem verträglicheren Partner kaum zufriedener ist als mit einem wettbewerbsorientierten. Deutsche suchen also, was sie gar nicht so viel zufriedener macht. Dass ein verträglicher Partner kaum zur eigenen Zufriedenheit beiträgt, widerspricht außerdem der bestehenden Zufriedenheitsliteratur. So meint Martin Seligman, Menschen seien in einer Partnerschaft vor allem zufrieden, wenn sie probieren, sich gegenseitig zu verstehen.[219] Und wer, wenn nicht ein verträglicher Partner, sollte dazu in der Lage sein?

Auch wessen Partner schon immer gewissenhaft oder extravertiert war, ist kaum zufriedener. Einen Partner zu haben, der schon immer aufgeschlossener war als andere, geht dahingegen fast mit einem ganzen Lebenszufriedenheitspunkt einher. Das Beste, was Ihnen passieren kann, ist allerdings ein Partner, der *nicht* neurotisch ist. Wessen Partner noch nie neurotisch war, ist 2 Punkte zufriedener – und das in jedem Jahr, in dem er mit diesem Partner zusammen ist. Auch die bisherige Forschung zeigt, dass ein neurotischer Partner die Hölle ist, wohingegen der Rest wenig Unterschied macht.[220] Nicht nur gilt das für die langfristigen Eigenschaften Ihres Partners. Auch sehen Sie, dass man zufriedener in den Jahren ist, in denen der eigene Partner eine dieser Eigenschaften besonders ausgeprägt hat, beispielsweise weniger neurotisch ist als normalerweise. Zufriedenheitsforscher gehen sogar davon aus, dass eine Heirat – anders als wir oben gesehen haben – dauerhaft zufrieden macht, wenn der eigene Partner nicht neurotisch ist.[221]

Dabei habe ich die eigenen Eigenschaften schon rausgerechnet. Partner neurotischer Menschen sind also nicht schon unzufriedener, weil sie selbst neurotischer sind. Stattdessen werden alle Effekte für durchschnittliche Menschen gemessen, die mit jemandem zusammen sind, bei dem wiederum eine der Eigenschaften überdurchschnittlich stark ausgeprägt ist. Sie können die Effekte also auch so interpretieren: Was passiert, wenn bei Ihrem Partner eine Eigenschaft besonders ausgeprägt ist, obwohl Sie bei Ihnen nur durchschnittlich ausgebildet ist? Das heißt jedoch nicht, dass ein neurotischer Partner weniger schlimm ist, wenn Sie selbst neurotisch sind. Ganz im Gegenteil: Diese Eigenschaften beeinflussen Sie unabhängig davon, wie Sie selbst drauf sind. Ansonsten wären alle Effekte noch stärker. Das heißt, Menschen mit einem neurotischen Partner sind auch deswegen unzufriedener, weil sie selbst im Schnitt neurotischer sind.

Das Wichtigste ist also: Ihr Partner sollte so wenig neurotisch wie möglich sein, gerne auch weniger neurotisch als Sie selbst und gerne aufgeschlossener, extravertierter und gewissenhafter. Andere Untersuchungen finden ebenfalls, dass es etwas bringt, wenn Ihr Partner jede der Persönlichkeits-eigenschaften hat, aber vor allem nicht neurotisch ist.[222] Da mit Ausnahme von Neurotizismus alle Effekte recht schwach sind, müssen Sie allerdings nicht krampfhaft nach einem Partner suchen, der besonders verträglich, gewissenhaft, extravertiert oder aufgeschlossen ist.

Doch welche Ziele sollte der Partner verfolgen, damit man selber glücklich ist? In der Romanverfilmung *Wie ein einziger Tag* lernt eine junge Frau einen Mann kennen, der zwar wenig Geld hat, sie aber liebt und ihr im hohen Alter, als sie an Demenz erkrankt ist, jeden Tag aus einem Notizbuch ihrer gemeinsamen Vergangenheit vorliest. Für ihn lässt sie einen beruflich erfolgreichen und gut verdienenden Mann ziehen. Ist das eine gute Idee? Ist man wirklich glücklicher mit dem Partner, der die eigene Beziehung über alles stellt? Oder doch mit dem, dem beruflicher Erfolg wichtig ist? Hier sehen Sie, wie die Ziele Ihres Partners Ihre eigene Zufriedenheit beein-

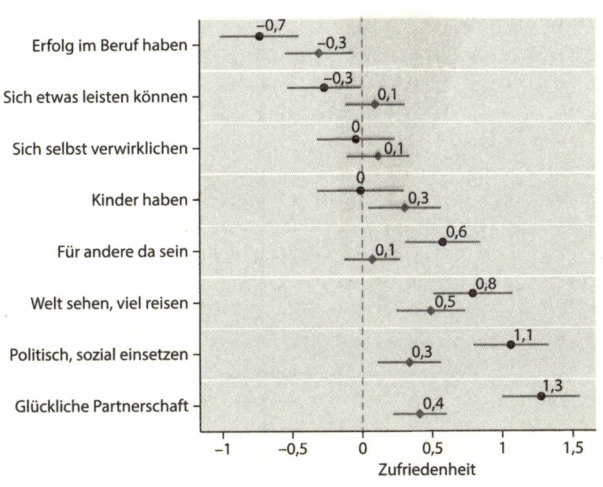

Grafik 81: Lebensziele des Partners

flussen. Wie immer zeigen die schwarzen Effekte, ob man als Partner einer Person zufriedener ist, die ein bestimmtes Ziel schon immer stärker verfolgte. Hingegen zeigen die grauen Effekte, ob man zufriedener ist, wenn der eigene Partner ein Ziel stärker verfolgt als ansonsten.

Deutsche suchen eher nach einem Partner, dem Familie und Kinder wichtig sind, statt nach einem, der viel verdient und beruflich erfolgreich ist.[223] Wir haben zwar schon gesehen, dass ein Partner Sie nicht zufriedener macht, der verträglicher statt wettbewerbsorientierter ist. Hier zeigt sich aber, dass es einem selbst tatsächlich wenig bringt, wenn der eigene Partner vor allem beruflichen Erfolg, teure Anschaffungen oder Selbstverwirklichung verfolgt. Wer hingegen einen Partner hat, dem vor allem eine glückliche Partnerschaft wichtig ist, der ist durchaus etwas zufriedener. Dass man weniger zufrieden ist, wenn der eigene Partner vor allem an materiellem und beruflichem Erfolg interessiert ist, bestätigt auch die weitere Forschung.[224] Dabei ist übrigens tatsächlich für Frauen wichtiger, dass ihr Partner Kinder und eine glückliche Partnerschaft will. Auch für Männer ist das Interesse ihrer Partnerin an einer glücklichen Partnerschaft das Wichtigste, doch ob ihre Partnerin Kinder haben will, spielt für die Zufriedenheit von Männern keine Rolle.

Eine letzte wichtige Frage kann ich Ihnen jetzt noch beantworten. Alle wollen einen zufriedenen Partner. Und man kann seinem Partner ja auch helfen, in bestimmten Bereichen zufriedener zu sein. Doch was kommt davon zu uns zurück? In welchen Lebensbereichen muss unser Partner zufrieden sein, damit es uns auch selbst gut geht? In Grafik 82 sehen Sie die entsprechenden Effekte.

Am wichtigsten: Wessen Partner schon immer um zehn Punkte auf der Hunderterskala zufriedener war, der ist auch selbst 5,6 Punkte zufriedener. Wessen Partner derzeit um 10 Punkte zufriedener ist, ist im selben Jahr auch selbst 3,6

Punkte zufriedener. Mit anderen Worten: 56 Prozent der langfristigen Zufriedenheit Ihres Partners spiegelt sich in ihrer Zufriedenheit wider, und 36 Prozent seiner Zufriedenheitsveränderungen werden Ihre Zufriedenheitsveränderungen. Man kann also einen hohen Anteil Ihrer Zufriedenheit mit der Zufriedenheit Ihres Partners erklären.

Auch wenn Ihr Partner zufriedener mit anderen Teilaspekten seines Lebens wie seinem Einkommen oder seiner Gesundheit ist, sind Sie zufriedener mit Ihrem Leben insgesamt, unabhängig davon, wie zufrieden Sie selbst mit diesen Teilaspekten Ihres Lebens sind. Sie sind deswegen beispielsweise zufriedener, wenn Ihr Partner findet, dass er einen guten Lebensstandard hat, selbst wenn Sie weniger zufrieden mit Ihrem eigenen Lebensstandard sind. Halten Sie also Ihren Partner zufrieden, denn seine Zufriedenheit und Ihre gehen miteinander einher.

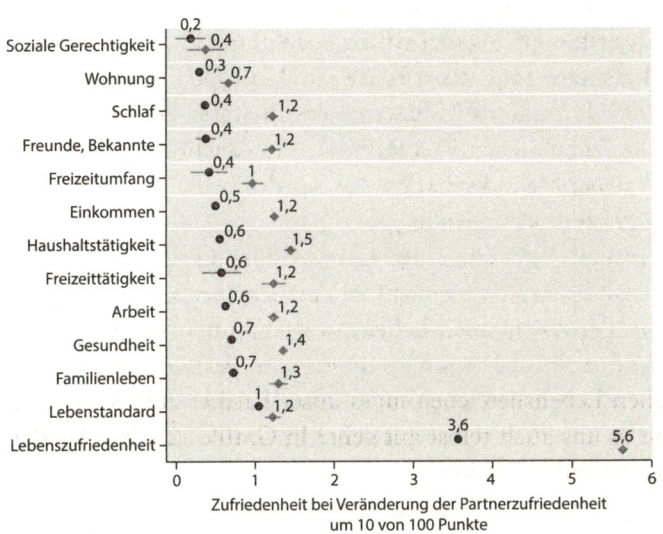

Grafik 82: Zufriedenheit des Partners mit Lebensbereichen

Andere Forscher haben ebenfalls gezeigt, dass es Menschen besser geht, wenn es ihrem Partner besser geht. Und das scheint nicht einmal daran zu liegen, dass zufriedenere Menschen sich zufriedenere Partner suchen. Stattdessen ist man tatsächlich zufriedener, wenn der Partner es ist. Fast ein Viertel des Lebenszufriedenheitsverlustes, den Ihr Partner erleidet, weil er psychische Probleme hat, überträgt sich beispielsweise negativ auf Ihre eigene Lebenszufriedenheit. Und wenn Ihr Partner physisch erkrankt, überträgt sich über die Hälfte seines Verlustes an Lebenszufriedenheit auf Sie.[225] Mit anderen Worten: Geht es Ihrem Partner gut, geht es auch Ihnen besser. Beispielsweise werden Sie unzufriedener, wenn Ihr Partner arbeitslos wird. Aber auch werden Sie zufriedener, wenn er wieder einen Job bekommt.[226] Sind Sie älter und Ihr Partner ist eine Standardabweichung zufriedener, ist sogar die Chance um 13 Prozent geringer, dass Sie in den nächsten acht Jahren sterben.[227] Und Männer, die eigentlich nicht besonders zufrieden mit ihrer Ehe sind, haben trotzdem eine höhere Lebenszufriedenheit, wenn zumindest ihre Frau zufrieden mit der Ehe ist. Umgekehrt hängt die Lebenszufriedenheit von Frauen weniger davon ab, wie zufrieden ihr Mann mit der Ehe ist.[228] Insofern stimmt der Spruch: Happy wife, happy life. Als Mann schreiben Sie sich das am besten hinter die Ohren!

Denn zwar profitieren beide Geschlechter gleichermaßen, wenn es ihrem Partner gut geht. Doch profitieren Männer besonders davon, wenn ihre Partnerin mit der Hausarbeit zufrieden ist. Frauen hingegen profitieren besonders, wenn ihr Mann mit seinem Einkommen und seiner Arbeit zufrieden ist. Wichtiger als diese kleinen Unterschiede ist jedoch, sich generell klarzumachen, dass es Ihnen besser geht, wenn es Ihrem Partner besser geht. Schön daran ist, dass dadurch der Unterschied zwischen Altruismus und Egoismus verschwindet. Kümmern Sie sich um das Wohl Ihrer Liebsten, dann kümmern Sie sich auch um sich selbst.

10 Warum wir nie wissen, was Zufriedenheit bedingt, Sie die Effekte hier aber trotzdem ernst nehmen können

Das war es. Nun sind alle Effekte besprochen, die ich in der gigantischen SOEP-Umfrage finden konnte und von denen ich dachte, dass sie für Sie interessant sein könnten. Sie haben jetzt einen umfangreichen Überblick, wann Menschen wirklich zufrieden sind. Doch eine Frage bleibt. Denn viele Effekte habe ich mit einem Augenzwinkern präsentiert. Das war vielleicht lustig. Aber es bringt Sie auch in eine blöde Situation. Denn wie ernst sollten Sie die Effekte nehmen? Sollten Sie Ihr Leben anpassen an das, was eine hohe Zufriedenheit verspricht? Das können Sie meiner Meinung nach, wenn Sie zwei Fragen bejahen.

Fragen Sie sich erst einmal bei allen Ergebnissen, ob Sie von sich meinen, zum Durchschnitt zu passen. Keiner kennt Sie so gut wie Sie sich selbst. Ich konnte Ihnen nur durchschnittliche Effekte präsentieren und zusätzlich zeigen, wie sehr Menschen davon abweichen. Doch nur Sie können einschätzen, ob Sie bei dieser Streuung unter oder über dem Durchschnitt liegen. Ich konnte Ihnen beispielsweise zeigen, ob Menschen zufriedener sind, wenn sie mehr verdienen. Dabei kam heraus, dass fast jeder ab circa 2000 Euro Nettoeinkommen mit noch mehr Geld kaum noch zufriedener wird. Insofern würde es mich wundern, wenn es bei Ihnen ganz anders ist. Doch ob Sie wirklich finden, dass das auch auf Sie zutrifft, können eben nur Sie selbst einschätzen.

Zweitens sollten Sie bei jedem Zusammenhang überlegen, ob man diesen Ihrer Meinung nach kausal interpretieren kann. Ich habe immer wieder gewarnt, dass A nicht zu B führen muss, nur weil A und B zusammen auftreten. Menschen ziehen sich jedes Jahr warme Socken an, und ein paar Wochen später beschenken sie sich. Doch warme Socken bedingen nicht Weihnachten. Dasselbe gilt für die hier gezeigten Effekte. Beispielsweise konnte ich zeigen, dass Menschen mit Balkon zufriedener sind. Das heißt allerdings nicht, dass der Balkon direkt zur Zufriedenheit führt. Es könnte auch sein, dass Menschen mit Balkon beispielsweise öfter in der Nähe eines Parks wohnen und deswegen zufriedener sind, nicht aber aufgrund des Balkons. Idealerweise müsste man darum zufällig Ausgewählten einen Balkon an die Wohnung bauen und deren Zufriedenheit mit anderen vergleichen, die keinen Balkon bekommen haben. Sozialforscher nennen das ein »treatment«, also eine Behandlung, die einen kausalen Einfluss feststellen kann. Denn weil der Balkon zufällig an die eine Gruppe vergeben wurde, kann man ziemlich sicher sein, dass diese Balkon-Gruppe keine Veränderung erlebt hat, die ansonsten typischerweise damit einhergeht, dass Menschen sich einen Balkon zulegen, und die vom eigentlichen Effekt des Balkons ablenken könnte.

Doch oft sind solche Experimente nicht praktikabel. Man kann nicht Hunderten von Menschen einen Balkon an die Wohnung zimmern, und erst recht nicht Menschen mit Krankheiten infizieren oder ihren Ehepartner um die Ecke bringen, weil man wissen will, was dann mit ihrer Zufriedenheit passiert. Zu messen, was mit der Zufriedenheit jener passiert, die diese Entwicklung sowieso durchgemacht haben, ist zwar oft der einzig gangbare, aber eben auch nur zweitbeste Weg. Denn dabei bleibt unklar, was mit dem eigentlichen Effekt einhergeht. Um dieses Problem abzumildern, habe ich Ihnen immer offengelegt, welche Effekte ich rausgerechnet habe. Das waren in jedem Fall das Alter, die Befragungsart und die

Befragungshäufigkeit. Denn selten oder persönlich befragt zu werden, kann Menschen verleiten, eine höhere Zufriedenheit anzugeben. Oft war es auch wichtig, Einkommensveränderungen rauszurechnen. Denn erst dann kann man vergleichen, wie etwa eine größere Wohnung die Zufriedenheit beeinflusst, selbst wenn sie nicht mit einem höheren Gehalt einhergeht. Man kann aber nur die Effekte rausrechnen, von denen man ahnt, dass sie mit einem Effekt einhergehen könnten. Doch manchmal fehlen diese Variablen, zum Beispiel wenn ich nicht weiß, ob Menschen mit Balkon auch in der Nähe einer Parkanlage wohnen. Darum habe ich bei jedem Effekt versucht, auf diese möglichen Störfaktoren aufmerksam zu machen. Hoffentlich haben Sie jeweils auch selbst überlegt, wie plausibel ihnen jeder Effekt vorkommt und ob möglicherweise etwas dahintersteckt, das ich nicht direkt messen konnte.

Während Kausalität deswegen ein echtes Problem ist, können die Daten doch zumindest genauer als je zuvor zeigen, wer unter welchen Umständen zufrieden ist. Doch *warum* genau Leute in den jeweiligen Situationen zufriedener sind, darüber kann man eben oft aufgrund des Kausalitätsproblems nur spekulieren. Zu wissen, wann Menschen zufrieden sind, ist allerdings so oder so wertvoll. Denn wenn man beispielsweise weiß, ab welcher Grenze mehr Einkommen nicht zufriedener macht, ist das hilfreich, selbst wenn man nicht sicher sein kann, *warum* Geld ab dieser Grenze nicht zufriedener macht. Und wenn ich weiß, dass man mit Balkon zufriedener ist, kann es sein, dass was auch immer an einem Balkon zufrieden macht, auch mich zufrieden macht, wenn ich mir einen zulege. Ich muss also gar nicht immer genau wissen, warum etwas wirkt, um es nutzen zu können. Wir wissen ja auch bei vielen Medikamenten nicht, warum genau sie wirken, was uns relativ egal ist, solange sie unsere Leiden bekämpfen.

Als Wissenschaftler muss ich Ihnen allerdings noch etwas

mitgeben, was Sie nicht zufrieden machen wird, wenn Sie Sicherheit suchen: Ich kann nie garantieren, dass die gezeigten Effekte nicht in Zukunft von der Forschung überholt werden. Ich habe die derzeit besten Daten und Methoden genutzt, um zu meinen Ergebnissen zu kommen, und habe diese mit der bestehenden Literatur abgeglichen. Auch kann ich weitgehend ausschließen, dass Effekte nur Relikte der Daten aus den 1980er und 1990er Jahren sind. Denn ich habe ja alle Effekte noch einmal mit der zweiten Hälfte der Daten ausgerechnet, und dabei zeigt sich, dass fast alles, was Menschen früher zufrieden oder unzufrieden gemacht hat, heute fast genau denselben Effekt hat. Dann habe ich für diese neue Auflage des Buches als Taschenbuch alles noch einmal neu ausgerechnet und dazu neuere Befragungsdaten der Jahre 2018 und 2019 hinzugenommen. Dadurch hat sich ebenfalls so gut wie nichts verändert. Das spricht auch dagegen, dass die Effekte in 10 oder 20 Jahren ganz anders aussehen werden als heute.

Doch es geht ja nicht nur darum, ob Menschen in Zukunft tatsächlich durch etwas anderes zufrieden werden als heute. Vielmehr können ja auch zukünftige Wissenschaftler bessere und genauere Perspektiven auf den Untersuchungsgegenstand entwickeln als ich. Wissenschaft besteht daraus, vermeintliche Sicherheiten zu hinterfragen, um zu neuen Einsichten zu gelangen. Lange schienen die Daten beispielsweise zu zeigen, dass Männer durch eine Heirat mehr verdienen. Doch dann zeigte sich, dass dieser Effekt nur auftritt, weil heiratswillige Frauen Talentscouts sind. Sie picken sich Männer heraus, deren Einkommen gerade steil ansteigt. Diese Männer hätten auch ohne Heirat später mehr verdient. In den Daten sieht es allerdings so aus, als ob Männer mehr verdienen, weil sie heiraten, während in Wirklichkeit einfach jene Männer besonders oft vor dem Traualtar landen, deren Einkommen sowieso gerade ansteigt, was es aber auch ohne Heirat weiterhin getan hätte.[229] Solch innovative Perspektiven werfen vermeintliche Sicherheiten über den Haufen. Und das ist gut, denn sonst gäbe es keinen Wissenszuwachs. Auch dieses Buch hat ein paar lieb gewonnene Einsichten über den Haufen geworfen, vielleicht Ihre, jedenfalls viele meiner Ansichten, und es widerspricht in Teilen auch der Forschungsliteratur. Es gibt allerdings keinen Grund, warum einige Ergebnisse dieses Buches nicht selbst wieder von der Forschung überholt werden sollten.

Darum sollten Sie einerseits bei allem, was Sie hier gelesen haben, nicht Ihr eigenes Urteil abschalten. Unabhängig von Ihrer Meinung zu den Effekten kann es allerdings auch nicht schaden, die objektive Sicht auf Zufriedenheit zu kennen. Denn in jedem Fall ist die Kombination aus beidem besser, als nur eine der beiden Sichtweisen zur Verfügung zu haben. Seit ich beispielsweise in den Daten gesehen habe, dass Kinder kaum zufriedener machen, kann ich super damit leben, selbst keine zu haben. Vorher dachte ich immer, es wäre merkwürdig, dass es mir ohne Kinder gar nicht so schlecht geht. Und seit ich gesehen habe, dass Menschen mit einer größeren Wohnung kaum zufriedener sind, bin ich auch selbst nicht mehr heiß auf eine größere Wohnung, obwohl meine Freunde alle nach einer suchen. Seit ich weiß, dass Geld kaum zufrieden macht, bin ich weniger materialistisch geworden. Ich gebe weniger für Konsumgüter wie ein neues Handy aus, sondern erkaufe mir eher Zeit, indem ich Handwerker oder eine Putzhilfe anstelle, so dass ich Zeit für Arbeit oder Freunde habe. Doch ebenso treffe ich regelmäßig Entscheidungen, die in Zufriedenheitshinsicht überhaupt nicht optimal sind. Und das ist auch gut so. Denn wie es Unsinn wäre, sich immer gesund zu ernähren, nur weil man weiß, was gesund ist, wäre es auch Unsinn, immer zu machen, was nach den Daten die höchste Zufriedenheit verspricht. Doch weil Sie das nun zumindest wissen, können Sie informiertere Entscheidungen treffen, auch wenn die vielleicht nicht immer mit dem enden, was statistisch gesehen die höchste Zufriedenheit bringt. Ich wünsche Ihnen dabei ein glückliches Händchen! Doch bevor wir das Buch beenden, bieten die Daten noch eine einzigartige Möglichkeit. Wir können Sie nutzen, um zu testen, an welchen großen Versprechungen über Zufriedenheit etwas dran ist.

11 Große Erklärungen für Zufriedenheit und ihr Wahrheitsgehalt

Sie haben immer wieder gesehen, wie Zufriedenheit nicht damit einhergeht, wovon viele sich Zufriedenheit versprechen. Viele denken beispielsweise, dass zu einem gelungenen Leben Kinder gehören. Doch nichts in den Daten weist daraufhin, dass Kinder zu einem gelungenen Leben beitragen. Andererseits werden Sie kaum jemanden finden, der meint, viel Schlaf gehöre zu einem gelungenen Leben. Doch kaum etwas geht zuverlässiger mit hoher Zufriedenheit einher. Worauf laufen diese vielen Ergebnisse hinaus? Kann man sie vielleicht zu einer großen Philosophie bündeln?

Der als Glücksprofessor bekannte Paul Dolan vermutet, viele von uns tappen in eine Falle, weil sie großen Erzählungen hinterherlaufen, die uns weismachen wollen, was glücklich macht, damit aber oft unrecht haben.[230] Tatsächlich gibt es einige große Theorien, die uns versprechen, wie wir Zufriedenheit erreichen können. Doch wie richtig liegen diese angesichts der Daten, die wir bisher gesehen haben? Das schauen wir uns zu guter Letzt am Beispiel der einander konträren Versprechungen des Kapitalismus und des Buddhismus an, sowie für die Idee, dass man gerade dann nicht zufrieden wird, wenn man es versucht.

11.1 Kapitalismus: hilft nur, wenn man arm ist

Die große Erzählung des Kapitalismus lautet, dass es einem besser geht, wenn man mehr besitzt. Die Daten zeigen, dass das zwar stimmt, aber nur, bis man genug zum Leben hat. Schon mit etwa 2000 Euro monatlich nimmt die Zufriedenheit mit noch mehr Geld nur noch langsam zu. Sinnvoller als das Ziel, reich oder wohlhabend zu sein, ist deswegen, genug haben zu wollen. Genauso ist es beispielsweise mit einer großen Wohnung: Ein Dach über dem Kopf ist wichtig. Doch die Größe ist fast egal. Wenn wir uns ein tolles Leben vorstellen, denken wir oft an viel Geld oder eine große Wohnung. Doch tatsächlich gehen solche Indikatoren von Wohlstand kaum mit Zufriedenheit einher. Der Kapitalismus hat also recht, dass Armut unglücklich macht. Doch er hat unrecht, dass Reichtum zufrieden macht. Er funktioniert insofern nur, wenn man bisher arm war. Wenn man nicht mehr arm ist, bringen einem mehr materielle Güter dahingegen kaum noch etwas.

11.2 Buddhismus: hilft nur, wenn es einem schlecht geht

Eine zweite große Erzählung, die für viele eine Alternative zum Kapitalismus bietet, ist die Idee des Buddhismus. Diese lautet, dass es wenig bringt, immer mehr haben zu wollen. Denn schlussendlich ist alles flüchtig, und wenn es vorbei ist, will man mehr davon. Der Buddhismus meint deswegen, Menschen seien unzufrieden, weil sie wie ein hungriger Hund einem Knochen hinterherlaufen, der jedoch nie ganz erreichbar ist, weil man immer, wenn man ihn gerade erwischt hat, gleich mehr davon will. Aber der Buddhismus geht noch einen Schritt weiter. Er meint nicht nur, Vergnügen hinterherzujagen sei nicht hilfreich. Vielmehr bringe es auch nichts, vor

Schlechtem wegzulaufen. Denn negative Gefühle kann man nie so ganz aus dem Leben verbannen. Und wenn man immer nur wegrennt, fühlt sich das ganze Leben wie eine Flucht an.

Wenn wir zu positiven Reizen hinlaufen oder vor negativen Reizen weglaufen, reagieren wir jeweils nur wie Tiere. Doch gegenüber Tieren haben wir einen Vorteil: Wir können unsere Wahrnehmung von unserer Bewertung trennen. Darum schlägt der Buddhismus vor, in einen reinen Beobachtungsmodus zu wechseln und nicht mehr zu bewerten. Man nimmt dann zwar wahr, was einem passiert, doch bleibt dem gegenüber gleichmütig. Wir wären frei davon, Gutem hinterherzuhecheln und vor Schlechtem wegzurennen. Stattdessen würde uns klar, dass Freude und Leiden nur unbedeutende vorübergehende Zustände sind. Und diese Einsicht, so lehrt der Buddhismus, ist echte Weisheit.

Wie sinnvoll ist diese Philosophie angesichts der Zufriedenheitsdaten? Nun, der Buddhismus hat tatsächlich eine Megaeinsicht: Man gewöhnt sich an fast alles, Schönes und Schlechtes. Es stimmt, dass Sie trotz Heirat einige Jahre später nicht zufriedener als vorher sind. Es stimmt auch, dass Ihr Lebenspartner sterben kann, und einige Jahre später sind Sie weitgehend darüber hinweg. Außerdem geht emotionale Reaktivität ziemlich zuverlässig mit Unzufriedenheit einher. Zwei zu null für den Buddhismus also, denn ja, man gewöhnt sich an vieles, und ja, emotional zu reagieren, ist per se nicht gut.

Doch der Buddhismus hat auch unrecht. Denn er spielt herunter, dass eine Heirat eben viele Jahre doch zufriedener macht und der Tod einer geliebten Person viele Jahre unzufriedener. Was nützt es zu wissen, dass ich in einigen Jahren wieder der Alte bin, wenn meine Freude und mein Schmerz jahrelang real sind? Wenn ich sieben Jahre lang jeden Tag mein Kopfkissen vollheule, ist es kein Trost, dass ich es irgendwann nicht mehr tun werde. Denn bis dahin habe ich trotzdem circa

2500 miese Tage, fast 10 Prozent meines Lebens. Und der Buddhismus hat auch unrecht, weil man sich eben nicht völlig an alles gewöhnt. Sie gewöhnen sich nicht restlos an Schmerzen und auch nicht an Alter oder Krankheit.

Der Buddhismus war also eine super Religion, als man gegen Krankheit, Schmerzen, Altersgebrechen oder Partnerlosigkeit kaum etwas tun konnte. Denn selbst in diesen Fällen, so seine zutreffende Botschaft, geht das Leben weiter. Auch hat er insofern recht, als es unrealistisch ist, immer 10 von 10 Lebenszufriedenheitspunkten erzielen zu wollen. Besser ist, sich daran zu gewöhnen, dass auch Schmerz zum Leben dazugehört. Stellen Sie sich vor, Sie wären an eine Maschine angeschlossen, die die ganze Zeit Glückshormone in Ihren Körper pumpt und Ihnen eine wunderbare Scheinwelt vorspielt. Sie wären immer glücklich. Aber wollen Sie in einer solchen Traumwelt leben? Die meisten ziehen eine Welt vor, in der es auch Schmerz und Trauer, statt immer nur Glück gibt. Gelassen zu akzeptieren, dass es einem nicht immer gut gehen kann und dass das in Ordnung ist, das ist eine wichtige Lehre des Buddhismus.

Doch die Daten zeigen auch, dass ein Leben aus Gleichmut nicht per se sinnvoll ist und ein engagiertes Leben viele Vorteile hat, sonst würden beispielsweise soziale Kontakte, Engagement und lange Arbeitszeiten nicht mit Zufriedenheit einhergehen.[231] Sollten Sie also eine Heirat absagen, nur weil Sie wissen, dass die dadurch entstehende Zufriedenheit wieder verschwindet? Nein, würde ich sagen, denn viele Jahre lang wird Ihr Leben dadurch besser. Und laufen Sie auch ruhig vor dem weg, was schlecht für Sie ist, solange Sie nicht vergessen, dass ein schmerzfreies Leben unmöglich ist. Doch nur weil Schmerz zum Leben gehört, gibt es keinen Grund, nervendes Kopfweh nicht mit einer Ibuprofen auszuschalten. Denken Sie also daran, dass der Buddhismus wahrscheinlich mehr Gleichmut von Ihnen fordert, als die Daten sinnvoll erscheinen lassen. Aber machen Sie sich auch klar, dass er recht hat mit der Erkenntnis, dass man nicht immer zufrieden sein kann.

11.3 Wer Zufriedenheit sucht, wird sie nicht finden

Eine weitere große Erzählung über Zufriedenheit kommt aus der Psychologie selbst und ist inspiriert durch den Buddhismus. Sie warnt, dass man gerade nicht zufriedener wird, wenn man es probiert.[232]

Dieses Argument hat drei wahre und zwei falsche Aspekte. Der erste wahre Aspekt ist: Es bringt tatsächlich wenig, denselben Genuss immer öfter zu wiederholen. Die Daten zeigen schließlich, dass Zufriedenheit nicht mit maximal gesteigerten Vergnügungen einhergeht. Ja, Menschen die einen trinken, sind zufriedener. Aber eben nicht, wenn sie jeden Tag trinken (auch wenn das kaum zu schaden scheint). Ja, Menschen die ihre Freunde öfter treffen, sind zufriedener. Doch dazu reicht es, Freunde einmal im Monat zu treffen. Das ist der schon besprochene abnehmende Grenznutzen, der dafür sorgt, dass immer mehr nicht immer besser ist. Der zweite Grund, warum die Verfolgung von Vergnügen tatsächlich nicht zufrieden macht, ist, dass von Vergnügen nichts bleibt außer der Erinnerung. Und die schreit nach mehr Vergnügen, da hat der Buddhismus recht! Es ist also richtig: Hedonismus alleine ist kein gutes Rezept für Zufriedenheit, wie auch andere Forscher betonen.[233] Drittens stimmt auch, dass die Fixierung auf Zufriedenheit vergessen lassen kann, dass Unzufriedenheit ebenfalls zum Leben gehört. Denn unser Gehirn wurde nicht für immerwährende Zufriedenheit gebaut, sonst hätten wir keinen Anreiz mehr, jemals aus dem Liegestuhl aufzustehen oder einen Kater durchzustehen, statt einen weiteren Schluck aus der Flasche zu nehmen. Insofern ist durchaus etwas dran, dass einige vermeintliche Wege zum Glück gerade nicht dorthin führen.

Doch zwei Aspekte sind auch falsch daran, dass das Streben nach Zufriedenheit selbst unzufrieden macht. Erstens zeigen die Daten, dass man Zufriedenheit verfolgen kann, wenn man sie nicht als Vergnügen interpretiert. Eine Untersuchung hat beispielswiese gezeigt, dass Menschen, die Strategien nutzen, um zufriedener zu werden, generell weder zufriedener noch unzufriedener als andere sind. Das spricht zumindest dagegen, dass unzufriedener ist, wer seine Zufriedenheit aktiv verfolgt. Und die Ergebnisse wurden noch interessanter. Denn diejenigen, die ihre Zufriedenheit über soziale Strategien erhöhten, beispielsweise anderen Menschen halfen oder sich mit ihnen trafen, wurden tatsächlich zufriedener, wohingegen Menschen nicht zufriedener wurden, deren Strategie zur Glückssteigerung keine soziale Basis hatte.[234] Das heißt, dass das reine Verfolgen von Vergnügen tatsächlich die Zufriedenheit nur bis zum Grenznutzen und zur Gewöhnung steigert. Aber das heißt eben nicht, dass man seine Zufriedenheit nicht durch andere Strategien steigern kann. So geht langes Arbeiten (vor allem bei Männern) oder sozialer Kontakt mit Zufriedenheit einher. Der beste Weg zum Glück basiert dann jedoch nicht auf der stumpfen Suche nach immer mehr Vergnügen, sondern auf sozialer Eingebundenheit und Flow durch eine interessante Tätigkeit. Das sind nicht immer Aktivitäten, die sich vergnüglich anfühlen, während man ihnen nachgeht, sondern solche, bei denen man sich hinterher sagt: »Gut, dass ich das gemacht habe.«

Zweitens ist selbst das Verfolgen von Vergnügen nicht des Teufels, solange man dem abnehmenden Grenznutzen und der Gewöhnung entgeht. So zeigen die Daten ja durchaus, dass mehr Geld mit mehr Zufriedenheit einhergeht, genauso wie Alkohol zu trinken oder Freunde zu treffen, nur eben nicht nach der Devise: je mehr, desto besser. Machen Sie also all das ruhig. Nur machen Sie sich klar, dass jede einzelne Quelle von Vergnügen umso weniger Nutzen bringt, je stärker Sie sie an-

zapfen. Versuchen Sie deswegen lieber, viele unterschiedliche
Vergnügen zu verfolgen, damit Sie bei keiner einzelnen abnehmenden Grenznutzen und Gewöhnung erleben. Machen Sie
sich klar, dass das reine Verfolgen von Vergnügen inhaltsleer
bleibt, wenn kein Sinn dahintersteht. Und dass Sie niemals
ein Leben haben werden, das allein daraus besteht, zufrieden
zu sein. Denn wenn man ehrlich ist, wäre so ein Leben auch
langweilig. Doch wenn Sie diese Aspekte beachten, sehe ich
keinen Grund, warum das aktive Streben nach Zufriedenheit
nicht funktionieren soll, zumal die Positive Psychologie das
immer wieder belegt.[235]

12 Was hat die SARS-CoV-2 Epidemie mit unserer Zufriedenheit gemacht?

mit Simon Kühne (Universität Bielefeld)
und Stefan Liebig (Deutsches Institut für
Wirtschaftsforschung)

Dass die Corona-Pandemie nicht vergnügungssteuerpflichtig war, muss man wohl kaum diskutieren. Doch wie schlimm war sie wirklich? Ähnlich wie beim Beziehungsstatus vieler Teenager stimmt auch hier der Spruch: »Es ist kompliziert.«

Denn die regulären SOEP-Daten des Jahres 2020 werden erst 2022 veröffentlicht. Also müssen wir uns mit Daten behelfen, die das SOEP im Eilverfahren mit der Universität Bielefeld erhoben hat.[236] Diese bieten allerdings ein gutes Bild. Simon Kühne und Stefan Liebig haben sie auf meine Bitte hin für 2020 und 2021 ausgewertet.[237] Dabei ergibt sich, dass es den Deutschen 2019 noch gut ging. Sie hatten einen Zufriedenheitswert von 74,3. Schon seit vielen Jahren schien es mit der Zufriedenheit immer nur aufwärts zu gehen, wie wir ja auch im Buch gesehen haben. Doch im April und Juni 2020, zu Anfang der Pandemie, stagnierte die Zufriedenheit. Und im Januar und Februar 2021, also mitten im fiesesten Lockdown, ging die Zufriedenheit auf der Hunderterskala sogar um 2,6 Punkte runter. Das sah dann so aus:

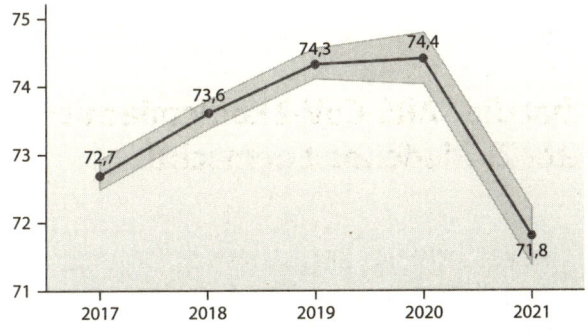

Man sieht also, dass der Lockdown 2021 eine schlechte Zeit für die Zufriedenheit der Deutschen war. In diesem Buch haben wir einen Rückgang von 2,6 Punkten durchgängig als »mittelstark« bezeichnet. So viel ist man beispielsweise ungefähr unzufriedener, wenn man Single ist, statt einen festen Partner zu haben, oder wenn man seine Gesundheit nur noch als gut statt sehr gut einschätzt. Wäre das der Effekt, wäre es zwar nicht schön, aber auch nicht allzu dramatisch.

Die SOEP-Daten haben normalerweise die höchste Qualität. Doch in diesem Fall zeigen andere Studien tendenziell dramatischere Effekte, welche ebenfalls auf belastbaren Daten beruhen. Es kann deswegen sein, dass die Pandemie schlimmer für die Zufriedenheit war, als die SOEP-Daten nahelegen. Gleichen wir den SOEP-Rückgang an Lebenszufriedenheit also einmal mit anderen Datenquellen ab, um aus unterschiedlichen Quellen zu beleuchten, wie schlimm die Pandemie wirklich war. Was gibt es denn ansonsten an Erhebungen und was zeigen diese?

Zuerst wäre da der *Deutsche Post Glücksatlas 2020*. Diese jährliche Befragung von repräsentativ ausgewählten Deutschen hat einen etwas stärkeren Zufriedenheitsrückgang festgestellt. Demnach hatten die Deutschen 2019 noch eine Zufriedenheit von 71,4 der 100 möglichen Punkte. Auch Anfang März 2020, als die Pandemie zwar schon in anderen Ländern wütete, aber noch nicht in Deutschland, lag die Lebenszufriedenheit immer noch bei 70,6, also nicht einmal einen Punkt niedriger als im Vorjahr. Doch Mitte März bis Mitte April sank die Zufriedenheit dann auf 66 Punkte, gegenüber dem Vorjahr ein Verlust von 5,4 Punkten, was extrem viel ist. Doch es wurde noch schlimmer. Denn Anfang Mai 2020 sank die Zufriedenheit weiter, auf nur noch 65,1 Punkte. Damit lag sie 6,3 Punkte unter dem Zufriedenheitsniveau des Vorjahres. Mit den Lockerungen stieg die Zufriedenheit Anfang Juni endlich wieder ein klein wenig an, auf 67,5.[238] Solch ein Rückgang im Mai von 4 Punkten gegenüber dem Vorjahr ist immer noch ein sehr starker Effekt, vergleichbar ungefähr mit der Trennung von einem Partner. Das SOEP zeigt also einen Effekt von 2,6 Punkten und der *Glücksatlas* etwa 4 bis 6 Punkte, je nach Zeitpunkt der Erhebung. Doch es gibt noch eine dritte Datenquelle, die durchgehend während der Pandemie immer wieder die Zufriedenheit gemessen hat, und die zeigt noch stärkere Effekte.

Am Anfang der Pandemie 2020 hat mich enorm frustriert, dass niemand sagen konnte, wie schlimm die Situation sich für Menschen anfühlt und wie sich dies entwickelt. Doch Anne Runde und Gregor Leicht vom Universitätsklinikum Hamburg-Eppendorf (UKE) hatten die super Idee, dieselben Menschen alle zwei Wochen erneut zu befragen. Zum Glück habe ich sie gebeten, in ihrem wiederkehrenden Fragebogen ebenfalls nach Lebenszufriedenheit zu fragen. Die Daten sind nicht repräsentativ für alle Deutschen, sondern nur für die Teilnehmer der Umfrage. Doch da ich mir in diesen Daten nur angeschaut habe, wie sich die Lebenszufriedenheit derselben Person verändert, ist es weniger schlimm, dass nicht alle Bevölkerungsgruppen gleichmäßig repräsentiert sind. Außerdem hat meine Analyse der Daten ergeben, dass die Entwicklung der Zufriedenheit für Männer und Frauen, Arme und Reiche, Alte und Junge relativ ähnlich ist. Es wirkt sich deswegen nicht verzerrend aus, wenn einige dieser Gruppen über- und andere unterrepräsentiert sind, denn für alle war die Entwicklung der Lebenszufriedenheit im Wesentlichen so, wie hier abgebildet:

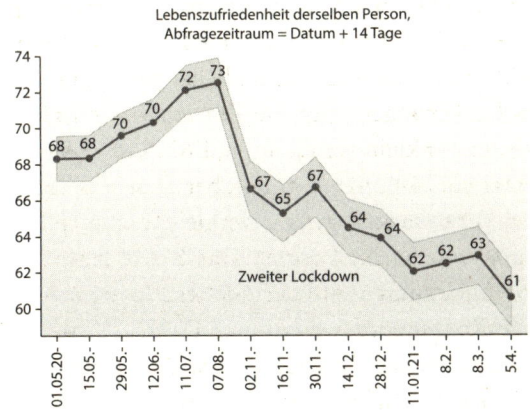

Grafik 84: Lebenszufriedenheit derselben Person, Abfragezeitraum = Datum+14 Tage

Als der *Glücksatlas* im Frühling 2020 die Daten nicht mehr weiterführte, fingen die Kollegen vom Universitätsklinikum Hamburg-Eppendorf damit an. Dabei zeigt sich, dass die Zufriedenheit sich nach dem ersten Lockdown erholte, bis sie im August 2020, also im Sommer der Pandemie, mit 73 Zufriedenheitspunkten einen recht normalen Wert erreichte. Doch als im November der erneute Lockdown kam, ging es den Menschen schlagartig sehr, sehr schlecht. Denn die Zufriedenheit fiel direkt mit Beginn des Lockdowns um 5 Punkte. Und mit anhaltendem Lockdown ging die Lebenszufriedenheit den Winter über immer weiter runter, bis sie Anfang April 2021, also zum Ende der Messungen, extrem niedrige

61 Punkte erreichte. Gegenüber dem Höchststand der Zufriedenheit im Sommer 2020, als es wenige Infektionen und keinen Lockdown gab, wäre das ein Rückgang von 12 Punkten. Einen solchen Rückgang haben wir in diesem Buch immer einen gigantischen Effekt genannt. Das ist beispielsweise vergleichbar schlimm wie der Tod eines geliebten Mensch und mehr als doppelt so schlimm wie eine normale Trennung vom Partner (minus 5) oder wie arbeitslos zu werden (minus 4 bis 7 Punkte). Ich will das jetzt nicht überbewerten. Denn intuitiv kann ich mir kaum vorstellen, dass der Lockdown als so schlimm empfunden wurde. Zudem sind diese speziellen Daten nur Momentaufnahmen einer nicht-repräsentativen Stichprobe.

Doch bei aller Vorsicht kann man wohl doch sagen, dass die Pandemie kaum unzufrieden machte, während die Infektionszahlen im Sommer niedrig waren. Hohe Infektionszahlen und der daraus hervorgehende Lockdown hatten dahingegen anscheinend einen extrem negativen Einfluss auf unser aller Zufriedenheit. Denn das Krasse ist ja, dass beispielsweise arbeitslos zu werden zwar ein stark negatives Ereignis für die Betroffenen ist. Doch es trifft eben auch nur die Wenigen, die tatsächlich gerade arbeitslos sind. Die Pandemie hat uns jedoch alle betroffen statt nur einige Wenige. Entsprechend zeigen meine Daten auch nicht, dass ganz besonders Männer, Frauen, Junge, Reiche, Arme, Eltern, Kinderlose, Selbstständige oder Paare gelitten haben. Es traf alle ungefähr gleichermaßen.

Ich weiß nicht, wie es Ihnen geht. Aber auch mir ging es teilweise extrem schlecht in der Pandemie. Ich kann gar nicht genau sagen, woran es lag. Schließlich konnte man ja immer noch einige wenige Menschen treffen. Ich musste mir auch keine Sorge machen, meinen Job zu verlieren oder weniger zu verdienen. Um kleine Kinder musste ich mich ebenfalls nicht kümmern. Doch obwohl ich, was das angeht, gut durch die Pandemie hätten kommen müssen, empfand ich oft so eine komische Bedrücktheit, die ich aber auch gar nicht mit der Pandemie in Beziehung bringen konnte. Es ging mir einfach schlechter als sonst, und ich wusste nicht warum. Wenn es Ihnen auch so ging, dann sind Sie keine Ausnahme. Auch die Deutschen selbst sind mit ihrer schwindenden Lebenszufriedenheit keine Ausnahme. Vergleichen wir einmal den deutschen Rückgang an Lebenszufriedenheit mit dem in Großbritannien, um zu verstehen, was normal ist.

Im Vereinigten Königreich wurden Menschen ebenfalls nicht nur in den Jahren vor Corona nach ihrer Lebenszufriedenheit gefragt, sondern während der Pandemie sogar monatlich. Was dabei herauskommt, ist ebenfalls ziemlich erschreckend. Hier sehen Sie, wie sich die Zufriedenheit derselben britischen Person im Laufe der Zeit entwickelte. Wir fangen mit dem Jahr 2010 an. Dann schauen wir uns jedes folgende Jahr an und dann die Zufriedenheit in den Monaten der Pandemie.

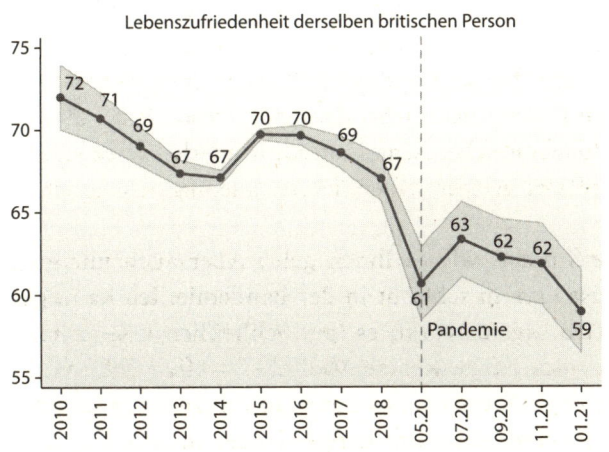

Grafik 85: Lebenszufriedenheit derselben britischen Person

Die Briten wurden demnach schon in den Jahren vor der Pandemie unzufriedener. Eine typische Person erlebte einen Rückgang von 72 Zufriedenheitspunkten im Jahr 2010 auf 67 Punkte im Jahr 2018. Daten für 2019 fehlen noch, so dass 2018 das letzte Jahr ist, welches wir mit der Pandemie vergleichen können. Und am Anfang der Pandemie war dieselbe Person in Großbritannien ganze 6 Punkte unzufriedener als im Jahr 2018, also wieder ein extrem negativer Effekt. Als Großbritannien im Juni und Juli die Lockdownmaßnahmen lockerte, stieg auch die Lebenszufriedenheit wieder – genau wie in Deutschland. Gegenüber dem Vorvorjahr war sie dann nur noch 4 Punkte niedriger, wieder so ähnlich wie in Deutschland. Doch als im Herbst ein neuer Lockdown begann, fiel die Lebenszufriedenheit bis Januar 2021 auf einen extrem niedrigen Wert von 59 Punkten und damit um 8 oder mehr Punkte verglichen mit einigen Jahren vorher.

Es sind nicht alle Zahlen direkt vergleichbar.[239] Dass die Zufriedenheit im britischen Lockdown also beispielsweise mit 59 von 100 Punkten etwas unter dem Minimum der deutschen Zufriedenheit von 61 Punkten im Lockdown lag, würde ich nicht auf die Goldwaage legen. Aber dass es einen Rückgang der Zufriedenheit von ungefähr 6 Punkten gab, plus minus 3, das legen verschiedene Datenquellen doch übereinstimmend nahe.

Ich halte ein solches Szenario für realistisch. Denn es entspricht auch den Effekten, die Wissenschaftler aus anderen Ländern dokumentieren. Einen Rückgang um 6 Punkte erkennt beispielsweise eine noch nicht abschließend begutachtete Veröffentlichung in der angesehenen medizinischen Fachzeitschrift *Lancet*, und zwar in der ersten Welle in Großbritannien von Februar bis April 2020.[240] Die Autoren dieser Studie meinen jedoch, dass nicht der Lockdown im Frühjahr 2020 an sich die Zufriedenheit senkte, sondern die steigenden Corona-Zahlen, die kurz darauf zu einem Lockdown führten. Ich kann mir schon vorstellen, dass die frühen und kurzen Lockdowns, die das Paper im Frühling 2020 analysierte, nicht so schlimm waren. Aber ich denke gleichzeitig, dass die langen Lockdowns, die vom Herbst 2020 bis zum Frühling und Sommer 2021 dauerten, sehr viel schlimmer für die Menschen waren. Die Daten sind nicht ganz eindeutig bei der Frage, wann und für wen es am schlimmsten war. Aber fast alle Studien zeigen zumindest negative Effekte. So zeigt eine weitere Studie aus Australien einen Rückgang von ungefähr 4 Punkten[241], eine norwegische Studie diagnostiziert 9 Punkte[242] und eine Studie aus den USA zeigt 6 von 100 Punkten Zufriedenheitsverlust. Sie sehen also, dass sich immer wieder ähnliche Bandbreiten zeigen, die ich mit 6 Punkten, plus minus 3, ganz gut beschrieben finde. Ebenfalls zeigen diese weiteren Studien, dass mit dem Rückgang an Zufriedenheit auch Apathie und Depression zunahmen, genauso wie Schlafprobleme, Müdigkeit, Antriebslosigkeit, Selbstwert- und Konzentrationsprobleme.[243] Das zeigt auch einmal mehr, wie wichtig Zufriedenheit ist, denn ist sie hoch, sind gleichzeitig alle möglichen psychischen Probleme seltener – und umgekehrt.

Man muss es also einfach so sagen: Im Schnitt wurden wir depressiver, ganz besonders als die Infektionszahlen anstiegen und der Lockdown nicht enden wollte. Die Daten aus Großbritannien liefern eine Möglichkeit, das auch direkt zu zeigen. Denn dort wurden psychische Probleme abgefragt. Hier sehen Sie, wie diese in den Monaten der Pandemie gegenüber den beiden Vorjahren waren. Sie sehen beispielsweise, dass 2017 und 2018 nur 17 Prozent der Briten Schwierigkeiten hatten, ihre täglichen Aktivitäten zu genießen. Dieser Anteil war zu Anfang der Pandemie mit 40 Prozent der Bevölkerung 2,4-mal höher. Das ist vielleicht noch das harmloseste, schließlich waren wir nun einmal alle etwas eingeschränkt.

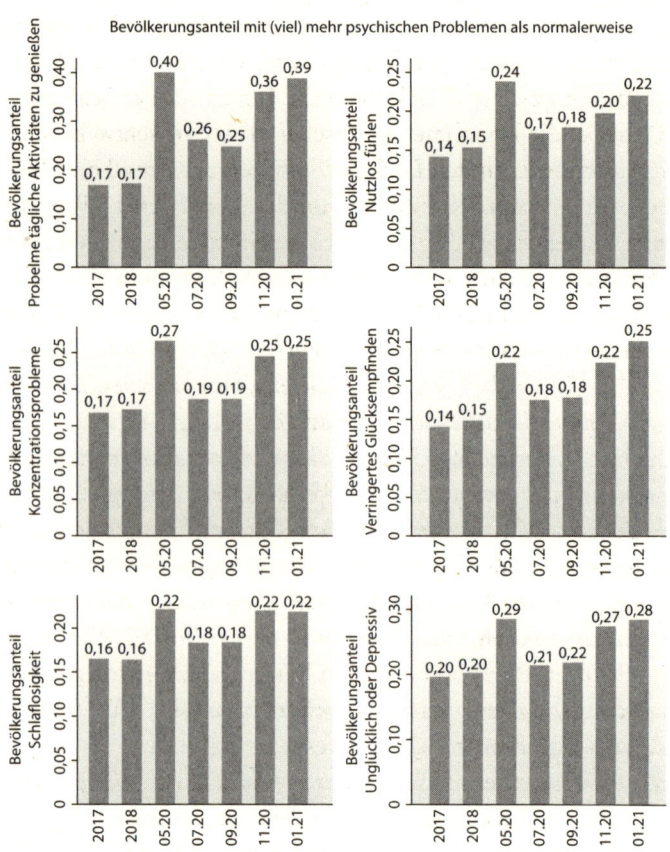

Bevölkerungsanteil mit (viel) mehr psychischen Problemen als normalerweise

Grafik 86: Bevölkerungsanteil mit (viel) mehr psychischen Problemen als normalerweise

Man sieht aber auch, wie etliche psychische Probleme unmittelbar am Anfang der Pandemie im ersten britischen Lockdown noch besonders schlimm waren, dann im Sommer mit den geringeren Fallzahlen und den Lockerungen fast verschwanden und im Winter mit dem zweiten Lockdown wiederkamen. Die Entwicklung ist hier genau dieselbe wie für die Entwicklung der Lebenszufriedenheit in Deutschland und Großbritannien Im ersten Lockdown ging es Menschen schlecht, im Sommer mit den niedrigen Fallzahlen wieder gut und dann im zweiten Lockdown im Winter wieder schlecht.

Dabei ist die Zunahme psychischer Probleme schon beachtlich. So schnellte in den Lockdownphasen der Anteil an Menschen, die sich nutzlos fühlten, von den normalen 15 Prozent in den Vorjahren auf bis zu 24 Prozent hoch. Ebenso stieg der Anteil an Menschen mit außergewöhnlich starken Konzentrationsproblemen. Das betraf jetzt nicht mehr nur ungefähr jede sechste, sondern jede vierte Person. Der Anteil an Menschen, die besonders wenig Glück empfanden, stieg ähnlich stark, genau wie der Anteil, die an Schlaflosigkeit litten. Und besonders schlimm ist vielleicht, dass viel mehr Menschen sich als unglücklich oder depressiv bezeichneten, nämlich nicht mehr nur etwa 20 Prozent der Bevölkerung, wie in den Jahren vor der Pandemie, sondern knapp unter 30 Prozent in den schlimmsten Lockdownphasen. Gesonderte Berechnungen zeigen, dass einzelne Menschen im Lockdown deswegen ein etwa doppelt so hohes Risiko hatten, sich nutzlos zu fühlen, sich nicht konzentrieren zu können, schlecht zu schlafen und unglücklich oder sogar depressiv zu sein.

In der Zusammenschau der Daten scheint also während der Pandemie ein Rückgang der Zufriedenheit um etwa 6 Punkte realistisch gewesen zu sein, plus minus etwa 3 Punkte, je nachdem welchen Zeitpunkt und welche Datenquelle man analysiert. Das wären mittelstarke bis gigantische Effekte. Es ging den Leuten also schon wirklich sehr viel schlechter als während normaler Jahre.

Aber man darf auch nicht vergessen, dass fast alle negativen psychischen Symptome im Sommer ohne Lockdownmaßnahmen verschwanden. Auch die Lebenszufriedenheit normalisierte sich, sobald der Lockdown aufgehoben war. Darum bin ich mir sicher, dass die Lebenszufriedenheit nach dieser fiesen Pandemie schnell wieder auf ihr normales Niveau zurückkehren wird. Das ist auch deswegen fast garantiert, weil wir ja schon im gesamten Buch gesehen haben, wie man sich von fast allen negativen Ereignissen schnell und vollständig erholt. Es müsste also wirklich mit dem Teufel zugehen, wenn das ausgerechnet bei der Corona-Pandemie nicht der Fall wäre. Die Covid-19-Zeit war also eine riesige Delle in der insgesamt positiven Zufriedenheitsentwicklung der Deutschen. Aber sie wird wahrscheinlich auch genau das bleiben: Eine Delle, die an einem insgesamt positiven Trend langfristig nichts ändert. Ich schreibe diese Zeilen Ende Mai 2020. Als Sozialwissenschaftler soll man zwar keine Vorhersage machen, aber schauen Sie doch selbst einmal in den Folgejahren nach. Ich wette, dass die Pandemie keinen dauerhaften Rückgang der Lebenszufriedenheit der Deutschen zur Folge hat. Diese Zeit war doof, manchmal auch schlimm, als sie stattfand, aber wenn sie vorbei ist, sollte auch ihr Effekt auf die Zufriedenheit vorbei sein.

Anmerkungen

1   Gilbert 2006

2   https://www.martin-schroeder.de/wp-content/uploads/2021/06/Taschenbuch-do-files-29.06.2021.zip

3   Technisch gesehen schätzt ein Konfidenzintervall, innerhalb welcher Reichweite sich der mittlere geschätzte Effekt in 95 Prozent der Fälle befinden wird, in denen eine gleich große Stichprobe aus der identischen Bevölkerung untersucht wird.

4   Vgl. Veenhoven 2008: 58

5   Vgl. Diener/Inglehart/Tay 2013: 499, vgl. ebenso die Literatur auf Seite 503 f. und die Zusammenfassung auf Seite 521 f.; vgl. ebenfalls Easterlin 2003: 1176; Diener/Lucas/Oishi 2018: 4 ff.; Kahneman/Krueger 2006: 9

6   Vgl. dazu Ferrer-i-Carbonell/Frijters 2004; Ferrer-i-Carbonell/Ramos 2014: 1018; Bartolini/Bilancini/Sarracino 2013: 173

7   Lelord 2004: 80

8   Schröder 2018 d: 178

9   Diener et al. 2014: 3 ff.

10   Lykken/Tellegen 1996

11   Haidt 2006: 32

12   Brickman/Coates/Janoff-Bulman 1978

13   Lykken/Tellegen 1996: 189

14   Rayo/Becker 2007: 327 f.

15   Headey/Muffels 2018: 839

16   Headey/Muffels 2018: 847, 850 f.

17   Oswald/Powdthavee 2008: 1072; Lucas et al. 2004: 11; Headey/Muffels 2018: 862

18   Seligman 2017 [2002]; vgl. auch den Literaturüberblick in Diener/Lucas/Oishi 2018; vgl. ebenfalls die Herangehensweisen in Lyubomirsky 2018

19   Fujita/Diener 2005: 161; Headey/Muffels/Wagner 2013; für den neuen Stand der Wissenschaft vgl. die Zusammenfassung des Literaturüberblicks in Yap/Anusic/Lucas 2014: 141 f.; Headey/Muffels/Wagner 2010: 17924 ff.

20   Røysamb/Nes/Vittersø 2014: 10, 19; Yap/Anusic/Lucas 2014: 132; Headey/Muffels 2018: 849

21   Alle Geschichten haben einen wahren Hintergrund.

22   Nelson et al. 2013: 3; Kohler/Behrman/Skytthe 2005: 436 f. für den Unterschied zwischen dem ersten und weiteren Kindern. Myrskylä/Margolis 2014: 1861 für das Argument, dass Menschen weniger Kinder kriegen, weil diese kaum zufriedener machen.

23 Fischbach 2018: 68

24 Myrskylä/Margolis 2014: 1855; vgl. ebenso Clark et al. 2008: F234 ff.; Pollmann-Schult 2013: 61, 74; Agache et al. 2014: 273; Nelson et al. 2013: 4, 8 f.; Schmiedeberg/Schröder 2017: 147; Clark et al. 2018: 85

25 Pollmann-Schult 2011: 414 f.

26 Donath 2016

27 Le Moglie/Mencarini/Rapallini 2019: 944 ff.

28 Kahneman et al. 2004: 1775

29 Hansen 2012: 31 ff., zur Situation Kinderloser: 46 ff., zur kognitiven Dissonanz Kinderloser: 49 f.

30 Zu ähnlichen Ergebnissen kommt übrigens auch weitere Forschung, bspw. Pollmann-Schult 2014; vgl. auch den Literaturüberblick in Dolan/Peasgood/White 2008.

31 Musick/Meier/Flood 2016: 1085, 1087; Raley/Bianchi/Wang 2012: 1450; Roeters/Gracia 2016: 2477

32 Hochschild/Machung 2012 [1989]: 45

33 Auspurg/Iacovou/Nicoletti 2017: 134; Carlson/Miller/Sassler 2018: 12 f.

34 Beck 1986: 171

35 Akerlof/Kranton 2005; Akerlof/Kranton 2010

36 Akerlof/Kranton 2000: 747; Akerlof/Kranton 2010: 93; Kornrich/Brines/Leupp 2013; Bertrand/Kamenica/Pan 2015; Bittman et al. 2003: 202

37 Spiegel 34/2012; https://www.welt.de/kmpkt/article163274934/Das-ist-das-beste-Alter-um-Mutter-zu-werden.html

38 Nelson et al. 2013: 5; Mirowsky/Ross 2002: 1289 ff.; Myrskylä/Margolis 2014: 1856, 1861

39 Doch die meisten Effekte sind dann – wie man sagt, statistisch insignifikant, was daran liegen kann, dass wir nur für sehr wenige Befragte wissen, ob ihre Schwangerschaft geplant war. Berechnungen, die beinhalten, ob eine Schwangerschaft geplant war, können nur mit 3700 Leuten durchgeführt werden, während die Hauptberechnungen Daten von über 46 000 Personen nutzen. Man kann also nicht genau sagen, ob frühere Schwangerschaften eher unzufrieden machen, weil sie öfter ungewollt sind.

40 Myrskylä/Barclay/Goisis 2017: 770; Barclay/Myrskylä 2016: 86 ff.; Goisis/Schneider/Myrskylä 2017

41 Lyubomirsky/King/Diener 2005: 834

42 Johnson/Krahn/Galambos 2017: 639

43 Kohler/Behrman/Skytthe 2005: 416

44 Verbakel 2012: 228 f.; Dush/Amato 2005: 622 ff.; Stutzer/Frey 2006: 328

45 Kposowa 2003: 993

46 Lucas et al. 2003: 537

47 Diener/Lucas/Oishi 2018: 8

48 Stutzer/Frey 2006: 340; Clark et al. 2018: 82

49 Vgl. auch die dokumentierten Effekte in Easterlin 2003: 11178 f.

50   Seligman 2017 [2002]: 188

51   Luhmann et al. 2012: 604 ff., 611; vgl. für die Effekte und Gewöhung an Heirat, Scheidung und den Tod des Partners ebenfalls Stutzer/Frey 2006: 340; Lucas 2007; Odermatt/Stutzer 2018: 256, 266, 278; Clark et al. 2018: 80 ff.

52   Luhmann et al. 2012: 607

53   Leopold/Lechner 2015: 75 ff.

54   Clark et al. 2008: F234 f.; Odermatt/Stutzer 2018: 256; Dolan/Peasgood/White 2008: 107

55   Das muss ich rausrechnen, denn es könnte ja auch sein, dass manche Leute keine Eltern oder Großeltern haben, weil sie älter sind und das Alter, nicht aber die Abwesenheit von Verwandten, sie unzufrieden macht. Auch könnten manche Menschen Teil einer kränklichen Familie sein, so dass sowohl ihre Verwandtschaft früh verstorben ist, als auch sie selbst aufgrund von Krankheit unzufriedener sind. Darum vergleiche ich nur Leute mit identischem Gesundheitszustand. Trotzdem präsentieren sich die besprochenen Ergebnisse.

56   Kohler/Behrman/Skytthe 2005: 435; vgl. auch den Literaturüberblick in Hansen 2012: 38; Pollmann-Schult 2011

57   Pollmann-Schult 2011: 415

58   Vgl. dazu Lyubomirsky/King/Diener 2005; Koropeckyj-Cox 2002; Polenick et al. 2016; Merz et al. 2009

59   Arpino/Bordone/Balbo 2018: 261 f.; vgl. auch die Literatur in Hansen 2012: 43

60   Mahne/Huxhold 2014: 788 f.

61   Easterlin 2003: 11180 f.

62   Dunn/Aknin/Norton 2008: 1688

63   Nach der alten OECD-Skala, die auch als »Oxford scale« bekannt ist.

64   Jebb et al. 2018: 34 gehen von umgerechnet circa 100 000 Dollar als Grenze aus, bei der in Westeuropa Einkommen die Zufriedenheit nicht mehr steigert. Dies ist allerdings vor Steuern (siehe Online-Annex), so dass man bei einem Steuersatz von 30 Prozent und einem Euro zu Dollarkurs von 1,2 ungefähr bei etwas unter 5000 Euro pro Person und Monat rauskommt. Kahneman/Deaton 2010: 16491 gehen dahingegen für das gesamte Haushaltseinkommen für die USA von 75 000 Dollar aus, was bei denselben Parametern lediglich circa 3600 Euro an gesamtem Haushaltseinkommen entsprechen würde. Vgl. auch den Literaturüberblick in Dolan/Peasgood/White 2008: 97 f.

65   Ich kann hier wieder nur die Gruppe derer vergleichen, die früh oder spät in den Beruf eingestiegen sind. Denkbar ist allerdings, dass die beiden Gruppen sich nicht nur in ihrem Berufseinstieg unterschieden. So könnten Akademiker zufriedener sein und später in den Beruf einsteigen. Dann würde die Zufriedenheit aber am Studium liegen, nicht am

späteren Berufseinstieg. Dass Menschen mit Studium etwas zufriedener sind, berücksichtige ich, indem ich immer nur Menschen mit demselben Bildungsabschluss, aber unterschiedlichem Berufseinstieg betrachte. Würde ich das nicht machen, wären die Ergebnisse noch klarer. Das heißt: Man ist zufriedener, den ersten Vollzeitjob später anzufangen, weil dann die Wahrscheinlichkeit höher ist, dass man vorher studieren konnte.

66 Solnick/Hemenway 1998: 378

67 Clark et al. 2018: 45 f.

68 Easterlin 2003; Easterlin 2013

69 Helliwell/Layard/Sachs 2019: 24 ff.

70 Stouffer et al. 1949; Runciman 1966

71 Salland 2018: 1439; vgl. ähnliche Ergebnisse mit amerikanischen Daten: Bertrand/Kamenica/Pan 2015: 601

72 Beck 1986: 169 ff.

73 Kornrich/Brines/Leupp 2013

74 Für Dating-Websites siehe Ong 2016: 1828; siehe dazu auch https://www.tobii.com/group/news-media/press-releases/how-to-catch-your-valentines-eye-online-dating-eye-tracking-study-reveals-that-men-look-women-read/; für Kontaktanzeigen siehe Wiederman 1993: 341. Für das datenbasierte Argument, dass Frauen seltener heiraten, wenn es weniger Männer gibt, die mehr als sie verdienen, vgl. Bertrand/Kamenica/Pan 2015: 572 ff., 590.

75 Dabei betrachte ich nur Geldgeschenke und Gewinne, nicht Erbschaften, denn wenn Menschen danach nicht zufriedener sind, kann es am Tod einer geliebten Person liegen.

76 Das SOEP kodiert alle unerwarteten Geldsummen unter 2500 Euro gleich, so dass ich dies als Grundkategorie nehme.

77 Lindqvist/Östling/Cesarini 2018: 29 ff.; vgl. ebenso die relativ schwachen Ergebnisse von maximal 0,02 Punkten Lebenszufriedenheit mehr auf einer Skala von 0–7 für jede Skalenerhöhung eines logarithmierten Lottogewinns in Apouey/Clark 2015: 530.

78 Brickman/Coates/Janoff-Bulman 1978

79 Dunn/Aknin/Norton 2008: 53

80 Headey/Muffels/Wooden 2008: 73, 81

81 Csikszentmihályi 1990

82 Pollmann-Schult 2013: 74; Stutzer/Frey 2006: 339

83 Schröder 2018 b

84 Becker 1991 [1981]; Bertrand/Kamenica/Pan 2015: 594 ff., 608

85 Seligman 2017 [2002]: für positiven und negativen Affekt: 57 ff., für Flow: 115 ff.

86 Clark et al. 2008: F234F; für die Nichtgewöhnung an Arbeitslosigkeit, siehe auch Lucas 2007: 77; Lucas et al. 2004; Clark et al. 2018: 64 f.

87 Ähnliche Ergebnisse zeigt auch der Bericht zur Bildung in Deutschland 2018, vgl. Autorengruppe Bildungsberichterstattung 2018: 227.

88 Clark et al. 2018: 53 ff.; Diener/Lucas/Oishi 2018: 12; vgl. auch den Literaturüberblick in Dolan/Peasgood/White 2008: 99; Easterlin 2003; Easterlin 2013

89 Guven 2012: 712 f.

90 Chadi 2010: 317; Lucas 1978: 354

91 Lucas et al. 2004

92 Rätzel 2012: 1160

93 Crost 2016

94 Kassenboehmer/Haisken-DeNew 2009; Hajek 2013: 6; Chadi 2010: 322 f.

95 https://www.sueddeutsche.de/panorama/gluecksatlas-eine-nation-ge-frusteter-pendler-1.4166739; https://www.wiwo.de/erfolg/beruf/arbeits-weg-pendler-betruegen-sich-selbst/20560038.html; https://www.faz.net/aktuell/gesellschaft/gesundheit/taegliches-pendeln-zur-arbeit-gefaehrdet-die-gesundheit-13698053.html

96 Kahneman et al. 2004: 1777; Stutzer/Frey 2007: 5; Stutzer/Frey 2008: 348; Autor 2011: 239

97 Für den Effekt bis 80 km vgl. Ingenfeld/Wolbring/Bless 2018: 15; vgl. für eine schwache lineare Effektstärke Pfaff 2014: 124

98 Jahoda/Lazarsfeld/Zeisel 1933 [1975]

99 Sharif/Mogilner/Hershfield 2018

100 Schulz et al. 2018: 1148

101 Whillans et al. 2017: 2 ff.

102 Nawijn/Veenhoven 2011: 46 f.; Schmiedeberg/Schröder 2017: 147; de Bloom et al. 2010: 210 f.; de Bloom/Geurts/Kompier 2013: 624

103 de Bloom et al. 2017: 580 ff.

104 Durkheim 1897

105 Mac Carron/Kaski/Dunbar 2016: 153; vgl. ebenfalls Dunbar 1993; Dunbar 1995

106 Schmiedeberg/Schröder 2017: 147; Helliwell/Huang 2013: 16; Caunt et al. 2013

107 Vielleicht sind diejenigen, die ihre Freunde seltener sehen, einfach öfter krank und deswegen unzufrieden? Doch der Effekt zeigt sich fast unverändert, selbst wenn sich an der Gesundheit nichts ändert. Vielleicht ist der Effekt umgekehrt? Nicht wer seine Freunde öfter trifft, ist zufriedener, sondern wer zufriedener ist, trifft sich öfter mit Freunden? Auch das kann die Ergebnisse nicht erklären. Denn unabhängig davon, wie zufrieden ich letztes Jahr war, bin ich dieses Jahr zufriedener, wenn ich meine Freunde noch öfter treffe. Wobei tatsächlich beides stimmt: Wer vorher zufriedener war, trifft daraufhin ebenfalls öfter seine Freunde.

108 Caunt et al. 2013: 486; Carmichael/Reis/Duberstein 2015: 99

109 Vgl. Diener et al. 2017: 88

110 Li/Kanazawa 2016: 680
111 Schmiedeberg/Schröder 2017: 147; Li/Kanazawa 2016: 679
112 Marshall/Lefringhausen/Ferenczi 2015: 38 f.
113 Headey et al. 2010: 74
114 Lyubomirsky/King/Diener 2005: 840; Pirralha 2018: 803; Dolan/Peasgood/White 2008: 103 f.
115 Jiang et al. 2019; Binder 2015; Haidt 2006: 174 f.
116 Rohrer et al. 2018: 1294 ff.
117 Piper 2016: 312 ff.; Zhi et al. 2016: 216
118 Maccagnan/Taylor/White 2019; Skogen et al. 2009; Gibson et al. 2016; Velten et al. 2014: 7
119 Zullig et al. 2001; Fergusson/Boden 2008
120 Petilliot 2018
121 Velten et al. 2014: 7
122 Vgl. die Ergebnisse in Frey/Meier 2008; Reuband 2013
123 Rahlf 2015: Variable x0883
124 Foye 2017: 439; Dolan 2019: Part One, Kapitel 1 »Wealthy«
125 Gordo et al. 2019: 471; siehe auch https://www.boeckler.de/106575_110740.htm
126 Felbermayr/Battisti/Suchta 2017
127 Wulfgramm 2011: 491, 496; Alber/Heisig 2011
128 Petrunyk/Pfeifer 2016: 219, 238; Priem/Schupp 2015: 66
129 Priem/Schupp 2015: 71
130 Vgl. die unklaren Ergebnisse in Berry/Okulicz-Kozaryn 2009; Lenzi/Perucca 2018; für Ergebnisse, die zeigen, dass in der EU Landbewohner zufrieden sind, die jedoch nicht den Effekt eines Umzugs testen, vgl. Sørensen 2014.
131 Li/Kanazawa 2016: 683
132 Brenke/Kritikos 2017: 603; Schröder 2018a: 12
133 Felbermayr/Battisti/Suchta 2017: 26. Einige meinen zudem, Anhänger der Linken, der AfD und der extrem rechten Parteien seien besonders unzufrieden, weil sie meist in Ostdeutschland leben. Und es stimmt, Ostdeutsche sind unzufriedener und wählen eher radikale Parteien. Doch das habe ich rausgerechnet, indem ich immer nur Befragte desselben Bundeslandes vergleiche.
134 Banfield 1958; Putnam 1993; Putnam 2000
135 Anderson 2006 [1983]: 6 f.
136 Oder wird der Zusammenhang verfälscht? Menschen in bestimmten Bundesländern, einem bestimmten Alter oder zu bestimmten Jahren könnten zufriedener und patriotischer sein. Wenn Deutschland beispielsweise die Fußballweltmeisterschaft gewinnt, fühlen sich viele patriotischer und zufriedener. Doch deswegen halte ich Alter, Befragungsjahr und Bundesland in den Berechnungen konstant. Auch ist denkbar, dass Menschen

sich deutsch fühlen und zufriedener sind, weil sie die deutsche Staatsbürgerschaft haben. Doch selbst unter denen, die sie nicht haben, sind jene zufriedener, die sich patriotischer fühlen. Auch ist Patriotismus nicht nur für arme Schlucker, denn Menschen in der oberen Einkommenshälfte profitieren genauso davon.

137 Ich zeige Daten für alle Länder, die bei der letzten oder vorletzten Befragung des World Values Survey mitgemacht haben. Dabei lasse ich solche weg, die sehr klein sind oder in der Mitte der Zufriedenheitswerte liegen, damit wir uns die wichtigsten und außergewöhnlichsten Länder anschauen können. Anders als beim SOEP reicht die Skala der Zufriedenheitswerte beim World Values Survey nicht von 0 bis 10, sondern von 1 bis 10. Doch da fast niemand null Punkte wählt, sind die Werte interpretierbar wie bisher.

138 GDP-Daten von Heston/Summers/Aten 2012, Variable rgdpe geteilt durch pop. Alle Zufriedenheitsdaten sind aus dem World Values Survey, in dem Menschen nach »Satisfaction with your life« befragt wurden, vgl. Inglehart et al. 2014.

139 Easterlin 1974

140 Tella/MacCulloch 2010: 237

141 Stevenson/Wolfers 2013; Deaton 2008

142 Diese Daten sind aus dem World Values Survey. Es sind die bevölkerungsgewichteten und gemittelten Antworten auf die Aufgabenstellung: »Please use the scale to indicate how much freedom of choice and control you feel you have over the way your life turns out.« Die Skala verläuft von 1 bis 10.

143 Hier und in den anderen Grafiken musste ich ein paar Länder rausschmeißen, die sich zu sehr mit den anderen überlappen. Aber die Berechnungen treffen selbst dann noch zu, wenn man sie mit allen verfügbaren Daten statt den nur hier sichtbaren anstellt.

144 Veenhoven 2010: 337; Helliwell et al. 2018: 8

145 Vgl. dazu Marshall/Gurr/Jaggers 2017a; Marshall/Gurr/Jaggers 2017b

146 Diese Berechnungen sind mit Multilevelregressionen durchgeführt, die Individuen nicht hierarchisch in Ländern, Jahren und Länderjahren clustern. Vgl. für die Daten neben den schon genannten auch den Gini der verfügbaren Nettoeinkommen in Solt 2016a; Solt 2016b. Der Gini zeigt, wie ungleich Einkommen verteilt sind. Ein Gini von 1 bedeutet, dass man die gesamten Einkommen eines Landes umverteilen müsste, damit alle gleich viel haben. Ein Wert von 0 bedeutet dahingegen, dass alle gleich viel haben. Ein Wert von 0,4 würde dann bedeuten, dass man 40 Prozent der Einkommen umverteilen müsste, um zu Gleichheit zu gelangen.

147 Wilkinson/Pickett 2010

148 Beckfield 2004

149 Schröder 2016; Schröder 2018 c; Kelley/Evans 2017; Schneider 2015

150 Inglehart 2010: 366, 383 f.

151 Tay/Herian/Diener 2014

152 Oishi/Schimmack/Diener 2011; Flavin/Pacek/Radcliff 2014

153 Helliwell et al. 2010: 307; Veenhoven 2010: 345

154 Technisch gesehen handelt es sich dabei um die Varianz, die durch die Länderebene erklärt wird, relativ zur Varianz in den Multilevelregressionen, die auf Individualebene liegt.

155 Easterlin 2003: 11177 f.

156 Vgl. die Zusammenfassung in Diener/Lucas/Oishi 2018: 12

157 Vgl. den Literaturüberblick in Gwozdz/Sousa-Poza 2010: 399 und die unterschiedlichen Ergebnisse auf Seite 405 ff.; vgl. ebenso Schilling 2005

158 Trosclair et al. 2011; vgl. auch den Literaturüberblick in Ambrasat/Schupp/Wagner 2018: 2

159 Pinto/Neri 2013: 2455; vgl. auch hier wieder Trosclair et al. 2011; vgl. ebenfalls den Literaturüberblick in Ambrasat/Schupp/Wagner 2018: 2

160 Stulp et al. 2013: 163

161 Vgl. für diesen Absatz Stulp/Buunk/Pollet 2013: 881 f.

162 Murray/Schmitz 2011: 1218 ff., 1222, 1226

163 Judge/Cable 2004: 429 ff., 437 f.

164 Thomas/Thomas 1970 [1928]

165 Ich habe diesen Bereich gewählt, da sich 98 Prozent aller Befragten hier finden. Das Normalgewicht berechne ich nach der sogenannten Broca-Formel als Körpergröße in Zentimetern minus 100. Die Abweichung vom Normalgewicht ist dann einfach das reale Gewicht minus des auf der Körpergröße basierenden Normalgewichts für die jeweilige Person. Wenn ich die Creff-Formel nutze, sind die Ergebnisse sehr ähnlich.

166 Headey/Muffels/Wagner 2010: 17925; Blanchflower/van Landeghem/Oswald 2009: 536

167 Jackson/Beeken/Wardle 2015: 1110; Wadsworth/Pendergast 2014: 210 f.

168 Dabei muss man wieder ein paar Einwände beachten. Möglicherweise sind junge Menschen eher dünn und gleichzeitig zufriedener. Doch wie immer habe ich deswegen alle Effekte für Menschen desselben Alters berechnet. Einige Studien zeigen, dass Menschen in einer festen Partnerschaft zunehmen und zufriedener sind. Doch selbst wenn ich Menschen in derselben Paarkonstellation betrachte, bleiben die Ergebnisse gleich. Sie sind auch kein Zeitgeistphänomen, denn sie treten auch auf, wenn ich mir nur die letzten Jahre anschaue. Was jedoch stimmt, ist, dass der Gesundheitszustand einen Teil der Ergebnisse erklärt. Insbesondere übergewichtige Frauen sind unzufriedener, weil sie sich ungesund fühlen. Dahingegen sind Männer sogar mit 40 Kilo Übergewicht zufrieden, solange sie sich damit nicht krank fühlen. Im Leben desselben Mannes

wie derselben Frau gilt insofern die Regel: Man ist in den Jahren am zufriedensten, in denen man Über- statt Untergewicht hat, vor allem wenn man sich trotz des Übergewichts gesund fühlt.

169   White/Horwath/Conner 2013: 788

170   Obschon die statistische Signifikanz der Effekte des »natürlichen Experiments« schwach war, vgl. Mujcic/J Oswald 2016: 1506, 1509.

171   Schmiedeberg/Schröder 2017: 147; auch hier ist natürlich das Alter wieder rausgerechnet, da es ja sein kann, dass ältere Menschen weniger zufrieden sind und weniger Sport machen.

172   Headey/Muffels 2018: 839

173   Brickman/Coates/Janoff-Bulman 1978

174   Pagán-Rodríguez 2012: 374; vgl. auch Braakmann 2014: 732 ff.

175   Vgl. für den Effekt von Religion, der sich durch soziale Kontakte erklärt: Sinnewe/Kortt/Dollery 2015: 849, Modell II und IV; vgl. für die Abwesenheit von Gewöhnung Headey/Muffels/Wagner 2010: 17924; Headey et al. 2010: 78

176   Abdi et al. 2019

177   Durkheim 1897: 172 f.; vgl. aktueller zum Einfluss von religiöser Gemeinschaft auf Zufriedenheit Lim/Putnam 2010: 927

178   Durkheim 1995 [1912]: 424

179   Lechner/Leopold 2015: 170; Dolan/Peasgood/White 2008: 106

180   Lang et al. 2007: 184

181   Gonzalez-Mulé/Carter/Mount 2017: 153; Enkvist/Ekström/Elmståhl 2013: 851

182   Wolinsky et al. 2009: 470

183   Grözinger/Piper 2019: 275 f.; Daig et al. 2009: 673 ff.; Senik 2015: 27, 41 f.; Dolan/Peasgood/White 2008: 99

184   Bostwick et al. 2010: 473; Wardecker et al. 2019: 298

185   Kroh et al. 2017: 692 ff.

186   Die Interviewer des SOEP wurden gebeten, auf einer Skala von 1 bis 7 zu beurteilen, wie attraktiv ihre Interviewkandidaten sind. Da kaum jemand die schlechtesten Kategorien 6 und 7 vergab, habe ich die drei schlechtesten Kategorien zu 5 zusammengefasst.

187   Seligman 2017 [2002]: 49

188   Vgl. Hamermesh/Abrevaya 2013: 358, wobei es um den Effekt einer doppelten Standardabweichung an Aussehen geht, der je nach Spezifikation für Männer und Frauen mit einer Standardabweichung der Lebenszufriedenheit von 0,17 bis 0,29 einhergeht. Insofern ist eine Standardabweichung mit der Hälfte dieses Effektes korreliert, also mit einer Veränderung um 0,08 bis 0,15, so dass die Veränderung eines Wertes sich zu 8 bis 15 Prozent in der Veränderung des anderen Wertes niederschlägt. Für die Zusammenfassung und Erklärung siehe Hamermesh/Abrevaya 2013: 365.

189   Vgl. den Literaturüberblick in Datta Gupta/Etcoff/Jaeger 2016: 1314,

1321; Diener/Wolsic/Fujita 1995: 120 sowie in Lutz et al. 2013: 212, vgl.
auch das Ergebnis auf Seite 223

190 Diener/Wolsic/Fujita 1995: 128

191 Margraf/Meyer/Lavallee 2013: 249; Bensoussan et al. 2013: 291

192 Hamermesh/Abrevaya 2013: 367; Lutz et al. 2013: 223

193 Headey/Muffels 2018: 840

194 Langer/Rodin 1976; Rodin/Langer 1977

195 Headey 2008: 223 ff.

196 Seligman 2017 [2002]: 24

197 Alloy/Abramson 1979

198 Interventionsstudien messen nicht, wie es Menschen nach einer zufällig
stattgefundenen Veränderung geht, sondern intervenieren, um solch eine
Veränderung aktiv herbeizuführen und deren Effekt zu messen.

199 Boehm/Lyubomirsky/Sheldon 2011; Layous/Katherine Nelson/Lyubo-
mirsky 2013

200 Cheavens et al. 2006: 73

201 Vgl. den Überblick in Dolan/Peasgood/White 2008: 105

202 Clark et al. 2018: 118

203 Sandstrom/Dunn 2013; Epley/Schroeder 2014

204 Allport/Odbert 1936; Norman 1963

205 Für eine Zusammenfassung der Literatur vgl. John/Naumann/Soto 2008;
für deutsche Persönlichkeitsbeschreibungen vgl. Angleitner/Ostendorf/
John 1990: 115

206 Was war noch mal eine Standardabweichung? Manche Menschen sind
extravertierter als andere. Und eine durchschnittliche Frau ist 20 Prozent
von diesem Durchschnittswert extravertierter als ein durchschnittlicher
Mann.

207 Vgl. die ähnlichen Ergebnisse in Headey/Muffels/Wagner 2010: 17924;
Heidemeier/Göritz 2016: 2601; Headey/Muffels/Wagner 2013: 739 f.;
Headey/Muffels 2018: 859; Furler/Gomez/Grob 2013: 372

208 Specht/Egloff/Schmukle 2013: 184 f. Heidemeier/Göritz 2016: 2607 ff.;
Weber/Huebner 2015: 35

209 Kim et al. 2018: 614 f.; Schimmack et al. 2002: 586

210 Lambert et al. 2012: 38

211 Keuschnigg/Wolbring 2012: 207 f.

212 Haidt 2006: 143; Headey/Muffels/Wagner 2013: 740; Headey/Muffels
2018: 854

213 Headey 2008: 214 ff.ds; Headey/Muffels/Wagner 2010: 17924; Rohrer
et al. 2018: 1294

214 Arnold et al. 2018: S92

215 Headey/Muffels/Wagner 2013: 738

216 Seligman 2017 [2002]: 200 f.

217 Bertrand/Kamenica/Pan 2015: 601 ff.

218 Fischbach 2017: 11
219 Seligman 2017 [2002]: 202 f.
220 Headey/Muffels/Wagner 2010: 17924; Headey/Muffels/Wagner 2013: 740
221 Headey/Muffels 2018: 854
222 Furler/Gomez/Grob 2013: 372; vgl. für den Wunsch nach Ähnlichkeit Fischbach 2017: 14
223 Fischbach 2017: 11
224 Headey/Muffels/Wagner 2013: 738 ff.
225 Powdthavee 2009: 688; Clark et al. 2018: 99
226 Luhmann et al. 2014
227 Stavrova 2019: 800
228 Carr et al. 2014: 942
229 Ludwig/Brüderl 2018
230 Dolan 2019
231 Haidt 2006: 105
232 Harris 2008
233 Headey/Muffels 2018: 861
234 Rohrer et al. 2018: 1294
235 Seligman 2017 [2002]: 7 ff.; Lyubomirsky 2018
236 Simon Kühne, et al. 2020: The Need for Household Panel Surveys in Times of Crisis: The Case of SOEP-CoV. In: *Survey Research Methods* 14
237 https://www.soep-cov.de/Spotlight_5/
238 Robert Grimm und Bernd Raffelhüschen, *Deutsche Post Glücksatlas 2020*. München: Penguin: 41 f.
239 So nutzen das SOEP und der *Glücksatlas* eine Skala von 0–10. Die Umfrage des Universitätsklinikums Hamburg-Eppendorf fragt Lebenszufriedenheit mit einer Skala von 1–10 ab. In Großbritannien liegen die Antwortmöglichkeiten bei 1–7. Ich kann zwar alles jeweils auf eine einheitliche Skala von 0–100 umrechnen. Aber dadurch kann es von Umfrage zu Umfrage schon einmal zu einer kleinen Abweichung kommen. Diese sollte zwar die absoluten Zahlen, aber weniger deren Veränderung von einem Zeitpunkt zum nächsten betreffen.
240 Roberto Foa, et al. 2020: COVID-19 and Subjective Well-Being: Separating the Effects of Lockdowns from the Pandemic In: *The Lancet Psychiatry preprint: 11*
241 Siehe die Tabelle in Jeromy Anglim und Sharon Horwood, Effect of the COVID-19 Pandemic and Big Five Personality on Subjective and Psychological Well-Being. In: *Social Psychological and Personality Science* 0, 1948550620983047: 4. Auf der 7er Skala gab es einen Unterschied von 0,28 gegenüber einem Sample drei Jahre vorher, was ungefähr mit 4 Punkten auf einer Hunderterskala einhergeht.
242 Tilmann von Soest, et al. [Livstilfredshet blant ungdom før og under

covid-19-pandemien.] 2020: Life satisfaction among adolescents before and during the COVID-19 pandemic. In: *Tidsskr Nor Laegeforen* 140: 6

243 Connie R. Wanberg, et al. 2020: Socioeconomic status and well-being during COVID-19: A resource-based examination. In: *Journal of Applied Psychology* 105, 1382–1396: 1387. Hier ist ebenso der Fall, dass die Skala von 1–10 statt 0–10 geht. Da aber fast niemand die 0 wählt, sollte dies kaum ins Gewicht fallen.

Literatur

Abdi, Alireza, et al., 2019: The Effect of Religion Intervention on Life Satisfaction and Depression in Elderly with Heart Failure. In: *Journal of Religion and Health* 58, 823–832.

Agache, Alexandru, et al., 2014: Paternal Involvement Elevates Trajectories of Life Satisfaction During Transition to Parenthood. In: *European Journal of Developmental Psychology* 11, 259–277.

Akerlof, George A./Rachel E. Kranton, 2000: Economics and Identity. In: *The Quarterly Journal of Economics* 115, 715–753.

Akerlof, George A./Rachel E. Kranton, 2005: Identity and the Economics of Organizations. In: *Journal of Economic Perspectives* 19, 9–32.

Akerlof, George A./Rachel E. Kranton, 2010: *Identity Economics: How Our Identities Shape Our Work, Wages, and Well-Being.* Princeton, NJ: Princeton University Press.

Alber, Jens/Jan Paul Heisig, 2011: *Do New Labour Activation Policies Work? A Descriptive Analysis of the German Hartz Reforms.* WZB Discussion Paper SP I 2011–211. Berlin: WZB. <http://hdl.handle.net/10419/56791>

Alloy, Lauren B./Lyn Y. Abramson, 1979: Judgment of Contingency in Depressed and Nondepressed Students: Sadder but Wiser? In: *Journal of Experimental Psychology* 108, 441–485.

Allport, Gordon W./Henry S. Odbert, 1936: *Trait-Names: A Psycho-Lexical Study. No. 211.* Princeton/NJ: Psychological Review Monographs.

Ambrasat, Jens/Jürgen Schupp/Gert G. Wagner, 2018: *Comparing the Predictive Power of Subjective and Objective Health Indicators: Changes in Handgrip Strength and Overall Satisfaction with Life as Predictors of Mortality.* SOEPpapers 398. Berlin: DIW.

Anderson, Benedict, 2006 [1983]: *Imagined Communities. Reflections on the Origin and Spread of Nationalism.* London: Verso.

Angleitner, Alois/Fritz Ostendorf/Oliver P. John, 1990: Towards a Taxonomy of Personality Descriptors in German: A Psycho-Lexical Study. In: *European Journal of Personality* 4, 89–118.

Anglim, Jeromy/Horwood, Sharon Effect of the COVID-19 Pandemic and Big Five Personality on Subjective and Psychological Well-Being. In: *Social Psychological and Personality Science* 0, 1948550620983047.

Apouey, Benedicte/Andrew E. Clark, 2015: Winning Big but Feeling no Better? The Effect of Lottery Prizes on Physical and Mental Health. In: *Health Economics* 24, 516–538.

Arnold, L., et al., 2018: »Mein Haus, mein Auto, mein Boot«. Zufriedenheit mit dem Lebensstandard als geschlechtsspezifischer Mortalitätsprädiktor. In: *Gesundheitswesen* 80, S88–S96.

Arpino, Bruno/Valeria Bordone/Nicoletta Balbo, 2018: Grandparenting, Education and Subjective Well-Being of Older Europeans. In: *European Journal of Ageing* 15, 251–263.

Auspurg, Katrin/Maria Iacovou/Cheti Nicoletti, 2017: Housework Share Between Partners: Experimental Evidence on Gender-Specific Preferences. In: *Social Science Research* 66, 118–139.

Autor, David H., 2011: Correspondence: Letter to Professor Bruno Frey. In: *Journal of Economic Perspectives* 25, 239–240.

Autorengruppe Bildungsberichterstattung, 2018: *Bildung in Deutschland 2018. Ein indikatorengestützter Bericht mit einer Analyse zu Wirkungen und Erträgen von Bildung.* <https://www.bildungsbericht.de/de/bildungs-berichte-seit-2006/bildungsbericht-2018/pdf-bildungsbericht-2018/bil-dungsbericht-2018.pdf>

Banfield, Edward, 1958: *The Moral Basis of a Backward Society.* New York: The Free Press.

Barclay, Kieron/Mikko Myrskylä, 2016: Advanced Maternal Age and Offspring Outcomes: Reproductive Aging and Counterbalancing Period Trends. In: *Population and Development Review* 42, 69–94.

Bartolini, Stefano/Ennio Bilancini/Francesco Sarracino, 2013: Predicting the Trend of Well-Being in Germany: How Much Do Comparisons, Adaptation and Sociability Matter? In: *Social Indicators Research* 114, 169–191.

Beck, Ulrich, 1986: *Risikogesellschaft. Auf dem Weg in eine andere Moderne.* Frankfurt am Main: Suhrkamp.

Becker, Gary S., 1991 [1981]: *A Treatise on the Family.* Boston, MA: Harvard University Press.

Beckfield, Jason, 2004: Does Income Inequality Harm Health? New Cross-National Evidence. In: *Journal of Health and Social Behavior* 45, 231–248.

Bensoussan, Jean-Charles, et al., 2013: Quality of Life Before and After Cosmetic Surgery. In: *CNS Spectrums* 19, 282–292.

Berry, Brian J. L./Adam Okulicz-Kozaryn, 2009: Dissatisfaction With City Life: A New Look at Some Old Questions. In: *Cities* 26, 117–124.

Bertrand, Marianne/Emir Kamenica/Jessica Pan, 2015: Gender Identity and Relative Income within Households. In: *The Quarterly Journal of Economics* 130, 571–614.

Binder, Martin, 2015: Volunteering and Life Satisfaction: A Closer Look at the Hypothesis That Volunteering More Strongly Benefits the Unhappy. In: *Applied Economics Letters* 22, 874–885.

Bittman, Michael, et al., 2003: When Does Gender Trump Money? Bargaining and Time in Household Work. In: *American Journal of Sociology* 109, 186–214.

Blanchflower, David G./Bert van Landeghem/Andrew J. Oswald, 2009: Imitative Obesity and Relative Utility. In: *Journal of the European Economic Association* 7, 528–538.

Boehm, Julia K./Sonja Lyubomirsky/Kennon M. Sheldon, 2011: A Longitudinal Experimental Study Comparing the Effectiveness of Happiness-Enhancing Strategies in Anglo Americans and Asian Americans. In: *Cognition and Emotion* 25, 1263–1272.

Bostwick, Wendy B., et al., 2010: Dimensions of Sexual Orientation and the Prevalence of Mood and Anxiety Disorders in the United States. In: *American Journal of Public Health* 100, 468–475.

Braakmann, Nils, 2014: The Consequences of Own and Spousal Disability on Labor Market Outcomes and Subjective Well-Being: Evidence From Germany. In: *Review of Economics of the Household* 12, 717–736.

Brenke, Karl/Alexander S. Kritikos, 2017: *Wählerschaft der Parteien. Wählerstruktur im Wandel*, DIW Wochenbericht 29. <https://www.diw.de/documents/publikationen/73/diw_01.c.562052.de/17-29-1.pdf>

Brickman, Philip/Dan Coates/Ronnie Janoff-Bulman, 1978: Lottery Winners and Accident Victims: Is Happiness Relative? In: *Journal of Personality and Social Psychology* 36, 917–927.

Carlson, Daniel L./Amanda Jayne Miller/Sharon Sassler, 2018: Stalled for Whom? Change in the Division of Particular Housework Tasks and Their Consequences for Middle to Low-Income Couples. In: *Socius* 4, 1–17.

Carmichael, Cheryl L./Harry T. Reis/Paul R. Duberstein, 2015: In Your 20s It's Quantity, in Your 30s It's Quality: The Prognostic Value of Social Activity Across 30 Years of Adulthood. In: *Psychology and Aging* 30, 95–105.

Carr, Deborah, et al., 2014: Happy Marriage, Happy Life? Marital Quality and Subjective Well-Being in Later Life. In: *Journal of Marriage and Family* 76, 930–948.

Caunt, Benjamin S., et al., 2013: Exploring the Causes of Subjective Well-Being: A Content Analysis of Peoples' Recipes for Long-Term Happiness. In: *Journal of Happiness Studies* 14, 475–499.

Chadi, Adrian, 2010: How to Distinguish Voluntary from Involuntary Unemployment: On the Relationship between the Willingness to Work and Unemployment-Induced Unhappiness. In: *Kyklos* 63, 317–329.

Cheavens, Jennifer S., et al., 2006: Hope Therapy in a Community Sample: A Pilot Investigation. In: *Social Indicators Research* 77, 61–78.

Clark, Andrew E., et al., 2008: Lags And Leads in Life Satisfaction: A Test of the Baseline Hypothesis. In: *The Economic Journal* 118, F222–F243.

Clark, Andrew E., et al., 2018: *The Origins of Happiness: The Science of Well-Being Over the Life Course*. Princeton, NJ: Princeton University Press.

Crost, Benjamin, 2016: Can Workfare Programs Offset the Negative Effect of Unemployment on Subjective Well-Being? In: *Economics Letters* 140, 42–47.

Csíkszentmihályi, Mihály, 1990: *Flow: The Psychology of Optimal Experience*. New York: Harper & Row.

Daig, Isolde, et al., 2009: Gender and Age Differences in Domain-Specific Life Satisfaction and the Impact of Depressive and Anxiety Symptoms: A General Population Survey From Germany. In: *Quality of Life Research* 18, 669–678.

Datta Gupta, Nabanita/Nancy L. Etcoff/Mads M. Jaeger, 2016: Beauty in Mind: The Effects of Physical Attractiveness on Psychological Well-Being and Distress. In: *Journal of Happiness Studies* 17, 1313–1325.

de Bloom, Jessica/Sabine A. E. Geurts/Michiel A. J. Kompier, 2013: Vacation (After-)Effects on Employee Health and Well-Being, and the Role of Vacation Activities, Experiences and Sleep. In: *Journal of Happiness Studies* 14, 613–633.

de Bloom, Jessica, et al., 2010: Effects of Vacation From Work on Health and Well-Being: Lots of Fun, Quickly Gone. In: *Work & Stress* 24, 196–216.

de Bloom, Jessica, et al., 2017: Holiday Travel, Staycations, and Subjective Well-Being. In: *Journal of Sustainable Tourism* 25, 573–588.

Deaton, Angus, 2008: Income, Health, and Well-Being Around the World: Evidence From the Gallup World Poll. In: *Journal of Economic Perspectives* 22, 53–72.

Diener, Ed/Ronald Inglehart/Louis Tay, 2013: Theory and Validity of Life Satisfaction Scales. In: *Social Indicators Research* 112, 497–527.

Diener, Ed, et al., 2014: Why People Are in a Generally Good Mood. In: *Personality and Social Psychology Review* 19, 235–256.

Diener, Ed, et al., 2017: Findings All Psychologists Should Know From the New Science on Subjective Well-Being. In: *Canadian Psychology* 58, 87–104.

Diener, Ed/Richard E. Lucas/Shigehiro Oishi, 2018: Advances and Open Questions in the Science of Subjective Well-Being. In: *Collabra. Psychology* 4, 15.

Diener, Ed/Brian Wolsic/Frank Fujita, 1995: Physical Attractiveness and Subjective Well-Being. In: *Journal of Personality and Social Psychology* 69, 120–129.

Dolan, Paul, 2019: *Happy Ever After: Escaping The Myth of The Perfect Life*. London: Allen Lane.

Dolan, Paul/Tessa Peasgood/Mathew White, 2008: Do We Really Know What Makes Us Happy? A Review of the Economic Literature on the Factors Associated With Subjective Well-Being. In: *Journal of Economic Psychology* 29, 94–122.

Donath, Orna, 2016: *Regretting Motherhood: Wenn Mütter bereuen*. München: Knaus.

Dunbar, Robin, 1993: Coevolution of Neocortical Size, Group Size and Language in Humans. In: *Behavioral and Brain Sciences* 16, 681–735.

Dunbar, Robin, 1995: Neocortex Size and Group Size in Primates: A Test of the Hypothesis. In: *Journal of Human Evolution* 28, 287–296.

Dunn, Elizabeth W./Lara B. Aknin/Michael I. Norton, 2008: Spending Money on Others Promotes Happiness. In: *Science* 319, 1687–1688.

Durkheim, Émile, 1897: *Le Suicide: Étude de sociologie.* Paris: Félix Alcan.

Durkheim, Émile, 1995 [1912]: *The Elementary Forms of Religious Life.* New York: Free Press.

Dush, Claire M. Kamp/Paul R. Amato, 2005: Consequences of Relationship Status and Quality for Subjective Well-Being. In: *Journal of Social and Personal Relationships* 22, 607–627.

Easterlin, Richard A., 1974: Does Economic Growth Improve the Human Lot? In: Paul A. David/Melvin W. Reder (Hrsg.), *Nations and Households in Economic Growth: Essays in Honor of Moses Abramovitz.* New York: Academic Press, 89–125.

Easterlin, Richard A., 2003: Explaining Happiness. In: *Proceedings of the National Academy of Sciences* 100, 11176–11183.

Easterlin, Richard A., 2013: Happiness, Growth, and Public Policy. In: *Economic Inquiry* 51, 1–15.

Enkvist, Asa/Henrik Ekström/Sölve Elmståhl, 2013: Associations Between Cognitive Abilities and Life Satisfaction in the Oldest-Old. Results From the Longitudinal Population Study Good Aging in Skåne. In: *Clinical interventions in aging* 8, 845–853.

Epley, Nicholas/Juliana Schroeder, 2014: Mistakenly Seeking Solitude. In: *Journal of Experimental Psychology: General* 143, 1980–1999.

Felbermayr, Gabriel/Michele Battisti/Jan-Philipp Suchta, 2017: *Lebenszufriedenheit und ihre Verteilung in Deutschland: Eine Bestandsaufnahme.* ifo Schnelldienst. Bd. 70. <http://EconPapers.repec.org/RePEc:ces:ifosdt:v:70:y:2017:i:09:p:19–30>

Fergusson, David M./Joseph M. Boden, 2008: Cannabis Use and Later Life Outcomes. In: *Addiction* 103, 969–976; discussion 977–968.

Ferrer-i-Carbonell, Ada/Paul Frijters, 2004: How Important Is Methodology for the Estimates of the Determinants of Happiness? In: *The Economic Journal* 114, 641–659.

Ferrer-i-Carbonell, Ada/Xavier Ramos, 2014: Inequality and Happiness. In: *Journal of Economic Surveys* 28, 1016–1027.

Fischbach, Lisa, 2017: *ElitePartner-Studie 2017: So liebt Deutschland*: ElitePartner. <http://www.mynewsdesk.com/material/document/66754/download?resource_type=resource_document>

Fischbach, Lisa, 2018: *ElitePartner-Studie 2018: So liebt Deutschland*: ElitePartner. <https://www.mynewsdesk.com/material/document/78338/download?resource_type=resource_document>

Flavin, Patrick/Alexander C. Pacek/Benjamin Radcliff, 2014: Assessing the Impact of the Size and Scope of Government on Human Well-Being. In: *Social Forces* 92, 1241–1258.

Foa, Roberto /Gilbert, Sam /Fabian, Mark Otto 2020: COVID-19 and Subjective Well-Being: Separating the Effects of Lockdowns from the Pandemic In: *The Lancet Psychiatry preprint.*

Foye, Chris, 2017: The Relationship Between Size of Living Space and Subjective Well-Being. In: *Journal of Happiness Studies* 18, 427–461.

Frey, Bruno S./Stephan Meier, 2008: Macht Kunst glücklich? In: *art value* 2, 20–25.

Fujita, Frank/Ed Diener, 2005: Life Satisfaction Set Point: Stability and Change. In: *Journal of Personality and Social Psychology* 88, 158–164.

Furler, Katrin/Veronica Gomez/Alexander Grob, 2013: Personality Similarity and Life Satisfaction in Couples. In: *Journal of Research in Personality* 47, 369–375.

Gibson, Roger C., et al., 2016: Alcohol Use, Depression, and Life Satisfaction Among Older Persons in Jamaica. In: *International Psychogeriatrics* 29, 663–671.

Gilbert, Daniel, 2006: *Ins Glück stolpern: Über die Unvorhersehbarkeit dessen, was wir uns am meisten wünschen.* München: Riemann.

Goisis, Alice/Daniel C. Schneider/Mikko Myrskylä, 2017: The Reversing Association Between Advanced Maternal Age and Child Cognitive Ability: Evidence From Three UK Birth Cohorts. In: *International Journal of Epidemiology* 46, 850–859.

Gonzalez-Mulé, Erik/Kameron M. Carter/Michael K. Mount, 2017: Are Smarter People Happier? Meta-Analyses of the Relationships Between General Mental Ability and Job and Life Satisfaction. In: *Journal of Vocational Behavior* 99, 146–164.

Grimm, Robert/Raffelhüschen, Bernd 2020: *Deutsche Post Glücksatlas 2020.* München: Penguin.

Grözinger, Gerd/Alan Piper, 2019: Gender(un)gleichheit im Lebensverlauf. In: *Wirtschaftsdienst* 99, 272–277.

Guven, Cahit, 2012: Reversing the Question: Does Happiness Affect Consumption and Savings Behavior? In: *Journal of Economic Psychology* 33, 701–717.

Gwozdz, Wencke/Alfonso Sousa-Poza, 2010: Ageing, Health and Life Satisfaction of the Oldest Old: An Analysis for Germany. In: *Social Indicators Research* 97, 397–417.

Haidt, Jonathan, 2006: *The Happiness Hypothesis: Finding Modern Truth in Ancient Wisdom.* New York: Basic Books.

Hajek, André, 2013: *Life Satisfaction and Unemployment – The Role of Voluntariness and Job Prospects.* SOEPpapers on Multidisciplinary Panel Data Research: DIW. <https://www.diw.de/documents/publikationen/73/diw_01.c.431281.de/diw_sp0601.pdf>

Hamermesh, Daniel S./Jason Abrevaya, 2013: Beauty Is the Promise of Happiness? In: *European Economic Review* 64, 351–368.

Hansen, Thomas, 2012: Parenthood and Happiness: A Review of Folk Theories Versus Empirical Evidence. In: *Social Indicators Research* 108, 29–64.

Harris, Russ, 2008: *The Happiness Trap: How to Stop Struggling and Start Living.* Boston: Trumpeter.

Headey, Bruce, 2008: Life Goals Matter to Happiness: A Revision of Set-Point Theory. In: *Social Indicators Research* 86, 213–231.

Headey, Bruce/Ruud Muffels, 2018: A Theory of Life Satisfaction Dynamics: Stability, Change and Volatility in 25-Year Life Trajectories in Germany. In: *Social Indicators Research* 140, 837–866.

Headey, Bruce/Ruud Muffels/Gert G. Wagner, 2010: Long-Running German Panel Survey Shows That Personal and Economic Choices, Not Just Genes, Matter for Happiness. In: *Proceedings of the National Academy of Sciences* 107, 17922–17926.

Headey, Bruce/Ruud Muffels/Gert G. Wagner, 2013: Choices Which Change Life Satisfaction: Similar Results for Australia, Britain and Germany. In: *Social Indicators Research* 112, 725–748.

Headey, Bruce/Ruud Muffels/Mark Wooden, 2008: Money Does not Buy Happiness: Or Does It? A Reassessment Based on the Combined Effects of Wealth, Income and Consumption. In: *Social Indicators Research* 87, 65–82.

Headey, Bruce, et al., 2010: Authentic Happiness Theory Supported by Impact of Religion on Life Satisfaction: A Longitudinal Analysis With Data for Germany. In: *The Journal of Positive Psychology* 5, 73–82.

Heidemeier, Heike/Anja S. Göritz, 2016: The Instrumental Role of Personality Traits: Using Mixture Structural Equation Modeling to Investigate Individual Differences in the Relationships Between the Big Five Traits and Life Satisfaction. In: *Journal of Happiness Studies* 17, 2595–2612.

Helliwell, John F., et al., 2010: International Evidence on the Social Context of Well-Being. In: Ed Diener/John F. Helliwell/Daniel Kahneman (Hrsg.), *International Differences in Well-Being.* Oxford: Oxford University Press, 291–327.

Helliwell, John F./Haifang Huang, 2013: Comparing the Happiness Effects of Real and On-Line Friends. In: *PLoS ONE* 8, e72754–e72754.

Helliwell, John F., et al., 2018: Empirical Linkages Between Good Governance and National Well-Being. In: *Journal of Comparative Economics* 46, 1332–1346.

Helliwell, John F./Richard Layard/Jeffrey D. Sachs, 2019: *World Happiness Report 2019.* New York: Sustainable Development Solutions Network. <https://s3.amazonaws.com/happiness-report/2019/WHR19.pdf>

Heston, Alan/Robert Summers/Bettina Aten, 2012: *Penn World Table Version 7.1*: Center for International Comparisons of Production, Income and

Prices at the University of Pennsylvania. <https://pwt.sas.upenn.edu/php_site/pwt_index.php>

Hochschild, Arlie Russell/Anne Machung, 2012 [1989]: *The Second Shift: Working Families and the Revolution at Home*. New York: Penguin.

Ingenfeld, Julia/Tobias Wolbring/Herbert Bless, 2018: Commuting and Life Satisfaction Revisited: Evidence on a Non-linear Relationship. In: *Journal of Happiness Studies*, online first.

Inglehart, Ronald F., 2010: Faith and Freedom: Traditional and Modern Ways to Happiness. In: Ed Diener/John F. Helliwell/Daniel Kahneman (Hrsg.), *International Differences in Well-Being*. Oxford: Oxford University Press, 351–397.

Inglehart, Ronald, et al., 2014: *World Values Survey: All Rounds – Country-Pooled Datafile Version*. Madrid: JD Systems Institute. <http://www.worldvaluessurvey.org/WVSDocumentationWVL.jsp>

Jackson, Sarah E./Rebecca J. Beeken/Jane Wardle, 2015: Obesity, Perceived Weight Discrimination, and Psychological Well-Being in Older Adults in England. In: *Obesity* 23, 1105–1111.

Jahoda, Marie/Paul Felix Lazarsfeld/Hans Zeisel, 1933 [1975]: *Die Arbeitslosen von Marienthal. Ein soziographischer Versuch über die Wirkungen langandauernder Arbeitslosigkeit*. Frankfurt am Main: Suhrkamp.

Jebb, Andrew T., et al., 2018: Happiness, Income Satiation and Turning Points Around the World. In: *Nature Human Behaviour* 2, 33–38.

Jiang, Da, et al., 2019: Volunteering Benefits Life Satisfaction Over 4 Years: The Moderating Role of Social Network Size. In: *Australian Journal of Psychology* 71, 183–192.

John, Oliver P./Laura P. Naumann/Christopher J. Soto, 2008: Paradigm Shift to the Integrative Big Five Trait Taxonomy: History, Measurement, and Conceptual Issues. *Handbook of personality: Theory and research*. New York: The Guilford Press, 114–158.

Johnson, Matthew D./Harvey J. Krahn/Nancy L. Galambos, 2017: Better Late Than Early: Marital Timing and Subjective Well-Being in Midlife. In: *Journal of Family Psychology* 31, 635–641.

Judge, T. A./D. M. Cable, 2004: The Effect of Physical Height on Workplace Success and Income: Preliminary Test of a Theoretical Model. In: *Journal of Applied Psychology* 89, 428–441.

Kahneman, Daniel/Angus Deaton, 2010: High Income Improves Evaluation of Life but not Emotional Well-Being. In: *Proceedings of the National Academy of Sciences* 107, 16489–16493.

Kahneman, Daniel/Alan B. Krueger, 2006: Developments in the Measurement of Subjective Well-Being. In: *Journal of Economic Perspectives* 20, 3–24.

Kahneman, Daniel, et al., 2004: A Survey Method for Characterizing Daily Life Experience: The Day Reconstruction Method. In: *Science* 306, 1776–1780.

Kassenboehmer, Sonja C./John P. Haisken-DeNew, 2009: You're Fired! The Causal Negative Effect of Entry Unemployment on Life Satisfaction. In: *The Economic Journal* 119, 448–462.

Kelley, Jonathan/M. D. R. Evans, 2017: Societal Inequality and Individual Subjective Well-Being: Results from 68 Societies and over 200,000 Individuals, 1981–2008. In: *Social Science Research* 62, 1–23.

Keuschnigg, Marc/Tobias Wolbring, 2012: Reich und zufrieden? Theorie und Empirie zur Beziehung von Wohlstand und Lebenszufriedenheit. In: *Berliner Journal für Soziologie* 22, 189–216.

Kim, Hyunji, et al., 2018: Extraversion and Life Satisfaction: A Cross-Cultural Examination of Student and Nationally Representative Samples. In: *Journal of Personality* 86, 604–618.

Kohler, Hans-Peter/Jere R. Behrman/Axel Skytthe, 2005: Partner + Children = Happiness? The Effects of Partnerships and Fertility on Well-Being. In: *Population and Development Review* 31, 407–445.

Kornrich, Sabino/Julie Brines/Katrina Leupp, 2013: Egalitarianism, Housework, and Sexual Frequency in Marriage. In: *American Sociological Review* 78, 26–50.

Koropeckyj-Cox, Tanya, 2002: Beyond Parental Status: Psychological Well-Being in Middle and Old Age. In: *Journal of Marriage and Family* 64, 957–971.

Kposowa, A. J., 2003: Divorce and Suicide Risk. In: *Journal of Epidemiology and Community Health* 57, 993–993.

Kroh, Martin, et al., 2017: Einkommen, soziale Netzwerke, Lebenszufriedenheit: Lesben, Schwule und Bisexuelle in Deutschland. In: *DIW-Wochenbericht* 84, 687–698.

Kühne, Simon, et al. 2020: The Need for Household Panel Surveys in Times of Crisis: The Case of SOEP-CoV. In: *Survey Research Methods* 14.

Lambert, Nathaniel M., et al., 2012: A Boost of Positive Affect: The Perks of Sharing Positive Experiences. In: *Journal of Social and Personal Relationships* 30, 24–43.

Lang, Frieder R., et al., 2007: Assessing Cognitive Capacities in Computer-Assisted Survey Research. Two Ultra-Short Tests of Intellectual Ability in the German Socio-Economic Panel (SOEP). In: *Schmollers Jahrbuch* 127, 183–192.

Langer, Ellen J./Judith Rodin, 1976: The Effects of Choice and Enhanced Personal Responsibility for the Aged: A Field Experiment in an Institutional Setting. In: *Journal of Personality and Social Psychology* 34, 191–198.

Layous, Kristin/S. Katherine Nelson/Sonja Lyubomirsky, 2013: What Is the Optimal Way to Deliver a Positive Activity Intervention? The Case of Writing About One's Best Possible Selves. In: *Journal of Happiness Studies* 14, 635–654.

Le Moglie, Marco/Letizia Mencarini/Chiara Rapallini, 2019: Does Income

Moderate the Satisfaction of Becoming a Parent? In Germany It Does and Depends on Education. In: *Journal of Population Economics* 32, 915–952.

Lechner, Clemens M./Thomas Leopold, 2015: Religious Attendance Buffers the Impact of Unemployment on Life Satisfaction: Longitudinal Evidence from Germany. In: *Journal for the Scientific Study of Religion* 54, 166–174.

Lelord, François, 2004: *Hectors Reise oder die Suche nach dem Glück*. München: Piper.

Lenzi, Camilla/Giovanni Perucca, 2018: Are Urbanized Areas Source of Life Satisfaction? Evidence From EU Regions. In: *Papers in Regional Science* 97, S105–S122.

Leopold, Thomas/Clemens M. Lechner, 2015: Parents' Death and Adult Well-Being: Gender, Age, and Adaptation to Filial Bereavement. In: *Journal of Marriage and Family* 77, 747–760.

Li, Norman P./Satoshi Kanazawa, 2016: Country Roads, Take Me Home … to My Friends: How Intelligence, Population Density, and Friendship Affect Modern Happiness. In: *British Journal of Psychology* 107, 675–697.

Lim, Chaeyoon/Robert D. Putnam, 2010: Religion, Social Networks, and Life Satisfaction. In: *American Sociological Review* 75, 914–933.

Lindqvist, Erik/Robert Östling/David Cesarini, 2018: Long-run Effects of Lottery Wealth on Psychological Well-being. In: *National Bureau of Economic Research Working Paper Series* No. 24667.

Lucas, Richard E., 2007: Adaptation and the Set-Point Model of Subjective Well-Being: Does Happiness Change After Major Life Events? In: *Current Directions in Psychological Science* 16, 75–79.

Lucas, Richard E., et al., 2003: Reexamining Adaptation and the Set Point Model of Happiness: Reactions to changes in marital status. In: *Journal of Personality and Social Psychology* 84, 527–539.

Lucas, Richard E., et al., 2004: Unemployment Alters the Set Point for Life Satisfaction. In: *Psychological Science* 15, 8–13.

Lucas, Robert E., 1978: Unemployment Policy. In: *The American Economic Review* 68, 353–357.

Ludwig, Volker/Josef Brüderl, 2018: Is There a Male Marital Wage Premium? New Evidence from the United States. In: *American Sociological Review* 83, 744–770.

Luhmann, Maike, et al., 2012: Subjective Well-Being and Adaptation to Life Events: A Meta-Analysis. In: *Journal of Personality and Social Psychology* 102, 592–615.

Luhmann, Maike, et al., 2014: Honey, I Got Fired! A Longitudinal Dyadic Analysis of the Effect of Unemployment on Life Satisfaction in Couples. In: *Journal of Personality and Social Psychology* 107, 163–180.

Lutz, Johannes, et al., 2013: Konstruktion und Validierung einer Skala zur relativen Messung von physischer Attraktivität mit einem Item: Das Attraktivitätsrating 1 (AR1). In: *Methoden, Daten, Analysen* 7, 209–232.

Lykken, David/Auke Tellegen, 1996: Happiness Is a Stochastic Phenomenon. In: *Psychological Science* 7, 186–189.

Lyubomirsky, Sonja, 2018: *Glücklich sein. Warum Sie es in der Hand haben, zufrieden zu leben.* Frankfurt/Main: Campus.

Lyubomirsky, Sonja/Laura King/Ed Diener, 2005: The Benefits of Frequent Positive Affect: Does Happiness Lead to Success? In: *Psychological Bulletin* 131, 803–855.

Mac Carron, P./K. Kaski/R. Dunbar, 2016: Calling Dunbar's Numbers. In: *Social Networks* 47, 151–155.

Maccagnan, Anna/Tim Taylor/Mathew P. White, 2019: Valuing the Relationship Between Drug and Alcohol Use and Life Satisfaction: Findings from the Crime Survey for England and Wales. In: *Journal of Happiness Studies*, online first.

Mahne, Katharina/Oliver Huxhold, 2014: Grandparenthood and Subjective Well-Being: Moderating Effects of Educational Level. In: *The Journals of Gerontology: Series B* 70, 782–792.

Margraf, Jürgen/Andrea H. Meyer/Kristen L. Lavallee, 2013: Well-Being From the Knife? Psychological Effects of Aesthetic Surgery. In: *Clinical Psychological Science* 1, 239–252.

Marshall, Monty G./Ted Robert Gurr/Keith Jaggers, 2017a: *Polity IV Project. Political Regime Characteristics and Transitions, 1800–2016*: Center for Systemic Peace. <http://www.systemicpeace.org/inscr/p4v2016.xls>

Marshall, Monty G./Ted Robert Gurr/Keith Jaggers, 2017b: *Polity IV Project. Political Regime Characteristics and Transitions, 1800–2016. Dataset Users' Manual*: Center for Systemic Peace. <http://www.systemicpeace.org/inscr/p4manualv2016.pdf>

Marshall, Tara C./Katharina Lefringhausen/Nelli Ferenczi, 2015: The Big Five, Self-Esteem, and Narcissism as Predictors of the Topics People Write About in Facebook Status Updates. In: *Personality and Individual Differences* 85, 35–40.

Merz, Eva-Maria, et al., 2009: Wellbeing of Adult Children and Ageing Parents: Associations With Intergenerational Support and Relationship Quality. In: *Ageing and Society* 29, 783–802.

Mirowsky, John/Catherine E. Ross, 2002: Depression, Parenthood, and Age at First Birth. In: *Social Science & Medicine* 54, 1281–1298.

Mujcic, Redzo/Andrew J. Oswald, 2016: Evolution of Well-Being and Happiness After Increases in Consumption of Fruit and Vegetables. In: *American Journal of Public Health* 106, 1504–1510.

Murray, Gregg R./J. David Schmitz, 2011: Caveman Politics: Evolutionary Leadership Preferences and Physical Stature. In: *Social Science Quarterly* 92, 1215–1235.

Musick, Kelly/Ann Meier/Sarah Flood, 2016: How Parents Fare: Mothers' and

Fathers' Subjective Well-Being in Time with Children. In: *American Sociological Review* 81, 1069–1095.

Myrskylä, M./K. Barclay/A. Goisis, 2017: Advantages of Later Motherhood. In: *Der Gynäkologe* 50, 767–772.

Myrskylä, Mikko/Rachel Margolis, 2014: Happiness: Before and After the Kids. In: *Demography* 51, 1843–1866.

Nawijn, Jeroen/Ruut Veenhoven, 2011: The Effect of Leisure Activities on Life Satisfaction: The Importance of Holiday Trips. In: Ingrid Brdar (Hrsg.), *The Human Pursuit of Well-Being: A Cultural Approach*. Dordrecht: Springer Netherlands, 39–53.

Nelson, S. Katherine, et al., 2013: In Defense of Parenthood: Children Are Associated With More Joy Than Misery. In: *Psychological Science* 24, 3–10.

Norman, Warren T., 1963: Toward an Adequate Taxonomy of Personality Attributes: Replicated Factor Structure in Peer Nomination Personality Ratings. In: *The Journal of Abnormal and Social Psychology* 66, 574–583.

Odermatt, Reto/Alois Stutzer, 2018: (Mis-)Predicted Subjective Well-Being Following Life Events. In: *Journal of the European Economic Association* 17, 245–283.

Oishi, Shigehiro/Ulrich Schimmack/Ed Diener, 2011: Progressive Taxation and the Subjective Well-Being of Nations. In: *Psychological Science* 23, 86–92.

Ong, David, 2016: Education and Income Attraction: An Online Dating Field Experiment. In: *Applied Economics* 48, 1816–1830.

Oswald, Andrew J./Nattavudh Powdthavee, 2008: Does Happiness Adapt? A Longitudinal Study of Disability With Implications for Economists and Judges. In: *Journal of Public Economics* 92, 1061–1077.

Pagán-Rodríguez, Ricardo, 2012: Longitudinal Analysis of the Domains of Satisfaction Before and After Disability: Evidence from the German Socio-Economic Panel. In: *Social Indicators Research* 108, 365–385.

Petilliot, René, 2018: *The (Short-term) Individual Welfare Consequences of an Alcohol Ban*. SOEPpapers 979. Berlin: DIW. <https://www.diw.de/documents/publikationen/73/diw_01.c.597707.de/diw_sp0979.pdf>

Petrunyk, Inna/Christian Pfeifer, 2016: Life Satisfaction in Germany After Reunification: Additional Insights on the Pattern of Convergence. In: *Journal of Economics and Statistics* 236, 217–239.

Pfaff, Simon, 2014: Pendelentfernung, Lebenszufriedenheit und Entlohnung: Eine Längsschnittuntersuchung mit den Daten des SOEP von 1998 bis 2009. In: *Zeitschrift für Soziologie* 43, 113–130.

Pinto, Juliana Martins/Anita Liberalesso Neri, 2013: Factors Associated With Low Life Life Satisfaction in Community-Dwelling Elderly: FIBRA Study. In: *Cadernos de Saúde Pública* 29, 2447–2458.

Piper, Alan T., 2016: Sleep Duration and Life Satisfaction. In: *International Review of Economics* 63, 305–325.

Pirralha, André, 2018: The Link Between Political Participation and Life Satisfaction: A Three Wave Causal Analysis of the German SOEP Household Panel. In: *Social Indicators Research* 138, 793–807.

Polenick, Courtney A., et al., 2016: Relationship Quality Between Older Fathers and Middle-Aged Children: Associations With Both Parties' Subjective Well-Being. In: *The Journals of Gerontology: Series B* 73, 1203–1213.

Pollmann-Schult, M., 2011: Soziale Integration und Lebenszufriedenheit kinderloser Frauen und Männer im mittleren und höheren Erwachsenenalter. In: *Zeitschrift Fur Gerontologie und Geriatrie* 44, 411–416.

Pollmann-Schult, Matthias, 2013: Parenthood and Life Satisfaction in Germany. In: *Comparative Population Studies* 38, 59–84.

Pollmann-Schult, Matthias, 2014: Parenthood and Life Satisfaction: Why Don't Children Make People Happy? In: *Journal of Marriage and Family* 76, 319–336.

Powdthavee, Nattavudh, 2009: I Can't Smile Without You: Spousal Correlation in Life Satisfaction. In: *Journal of Economic Psychology* 30, 675–689.

Priem, Maximilian/Jürgen Schupp, 2015: *Everyone Happy – Living Standards in Germany 25 Years after Reunification.* DIW Economic Bulletin 11.2014. <https://www.diw.de/documents/publikationen/73/diw_01.c.491969.de/diw_econ_bull_2014-11-9.pdf>

Putnam, Robert, 1993: *Making Democracy Work. Civic Traditions in Modern Italy.* Princeton, NJ: Princeton University Press.

Putnam, Robert D., 2000: *Bowling Alone: The Collapse and Revival of American Community.* New York: Simon & Schuster.

Rahlf, Thomas, 2015: *Zeitreihendatensatz für Deutschland, 1834–2012.* ZA8603 Datenfile Köln: GESIS. <http://www.gesis.org/histat/za8603>

Raley, Sara/Suzanne M. Bianchi/Wendy Wang, 2012: When Do Fathers Care? Mothers' Economic Contribution and Fathers' Involvement in Child Care. In: *American Journal of Sociology* 117, 1422–1459.

Rätzel, Steffen, 2012: Labour Supply, Life Satisfaction, and the (Dis)Utility of Work. In: *The Scandinavian Journal of Economics* 114, 1160–1181.

Rayo, Luis/Gary Becker, 2007: Evolutionary Efficiency and Happiness. In: *Journal of Political Economy* 115, 302–337.

Reuband, Karl-Heinz, 2013: Macht Kultur glücklich? Überlegungen und Befunde zum Verhältnis von kultureller Partizipation und Lebenszufriedenheit. In: *Österreichische Zeitschrift für Soziologie* 38, 77–92.

Rodin, Judith/Ellen J. Langer, 1977: Long-Term Effects of a Control-Relevant Intervention With the Institutionalized Aged. In: *Journal of Personality and Social Psychology* 35, 897–902.

Roeters, Anne/Pablo Gracia, 2016: Child Care Time, Parents' Well-Being, and Gender: Evidence from the American Time Use Survey. In: *Journal of Child and Family Studies* 25, 2469–2479.

Rohrer, J. M., et al., 2018: Successfully Striving for Happiness: Socially Engaged Pursuits Predict Increases in Life Satisfaction. In: *Psychological Science* 29, 1291–1298.

Romeu Gordo, Laura, et al., 2019: *Immer mehr ältere Haushalte sind von steigenden Wohnkosten schwer belastet.* DIW Wochenbericht 27/2019. <https://www.diw.de/documents/publikationen/73/diw_01.c.635080.de/19-27-1.pdf>

Røysamb, Espen/Ragnhild Bang Nes/Joar Vittersø, 2014: Well-Being: Heritable and Changeable. In: Kennon M. Sheldon/Richard E. Lucas (Hrsg.), *Stability of Happiness.* San Diego: Academic Press, 9–36.

Runciman, Walter Garrison, 1966: *Relative Deprivation and Social Justice: A Study of Attitudes to Social Inequality in Twentieth-Century England.* Berkeley, CA: University of California Press.

Salland, Jan, 2018: Income Comparison, Gender Roles and Life Satisfaction. In: *Applied Economics Letters* 25, 1436–1439.

Sandstrom, Gillian M./Elizabeth W. Dunn, 2013: Is Efficiency Overrated?: Minimal Social Interactions Lead to Belonging and Positive Affect. In: *Social Psychological and Personality Science* 5, 437–442.

Schilling, Oliver Karl, 2005: Cohort- and Age-Related Decline in Elder's Life Satisfaction: Is There Really a Paradox? In: *European Journal of Ageing* 2, 254–263.

Schimmack, Ulrich, et al., 2002: Culture, Personality, and Subjective Well-Being: Integrating Process Models of Life Satisfaction. In: *Journal of Personality and Social Psychology* 82, 582–593.

Schmiedeberg, Claudia/Jette Schröder, 2017: Leisure Activities and Life Satisfaction: An Analysis With German Panel Data. In: *Applied Research in Quality of Life* 12, 137–151.

Schneider, Simone, 2015: Income Inequality and Subjective Wellbeing: Trends, Challenges, and Research Directions. In: *Journal of Happiness Studies*, 1–21.

Schröder, Martin, 2016: How Income Inequality Influences Life Satisfaction: Hybrid Effects Evidence from the German SOEP. In: *European Sociological Review* 32, 307–320.

Schröder, Martin, 2018a: *AfD-Unterstützer sind nicht abgehängt, sondern ausländerfeindlich.* SOEPpapers 975. Berlin: DIW. <https://www.diw.de/documents/publikationen/73/diw_01.c.595120.de/diw_sp0975.pdf>

Schröder, Martin, 2018b: How Working Hours Influence the Life Satisfaction of Childless Men and Women, Fathers and Mothers in Germany. In: *Zeitschrift für Soziologie* 47, 65–82.

Schröder, Martin, 2018c: Income Inequality and Life Satisfaction: Unrelated Between Countries, Associated Within Countries Over Time. In: *Journal of Happiness Studies* 19, 1021–1043.

Schröder, Martin, 2018d: *Warum es uns noch nie so gut ging und wir trotzdem ständig von Krisen reden.* Salzburg: Benevento.

Schulz, Philipp, et al., 2018: The Role of Leisure Interest and Engagement for Subjective Well-Being. In: *Journal of Happiness Studies* 19, 1135–1150.

Seligman, Martin, 2017 [2002]: *Authentic Happiness: Using the New Positive Psychology to Realize Your Potential for Lasting Fulfillment.* New York: Free Press.

Senik, Claudia, 2015: *Gender Gaps in Subjective Wellbeing*: Directorate-General for Justice and Consumers. <https://publications.europa.eu/en/publication-detail/-/publication/e317570e-0139-11e6-b713-01aa75ed71a1>

Sharif, Marissa/Cassie Mogilner/Hal Hershfield, 2018: *The Effects of Being Time Poor and Time Rich on Life Satisfaction.* <https://ssrn.com/abstract=3285436>

Sinnewe, Elisabeth/Michael A. Kortt/Brian Dollery, 2015: Religion and Life Satisfaction: Evidence from Germany. In: *Social Indicators Research* 123, 837–855.

Skogen, Jens Christoffer, et al., 2009: Anxiety and Depression Among Abstainers and Low-Level Alcohol Consumers. The Nord-Trøndelag Health Study. In: *Addiction* 104, 1519–1529.

Soest, Tilmann von, et al. [Livstilfredshet blant ungdom før og under covid-19-pandemien.] 2020: Life satisfaction among adolescents before and during the COVID-19 pandemic. In: *Tidsskr Nor Laegeforen* 140.

Solnick, Sara J./David Hemenway, 1998: Is More Always Better? A Survey on Positional Concerns. In: *Journal of Economic Behavior & Organization* 37, 373–383.

Solt, Frederick, 2016 a: The Standardized World Income Inequality Database. In: *Social Science Quarterly* 97, 1267–1281.

Solt, Frederick, 2016 b: *The Standardized World Income Inequality Database v6.0.* ›https://dataverse.harvard.edu/dataset.xhtml?persistentId=hdl:1902.1/11992#‹

Sørensen, Jens F.L., 2014: Rural-Urban Differences in Life Satisfaction: Evidence from the European Union. In: *Regional Studies* 48, 1451–1466.

Specht, Jule/Boris Egloff/Stefan Schmukle, 2013: Examining Mechanisms of Personality Maturation: The Impact of Life Satisfaction on the Development of the Big Five Personality Traits. In: *Social Psychological and Personality Science* 4, 181–189.

Stavrova, Olga, 2019: Having a Happy Spouse Is Associated With Lowered Risk of Mortality. In: *Psychological Science* 30, 798–803.

Stevenson, Betsey/Justin Wolfers, 2013: Subjective Well-Being and Income: Is There Any Evidence of Satiation? In: *American Economic Review* 103, 598–604.

Stouffer, Samuel A., et al., 1949: *The American Soldier: Adjustment During Army Life.* Princeton, NJ: Princeton University Press.

Stulp, Gert/Abraham P. Buunk/Thomas V. Pollet, 2013: Women Want Taller

Men More Than Men Want Shorter Women. In: *Personality and Individual Differences* 54, 877–883.

Stulp, Gert, et al., 2013: Tall Claims? Sense and Nonsense About the Importance of Height of US Presidents. In: *The Leadership Quarterly* 24, 159–171.

Stutzer, Alois/Bruno S. Frey, 2006: Does Marriage Make People Happy, or Do Happy People Get Married? In: *The Journal of Socio-Economics* 35, 326–347.

Stutzer, Alois/Bruno S. Frey, 2007: Commuting and Life Satisfaction in Germany. In: *Informationen zur Raumentwicklung* 2/3, 1–11.

Stutzer, Alois/Bruno S. Frey, 2008: Stress that Doesn't Pay: The Commuting Paradox. In: *The Scandinavian Journal of Economics* 110, 339–366.

Tay, Louis/Mitchel N. Herian/Ed Diener, 2014: Detrimental Effects of Corruption and Subjective Well-Being: Whether, How, and When. In: *Social Psychological and Personality Science* 5, 751–759.

Tella, Rafael Di/Robert MacCulloch, 2010: Happiness Adaptation to Income Beyond »Basic Needs«. In: Ed Diener/John F. Helliwell/Daniel Kahneman (Hrsg.), *International Differences in Well-Being*. Oxford: Oxford University Press, 217–246.

Thomas, William I./Dorothy S. Thomas, 1970 [1928]: *The Child in America: Behavior Problems and Programs*. New York: Johnson.

Trosclair, D., et al., 2011: Hand-Grip Strength as a Predictor of Muscular Strength and Endurance. In: *The Journal of Strength & Conditioning Research* 25, S99.

Veenhoven, Ruut, 2008: Sociological Theories of Subjective Well-Being. In: Michael Eid/Randy Larsen (Hrsg.), *The Science Of Subjective Well-Being: A Tribute to Ed Diener*. New York: Guilford Publications, 44–61.

Veenhoven, Ruut, 2010: How Universal Is Happiness? In: Ed Diener/John F. Helliwell/Daniel Kahneman (Hrsg.), *International Differences in Well-Being*. Oxford: Oxford University Press, 328–350.

Velten, Julia, et al., 2014: Lifestyle Choices and Mental Health: A Representative Population Survey. In: *BMC Psychology* 2, 58.

Verbakel, Ellen, 2012: Subjective Well-Being by Partnership Status and Its Dependence on the Normative Climate. In: *European Journal of Population* 28, 205–232.

Wadsworth, Tim/Philip M. Pendergast, 2014: Obesity (Sometimes) Matters: The Importance of Context in the Relationship between Obesity and Life Satisfaction. In: *Journal of Health and Social Behavior* 55, 196–214.

Wanberg, Connie R., et al. 2020: Socioeconomic status and well-being during COVID-19: A resource-based examination. In: *Journal of Applied Psychology* 105, 1382–1396.

Wardecker, Britney M., et al., 2019: Life Satisfaction Across Adulthood in Bisexual Men and Women: Findings from the Midlife in the United States (MIDUS) Study. In: *Archives of Sexual Behavior* 48, 291–303.

Weber, Marco/E. Scott Huebner, 2015: Early Adolescents' Personality and Life Satisfaction: A Closer Look at Global vs. Domain-Specific Satisfaction. In: *Personality and Individual Differences* 83, 31–36.

Whillans, Ashley V., et al., 2017: Buying Time Promotes Happiness. In: *Proceedings of the National Academy of Sciences* 114, 8523–8527.

White, Bonnie A./Caroline C. Horwath/Tamlin S. Conner, 2013: Many Apples a Day Keep the Blues Away – Daily Experiences of Negative and Positive Affect and Food Consumption in Young Adults. In: *British Journal of Health Psychology* 18, 782–798.

Wiederman, Michael W., 1993: Evolved Gender Differences in Mate Preferences: Evidence From Personal Advertisements. In: *Ethology and Sociobiology* 14, 331–351.

Wilkinson, Richard G./Kate Pickett, 2010: *The Spirit Level: Why Greater Equality Makes Societies Stronger*. New York: Bloomsbury Press.

Wolinsky, Fredric D., et al., 2009: The Effect of Speed-of-Processing Training on Depressive Symptoms in ACTIVE. In: *The journals of gerontology. Series A, Biological sciences and medical sciences* 64, 468–472.

Wulfgramm, Melike, 2011: Can Activating Labour Market Policy Offset the Detrimental Life Satisfaction Effect of Unemployment? In: *Socio-Economic Review* 9, 477–501.

Yap, Stevie C. Y./Ivana Anusic/Richard E. Lucas, 2014: Chapter 7 – Does Happiness Change? Evidence from Longitudinal Studies. In: Kennon M. Sheldon/Richard E. Lucas (Hrsg.), *Stability of Happiness*. San Diego, CA: Academic Press, 127–145.

Zhi, Ting-Fan, et al., 2016: Associations of Sleep Duration and Sleep Quality With Life Satisfaction in Elderly Chinese: The Mediating Role of Depression. In: *Archives of Gerontology and Geriatrics* 65, 211–217.

Zullig, Keith J., et al., 2001: Relationship Between Perceived Life Satisfaction and Adolescents' Substance Abuse. In: *Journal of Adolescent Health* 29, 279–288.

Register

Die *kursiv* gesetzten Seitenzahlen verweisen auf die Grafiken.